스토리텔링 삼국유사 5
모험의 권유

스토리텔링 삼국유사 5
모험의 권유

초판 1쇄 발행 | 2016년 9월 10일

지은이 | 고운기
펴낸이 | 조미현

편집주간 | 김현림
편집 | 신혜진
표지 디자인 | 유보람
본문 디자인 | 장원석

펴낸곳 | (주)현암사
등록 | 1951년 12월 24일 제10-126호
주소 | 04029 서울시 마포구 동교로12안길 35
전화 | 365-5051 · 팩스 | 313-2729
전자우편 | editor@hyeonamsa.com
홈페이지 | www.hyeonamsa.com

ISBN 978-89-323-1812-7 (04900)
        978-89-323-1811-0 (세트)

이 도서의 국립중앙도서관 출판예정도서목록(CIP)은
서지정보유통지원시스템 홈페이지(http://seoji.nl.go.kr)와
국가자료공동목록시스템(http://www.nl.go.kr/kolisnet)에서 이용하실 수 있습니다.
(CIP제어번호: CIP2016021101)

스토리텔링 삼국유사

모험의 권유

⑤

고운기 지음

현암사

봄 월성은 신라의 중심이고 비형랑이 담을 뛰어넘는 무대였다. 그가 향한 곳은 귀신이 노는 땅이었으나, 그곳에서는 새로운 세상의 알고리즘이 만들어지고 있었다.

여름 주몽의 고구려가 차지한 땅의 넓이는 우리들이 꿈꾸는 이상적 영토다. 신라는 그런 고구려의 그림자가 싫었
을 것이다. 충주의 중앙탑은 그런 마음의 표상이다.

가을 혁거세왕을 모신 오릉의 가을은 낙엽으로 가득하다. 신라의 가을도 여기서 시작된다.

겨울 진평왕릉에서 바라본 남산 방면의 들판. 한바탕 소용돌이쳤던 역사도 어느 순간이 오면 겨울 들판처럼 고요해지는 것이다.

수로공원 강원도 삼척시가 만들었다.

백령도 거타지 이야기의 무대이다.

경주 남산 탑골 이것은 분명 그냥 이끼가 아니다. 불상에 곱게 칠하고 간 세월의, 모르는 손길과 숨결을 생각한다.

익산 **왕궁사지** 무왕이 왕권 강화를 꿈꾸며 조성하기 시작한 곳은 이제 탑만 하나 남은 빈터일 뿐이다.

경주 **탈해왕릉** 신라 드림을 이룩한 탈해가 잠든 곳. 창을 든 사람처럼 난 발길이 탈해의 유언 같다.

진정한 모험은
자유를 선물해 준다

『스토리텔링 삼국유사』 시리즈로 열다섯 권을 계획하고 첫 책이 나온 것은 2009년이었다. 1년에 한 권씩 내겠다던 약속은 이후 4년간 꼬박꼬박 지켜졌으나, 2013년부터 3년간은 이런저런 일에 매여 부질없는 시간만 흘리고 말았다.

이제 다시 공백을 메우며 다섯 번째 책을 낸다.

모험의 권유—.

『삼국유사』에 많은 이야기가 실려 있으나, 문학과 역사에 연구를 치중한 결과 너무 큰 의미만 찾느라 허덕였던 것 같다. 이야기의 미덕은 어디까지나 재미인데, 크건 작건 이 재미라는 측면에서 접근해 보면 역경의 세월을 살다 간 한 노스님의 익살스럽고 즐겁기 그지없는 손길이 보인다. 그런 가운데 한 가지, 여러 등장인물의 모험담이 눈에 들어왔다.

그래서 지은 부제가 '모험의 권유'이다. 재미있는 모험담 아홉 개를 찾아 이야기의 의미를 새롭게 조명해 보았다.

요즘에는 왠지 모두 안정이라는 굴레에 너무 묶여 있다. 법학전문대학원을 나와 변호사 자격증을 받은 사람이 지방 9급 공무원 시험에 응시했다는 소식을 들었다. 극단적인 예지만, 요즈음의 세태를 곡진하게 반영한 이야기가 아닌가 싶다. 안정적인 직장으로는 관(官)만 한 데가 없다고 한다. 어떻게 공무원을 안정적인 직장인으로 보게 된 것일까? 정년까지 쫓겨날 일 없다 해서? 공무원으로 평생을 산 사람에게 이런 말은 모욕이다.

문제는 도전 정신이다. 살아가는 동안 자신의 온 생애를 걸고 한 일만큼 보람찬 것은 없다. 직업적으로 보면 안정적이라지만 공무원 또한 일은 도전적으로 해야 한다. 그래야 살아가는 보람이 있지 않을까?

그렇다고 무슨 대단한 모험을 권하겠다고 나서지는 않겠다. 실로 우리 사는 일 자체가 모험 아닌 바 아니니, 살자면 당연히 모험의 소용돌이에 휩쓸린다. 그러므로 거기서 휩쓸리지 않게 능동적으로 살자는 것이다. 그것이 평범한 우리네 도전이다. 이즈음의 젊은 친구들이 그조차 하지 않으려 해서 일종의 권계(勸戒) 삼아 이 이야기를 들려주고 싶다.

모험담의 관점에서 『삼국유사』 이야기를 읽어 보자는 힌트는 수로부인에게서 얻었다. 벌써 네다섯 해 전 수업 시간이었다. 용궁에 납치되었다 돌아온 부인은 귀환을 다행으로 여기기는커녕 도리어 용궁 자랑에 들떠 있다. 나는 늘 이 대목이 의아했다. 남편은 발을 동동 구르고, 마을 사람 모두 소리 높여 노래 부르며 애가 탔는데 말이다.

학계에서는 이 이야기를 흔히 수로부인으로 상징되는 무당이 이 지역의 공동체를 위해 벌인 굿판의 하나로 보았었다. 그런 민속학적 해석에 나 또한 공감한다. 다만 이것은 오랜 세월의 겹 속에서 만들어진 의례이다. 본디 이야기의 원형은 길을 떠난 자가 맞는 위기와 극복의 과정이다. 단련되며 강해지는 인간의 유쾌한 모습이다.

『삼국유사』에는 수로부인 말고도 거타지, 주몽, 혜통 같은 인물이 줄줄이 나온다. 이런 인물들을 놓고 여러 해 동안 모험담의 관점에서 같이 고민하고 토론해 준 한양대 대학원 문화콘텐츠학과, 연세대 대학원 국문학과, 단국대 대학원 문예창작학과 학생들에게 고마운 마음을 전한다. 특히 이번에 처음 내세우는 모험 스토리의 개념을 정립하고 오키나와 자료를 정리하는 데 도움을 준 성아사, 조영심 씨에게 감사한다.

뜻밖에 얻은 큰 소득은 『쿠쉬나메』와 그 주변에 얽힌 공부였다. 이슬람에 망한 사산조 페르시아 왕가의 아들이 중국을 거쳐 신라에 이르고, 신라 왕가의 공주와 결혼하여 왕조 복구의 꿈을 안고 귀국한다는 내용—. 거대하고 아름다운 이야기이다.

시대적인 배경은 7세기 중반, 신라가 삼국을 통일한 시점이다. 비록 픽션이라지만 저자는 무슨 까닭으로 신라를 배경으로 삼았으며 얼마만큼 신라를 알았을까? 아직 초기 연구 단계지만 신라와 우리 고대사회의 풍경이 두텁게 복원될 가능성에 두근거리는 가슴을 억제하기 어렵다.

처음 『쿠쉬나메』를 국내에 소개하면서 내게도 연구 팀의 일원이 되는 기회를 준 이희수 교수에게 감사한다. 더욱 알찬 연구로 보답하려 한다.

2016년 8월
고운기

| 차례 |

프롤로그

우리 삶에서의 모험

원어민 영어강사와 '미스 개'

계(桂)씨 성을 가진 대학 입학 동기생이 있었다. 참하고 마음씨 고운 아가씨였다. 졸업한 후 영국으로 유학 가 특수교육학을 공부하고 싶다는 꿈을 가지고 있었다. 장애 학생 가르치는 일을 하겠다는 것이었다.

영어도 잘했다. 벌써 1학년 때부터 유학할 만반의 준비를 갖춘 듯했다. 그가 영어를 잘했다는 것은 그냥 하는 말이 아니다. 교양영어 시간에 원어민 강사가 수업을 진행했는데, 한국어를 전혀 모르는 강사의 영어 수업은 우리에게 여간 곤혹스러운 일이 아니었다. 강사와 말이 통하는 학생은 오직 그밖에 없었다.

강사는 자주 그를 불렀다. 그런데 발음이 문제였다. '계'는 사실 우리에게도 쉬운 발음은 아니다. 미국인인 강사는 늘 '계'를 '개'라고 했다.

"미스 개─."

우리의 꽃다운 아가씨가 개가 되는 순간이었다.

사실 나는 '미스 개'를 이전부터 알고 있었다. 내가 중학생 때, 등
굣길이면 우리 동네 마당 넓은 집에는 늘 까만 자가용이 꼬리에 흰
연기를 뿜으며 대기 중이었고, 더러 그 차를 타러 나오는 소녀와 마
주쳤다. 그 단발머리가 바로 미스 개였다. 물론 이건 대학에 와서 같
은 스터디 그룹을 하면서 알게 된 사실이다.

그런데 그해는 참으로 참혹했다. 1980년, 그러니까 나는 80학번
인데, 광주에서 터진 5월의 비극은 광주만의 문제가 아니었다. 우리
의 대학 생활은 낭만이라든가 꿈이 아닌 비통함으로 얼룩졌다.

그 와중에 미스 개는 훨씬 구체적인 피해를 입었다고 했다. 미스
개의 아버지가 운영하던 아주 탄탄한 회사를 전두환의 친척인가가
빼앗아 갔다는 것이다. 그런 시절이었다. 가진 게 없는 사람, 힘없는
사람만 당하지 않았다.

마크 트웨인을 만나다

미스 개 때문에 이 글을 시작한 것은 아니다. 미스 개가 활약한 영
어 수업 시간 때문이다.

미국인 강사는 강독 교재로 『마크 트웨인 자서전』 원서를 택해 읽
혔다. 『허클베리 핀의 모험』, 『톰 소여의 모험』과 같은 작품으로 잘
알려진 마크 트웨인(Mark Twain)은 19세기 미국의 격변기에 미시시
피 강 증기선의 가난한 파일럿으로 시작하여 세계적인 작가가 되

었다. 그의 생애는 자신의 소설 만큼이나 극적인 모험으로 누벼져 있다. 죽음을 앞두고 이 자서전을 쓰면서 그는 '인간 심리의 가장 솔직하고 자유롭고 사적인 결과물은 연애편지'라고 언급했다. 자서전 형식을 빌려 세상에 대한 자신의 애틋함을 고백했던 것이다.

마크 트웨인 19세기 미국의 격변기에 미시시피 강 증기선의 가난한 파일럿으로 시작해 세계적인 작가가 되었다. 『허클베리 핀의 모험』, 『톰 소여의 모험』 등으로 잘 알려져 있다.

나는 고등학생 시절 그의 소설을 접했었다. 강사가 마크 트웨인의 대표작을 물었을 때 나는 아주 떠듬거리는 영어로 위 두 작품을 댔다. 강사는 아주 반가워했다. 미스 개 외에는 좀체 입을 떼지 않는 학생 사이에 그나마 다른 발언자가 나왔기 때문이다. 그러면서 소설의 내용과 감명 깊은 대목을 묻는 것이 아닌가.

"……"

내용을 몰라서가 아니었다. 영어 실력이 거기까지 미치지 못했다. 강사는 그나마도 괜찮다는 표정을 지었고, 덕분에 나는 미스 개와 비슷한 반열에 오를 수 있었다. 그것은 나에게 큰 행운이었다.

다만 의아했다. 만약 강사가 미국인이어서 같은 미국인인 마크 트웨인을 택했다면, 너새니얼 호손(Nathaniel Hawthorne)이라든가 어니스트 헤밍웨이(Ernest Hemingway) 같은 묵직한 작가도 있지 않은가.

나는 마크 트웨인을 재미난 대중소설을 쓴 작가로밖에 알지 못했다.

마크 트웨인의 시대

마크 트웨인에 대해 다시 생각하게 된 것은 오랜 세월이 지난 후 김
봉은의 『마크 트웨인의 모험』(2007)이라는 책을 읽고 난 다음이었다.

　　열네 살의 부랑아가 아버지의 폭행을 피해 달아나다가 탈주 노예 짐
을 만나 동반한다는 『허클베리 핀의 모험』의 구성에는 미국 역사가 요
약되어 있는 것 같았다. 헉(허클베리 핀)의 자유를 향한 행진 중에 짐이
동반하며 담당하는 역할은 미국에서 흑인의 입지에 대한 신선한 영감
을 주었다. 짐의 역할을 간과하고 헉의 모험을 제대로 이해할 수 없듯
이, 흑인을 빼고 미국을 이해하는 것은 '외투 없이 지내는 추운 겨울'처
럼 냉혹하게 여겨졌다.

　　이게 대체 무슨 말인가? 미국의 역사, 흑인의 입지……. 『허클베
리 핀의 모험』에 그런 심오한 구절을 집어넣는 게 가당한가?
　　저자는 19세기 미국 사회에 만연했던 흑인 차별의 예를 다음과
같은 사건을 들어 설명한다.
　　미국의 사관학교에 흑인으로는 처음 입학했던 존슨 휘터커
(Johnson Whittaker)가 재학 중 퇴학을 당했다. 1880년의 일이다. 처음
부터 백인 학생들은 짐승같이 더러운 흑인과 한 학교에 다닐 수 없
다고 격분하였다. 그들은 급기야 깊은 밤 기숙사의 휘터커 방으로
쳐들어가 자고 있는 사람을 침대에 묶고 짓밟고 구타한 후, 거울이

깨질 만큼 심하게 머리를 때려 놓고 달아난다. 휘터커는 아침에 피투성이 상태로 기절한 채 발견되었다. 그런데 학교 측의 조치는? 어이없게도 사관학교의 명예를 손상했다는 이유를 들어 휘터커만 퇴학시켰다. 더 어이없는 것은 휘터커 사건에 대한 공식적인 기록이 아무 데서도 발견되지 않았다는 것이다. 완벽한 차별이었다.

그러나 비극적이고 애처롭기로는 그다음 이야기가 더하다. 휘터커의 손녀 말에 따르면, 휘터커 자신도 사관학교와 관련된 서류를 다 태워 버렸다고 한다. 혹시라도 자식들이 그 사건에 대해 알고 미국 백인에게 적개심을 품게 되는 것을 바라지 않았다는 것이다. 그야말로 완벽한 차별 사회의 표본이다.

정상적인 경우에 차별은 저항을 부른다. 저항하여 자신의 몫을 차지하려는 행동은 당연하다.

그런데 저항이 더 큰 피해를 불러온다면?

적당한 선에서 타협한다. 타협을 넘어 언제 그런 일이 있었느냐는 듯이 덮어 버린다. 차별하는 쪽이 그래야 하는데, 도리어 차별당하는 쪽이 덮어 버리는 것이다. 비극적이고 애처로운 완벽한 차별이란 이런 것이다.

불과 100여 년 전 19세기 말의 미국에서 일어난 일이다. 마크 트웨인은 그와 같은 부조리에 저항한 사람이다.

신념 어린 모험
마크 트웨인의 시대가 그랬다면 『허클베리 핀의 모험』에서 저항을 드러내는 장면은 무엇이란 말인가. 이런 장면을 읽어 보자.

저 멀리 나무 사이로 불빛이 보였습니다. 나는 조심조심 그쪽으로 접근해 갔지요. 그것이 똑똑히 보일 만큼 가까이 가서 보니 웬 사내 하나가 땅 위에 벌렁 누워 있는 겁니다. 가슴이 덜컹 내려앉았지요. 사내는 머리에다 담요를 뒤집어쓰고 있었으며, 머리가 거의 불속으로 들어가 있었습니다. 나는 그 사내로부터 약 6피트쯤 떨어진 우거진 덤불 뒤에 앉아 두 눈을 사내에게서 잠시도 떼지 않고 지켜보았습니다. 동쪽 하늘이 희멀겋게 밝아왔습니다. 얼마 후 그 사내는 꿈틀하더니 하품을 하고 기지개를 켜고는 담요를 쳐들었습니다. 아니, 그 사내는 왓츤 아줌마네 노예 짐이 아니겠습니까! 그를 보자 나는 정말로 반가웠지요.

"어이, 짐!" 하고 소리치며 뛰쳐나갔습니다. 짐은 벌떡 일어나더니 놀란 듯이 나를 쳐다보았습니다.

허클베리 핀이 섬으로 피하여 며칠이 지난 후, 같은 섬으로 도망 온 흑인 짐을 우연히 만나는 광경이다. 짐은 자신이 핀을 죽인 줄 알고 있었다. 노예의 신분으로 도망 나온 그는 아무도 없는 섬에서 혼자 숨어 지낼 작정이었다. 그런데 거기서 핀을 만난 것이다.

핀은 반가워하고 짐은 놀란다. 이 장면부터이다. 사실 이때 백인인 핀은 불쾌해 하고, 흑인인 짐은 거북해 해야 한다. 그래야 19세기 미국의 상황에 들어맞는다. 그런데 반대다. 흑인을 놀랜 백인은 반가운 표정을 짓는다.

외딴 섬에서 뜻밖의 사람을 만나니 반가웠을 것이다. 죽은 줄 알았던 사람이 살아 있으니 놀라웠을 것이다. 문장의 표면은 그렇게 읽힌다. 마크 트웨인은 사람들의 심리를 이용해 그렇게 읽히도록 교묘하게 장치를 걸었다. 그런데 핀은 짐을 정말로 반가워하고, 동료 삼아 살며, 함께 모험의 길에 나선다. 마크 트웨인이 제아무리 교묘한 트릭을 걸었더라도, 백인 독자에게 이는 용납할 수 없는 일이었다. 어떻게 흑인이 백인의 친구가 된단 말인가. 그러기에 『마크 트웨인의 모험』의 저자는 말한다.

『허클베리 핀의 모험』 1885년 출판된 마크 트웨인의 작품으로, 형식상으로는 『톰 소여의 모험』의 속편이다.

"짐이라는 흑인 인물은 트웨인의 뜨거운 신념 어린 모험의 결정체이다."

무엇이 진정한 모험인가

마크 트웨인은 단순한 대중소설가가 아니었다. 소설을 통해 한 시대를 그려 냈다. 재미도 재미려니와 그 너머의 문제를 소설로 그려 낸 사람이다. 아마도 그는 미국 사회가 더 인간다워지려면 무엇부터 해결해야 하는지 잘 알았을 것이다. 그건 사람은 누구나 똑같다는 평등의 문제다. 모험과도 같은 생애를 살면서 그는 몸으로 이 같은 사실을 알아냈다. 소설의 한 장면으로 다시 돌아가 보자.

폭풍 때문에 죽은 줄 알았던 헉을 찾은 후, 눈물을 흘리며 좋아하는 짐을 보며 헉은 놀린다.

"무서운 꿈이라도 꾼 거야?"

생글생글 웃으며 그렇게 말하는 헉에게 짐은 버럭 화를 낸다. 그렇게 놀리면 너는 '쓰레기'라고.

참으로 놀라운 장면이다. 앞서 쓴 것처럼, 두 사람 사이가 아무리 가까워졌다 해도 '쓰레기'는 흑인이 감히 백인에게 할 말이 아니다. 그런데 더 놀라운 장면이 이어진다. 헉은 짐 앞에 무릎을 꿇고 사과한다. 아니, 그래야겠다고 생각한다. 비록 실행에 옮기지는 않았지만 이미 헉은 그럴 태세가 분명하다. 무릎을 꿇다니, 백인이 흑인에게 할 행동이 아니다. 그렇게 헉의 참회는 진지하기까지 하다.

짐에 대한 헉의 행동과 말은 마크 트웨인의 마음속에서 나온 것이다. 우리는 이것을 진정한 모험이라 해야 한다. 그리고 이런 모험이야말로 자유를 선물해 준다.

헉과 짐이 획득한 자유에서 트웨인은 더 중요한 메시지를 남긴다. 우리를 진정 해방시키는 것은 모험 자체가 아니라는 것이다. 현실에서 탈출하여 모험하다가 돌아와 현실을 마주할 때, 모험으로 넓어진 시야와 열린 자아가 이전의 속박과 굴레를 희석하며 해방감을 선물한다.

『마크 트웨인의 모험』에서 한 번 더 인용하였다. 모험은 단지 즐기라고 있는 것이 아니다. 모험은 우리 인생의 참된 가치에 눈뜨게 해 준다. 이것을 위의 저자는 '넓은 시야'와 '열린 자아'라는 말로 표현하였다. 그 종착점은 '해방'이다.

예수는 말하였다.

"너희가 진리를 알지니 진리가 너희를 자유케 하리라."

'진리' 자리에 '모험'을 넣어 보자. 모험의 진정한 의미는 진리와 통한다. 모험을 안다면 모험이 우리를 자유롭게 할 것이다.

미야자키 하야오와 가미가쿠시

감히 말하건대 〈센과 치히로의 행방불명〉(2001)은 미야자키 하야오 (宮崎駿) 작품의 절정이다. 영화로서의 완성도도 그런데 일본에서만 도 2,400만 명의 관객이 호응하여 대중성에서도 압도적이다. 그런 데 여기에 한 가지 더할 점이 있다.

일본어 '가미가쿠시(神隱し)'를 직역하면 '신이 감춘다'는 말이다. 구체적으로는 어린아이가 갑자기 사라지는 것을 뜻한다. 기실 행방 불명인데, 아이를 잃어버린 것을 신이 감추었다고 생각한 데서 나 온 말이다.

오랜 옛 시절부터 일본인은 자연에 커다란 외경심을 가졌다. 그래 서 행방불명자가 발생하면 신의 영역 속으로 사라졌다고 생각하는 경우가 많았다.

섬의 특성상 태풍이 많고 지진까지 겹쳐 일본의 자연재해는 우리 나라보다 훨씬 심각한 양상으로 나타난다. 이런 재해 속에서 일상 적으로 실종자가 생겼다. 여기에 전쟁까지 있었다. 일본은 역사상 외적의 침입을 받은 적이 거의 없어서 겉으로는 전쟁과 무관한 듯 보이지만 실상은 다르다. 역사적으로 지역에 할거하는 호족의 통치 체제가 확립된 다음, 세력을 다투는 호족 간의 전쟁이 일상화되어 있었다. 14~16세기 일본의 전국시대는 그야말로 최악이었다. 그나

〈센과 치히로의 행방불명〉 '행방불명'에
해당하는 원제의 단어 '가미가쿠시'는
일상화된 행방불명을 신의 이름으로 해
결하고자 하는 바람을 담고 있다.

마 17세기 들어 도쿠가와 막부의
성립 이후 안정을 찾았다.

끊이지 않는 자연재해와 전쟁
속에서 행방불명자는 속출하였다.
행방불명은 그들 삶의 일상이었
고, 일상화된 행방불명은 신의 이
름으로 해결할 수밖에 없었다. 잃
어버리거나 사라진 것이 아니라
신이 보호하고 있다고 믿는 것이
다. 그것이 가미가쿠시다.

이 단어를 쓴 유명한 영화가 바
로 〈센과 치히로의 행방불명〉이
다. 여기서 '행방불명'은 우리나라
에서 상영하면서 '가미가쿠시'를 번역한 말이다. 현대 일본어에서도
행방불명이라는 뜻으로 사용되므로 틀린 번역은 아니지만, 이 말로
는 본디 가미가쿠시라는 단어가 가지고 있는 문화적이고 역사적인
함의를 모두 드러낼 수 없다. 미야자키는 가미가쿠시라는 말에 눈
길을 주었다. 기실 현대 일본인도 잘 쓰지 않는 말이다. 미야자키는
이 말 속에 숨은 일본적인 원형을 추출하고 해석하여 새로운 작품
을 만들었던 것이다.

신의 이름으로 해결해야 하는 어떤 일상을 우리는 '원형'이라 말
한다. 〈센과 치히로의 행방불명〉이 가진 또 하나의 논점은 미야자키
가 찾아낸 이 원형에 있다. 이 영화의 가치는 이 단어 하나로 극대

화되었다고 말해도 지나치지 않다.

소녀 치히로의 모험

여기서 나아가 한 가지 더―.

원형의 구체적인 모습은 주인공 소녀 치히로의 모험담으로 나타난다. 열 살짜리 어리고 철없는 치히로가 뜻밖에 귀신들의 세계로 들어가, 돼지로 변한 부모를 인간으로 되돌리려는 과정에서 겪는 모험은 '출발(분리)-입문(시련)-귀환'이라는 조지프 캠벨(Joseph Campbell)의 '영웅의 모험' 모델을 충실히 따르고 있다. 널리 알려진 스토리지만 간단히 정리해 본다.

시골로 이사 가게 된 소녀 치히로는 가족과 함께 이상한 터널을 통과한다. 치히로는 이 이사가 마뜩지 않다. 친구들과 헤어져, 그것도 도쿄에서 살다가 시골로 내려가게 되니 당연하다. 터널 너머의 세계에서 치히로의 부모는 음식을 먹다가 돼지로 변한다. 치히로는 소년 하쿠의 도움으로 온천 여관의 주인 유바바와 계약을 맺고, '센'이라는 새 이름을 부여받아 그곳에서 일하게 된다. 센은 성실하다. 오물(汚物) 신을 치료해 주고 탐욕으로 거대하게 팽창한 가오나시를 본래의 모습으로 돌려놓고, 소년 하쿠의 이름도 되찾아 준다. 도움받는 처지에서 어느덧 도와주는 입장이 된다. 끝내 유바바의 시험을 통과하여 돼지로 변한 부모를 구해 낸다. 본명을 찾은 치히로는 부모와 함께 무사히 인간 세계로 귀환한다.

처음에 치히로는 하쿠와 가마 할아범 같은 조력자의 도움을 받는다. 이 세계는 그가 오고 싶어 온 곳이 아니다. '소명'이 뭔지도 모르는 영웅의 일생은 그렇게 시작된다. 그러나 치히로는 여러 번의 고비를 넘기고, 고래 뱃속 같은 유바바의 성에서 우정과 사랑이라는 귀한 보물과 함께 엄마 아빠를 구해 일상으로 돌아온다. 한 아이가 영웅으로 성장하는 과정인 것이다. 치히로는 제니바로부터 반짝거리는 머리끈을 받는다. 이승과 저승을 사랑과 우정이라는 튼튼한 실로 봉합하는 상징적인 장면이다. 이제 이승과 저승은 하나의 세계다.

신들의 세계는 우리가 아는 세계의 잊힌 부분이며, 확실히 신화는 '내면으로의 여행'이다. 인간이 무엇을 위해 살아야 하는지, 어디에서 왔으며 어디로 가는지, 어떻게 살아야 하는지를 알려 준다. 그렇기에 신화는 반복되고 영웅은 끊임없이 만들어진다.

〈센과 치히로의 행방불명〉은 이런 숭고한 세계를 발견하여 우리에게 보여 주었다.

버블 경제로 무너진 희망

그런데 이 영화를 만든 미야자키의 고백은 뜻밖이다. 영화가 지향한 바는 위와 같이 거창하게 해석될 수 있지만, 미야자키는 아주 소박한 소망 하나를 말했다.

"나는 '버블 경제 붕괴'로 시름하는 일본인에게 위안과 용기를 주고 싶었다."

일본의 버블 경제는 우리에게도 익히 알려져 있다. 1986년 12월부터 1991년 2월까지 주식이나 부동산을 중심으로 한 자산의 가격이 급격히 뛰었다. 절정에 달했던 1980년대 후반, 도쿄의 중심부인

야마노테선 안쪽의 토지 가격이 미국 전부를 사들일 수 있을 만한 값으로 형성될 정도였다. 1989년 연말 주식은 평균 주가 3만 8,957엔. 2014년 연말에 1만 7,000엔 대였으니 얼마나 가격이 높았는지를 알 수 있다.

그러나 이는 땅이나 주식을 가지고 있는 사람들만의 잔치였다. 이에 비해 이 기간이 끝나고 붕괴가 시작되었을 때, 피해는 고스란히 일반인 모두에게 돌아갔다.

버블 기간에 얼마나 미친 듯이 땅값이 뛰었는지를 알 수 있는 일화가 있다.

부동산 업자 A씨는 매물을 찾기에 급급하다. 물건만 확보하면 하루 사이에 천정부지로 뛰어 어마어마한 시세차익을 얻을 수 있기 때문이다. A씨는 부동산을 가지고 있을 만한 사람의 부고 소식을 면밀히 조사한다. 소식을 접하면 장례식장에 찾아가 부의금으로 100만 엔이 든 봉투를 건넨다. 물론 그 안에는 자기 명함을 집어넣어 둔다. 장례가 끝난 다음 유족으로부터 연락이 온다.

"어떤 분이시기에 이렇게 많은 부의금을······."

유족은 의아할 수밖에 없다. A씨는 능청스럽게 대답한다.

"생전에 고인과 좀 아는 사이였습니다. 부동산 문제로······."

그렇잖아도 부동산을 처분해야 유산을 정리하고 세금을 낼 수 있기 때문에 유족은 바로 A씨에게 부탁한다. A씨는 시세에 맞게 부동산을 처리해 주고도 크게 이득을 남긴다. 하룻밤 사이에 땅값은 배로 뛰었다.

일본의 전 역사를 통틀어 일본인이 버블 경제 시기만큼 흥청망청

돈을 써 본 적은 없었다. 긴자(銀座)의 유명 요정에서는 밤마다 돈 뿌리는 소리가 잦아들지 않았다. 물론 앞서 말한 대로 땅과 주식을 가진 사람에 한한 것이지만.

버블 경제가 붕괴한 것은 1992년부터였다. 전문가조차 서서히 빠지는 경기를 당초 일시적인 현상으로만 봤다. 그것이 버블이라는 걸 알게 되는 데에는 이후 몇 년이 더 걸렸다. 이때의 일본 총리는 미야자와 기이치(宮沢喜一)였는데, 경제 관료 출신인 그는 사태의 심각성을 재빨리 알아챘다. 공적 자금을 투입해서라도 하루빨리 불량 채권을 처리해야 한다고 주장하였다. 그러나 관료, 은행, 매스컴 그 누구도 이에 찬성하지 않았다.

소신이 있었다면 총리는 자기 뜻을 관철해야 옳았다. 그러나 머리는 좋지만 카리스마가 부족했던 미야자와는 거기서 백기를 들고 말았다. 그것이 버블 경제로 판명 난 다음, 이제는 누구도 손쓸 수 없는 장기 불황이 10년간 이어졌다. 이른바 '잃어버린 10년'이다.

'잃어버린 10년'이 끝나갈 즈음 나온 영화가 바로 〈센과 치히로의 행방불명〉이다. 현실에서 행방불명된 것은 치히로가 아니라 일본 경제였다.

비판과 희망으로서의 모험

나는 이 무렵 일본에서 유학 중이었다. 학생 신분에 그것도 외국인으로서 버블 경제 붕괴의 심각성을 몸으로 실감하기는 어려웠다. 한 가지, 유학생을 대상으로 하는 장학금이 줄어드는 데서 느꼈다면 느꼈을까. 특히 민간 기업에서 주는 장학금이나 연구비는 토요

타 자동차를 빼고는 자취를 감추거나 명맥만 유지하고 있었다.

태평양 전쟁에서 지고 난 다음 폐허 속의 일본인에게 야마오카 소하치(山岡莊八)의 『대망』은 하나의 희망이었다. 때로 문학은 최대의 위안이 된다. 미야자키는 애니메이션으로 그 역할을 감당하고자 했다. 장르만 다를 뿐 크게 보아 야마오카나 미야자키가 한 일은 같다.

물론 스케일만 보자면 치히로가 『대망』의 주인공 도요토미 히데요시(豊臣秀吉)나 도쿠가와 이에야스(德川家康)를 따라갈 수는 없다. 그러나 모험을 통한 극복이라는 면에서, 치히로는 절망에 빠진 사람들에게 어쩌면 더 실감 나고 친숙한 현실의 친구가 되었다.

버블 경제의 혜택은 가진 자 소수가, 붕괴의 피해는 모두가 당했다고 말했다. 그러나 이 와중에 사실 그 혜택을 대부분의 일본인이 은연중에 누렸다. 아니 휩쓸렸다고나 할까. 근면성과 검소함으로 표상되는 일본인의 장점이 여지없이 무너져 내린 것은 이 분위기 탓이었다. 넘치는 돈 앞에 일본인 누구나 실성한 듯했다.

영화의 첫 장면은 도쿄에서의 생활을 청산하고 시골 도시로 내려가는 치히로 가족을 보여 준다. 아버지가 운전하는 이 가족의 자동차를 기억하시는지? 짙은 코발트색 아우디.

버블 경제 이전에는 웬만한 중산층 가정이 상상 못 할 차종이다. 자동차 가격 때문만은 아니다. 지금도 보통 일본인들은 값싸고 튼튼한 토요타 자동차를 선호하고 자랑스러워한다. 그러던 일본 사회에 버블 경제 기간 동안 벤츠는 흔해 빠진 차가 되었다. 더러 멋쟁이들은 남들 다 타는 차가 아닌, 자신만의 외제 차를 샀다. 아우디 같은 차 말이다.

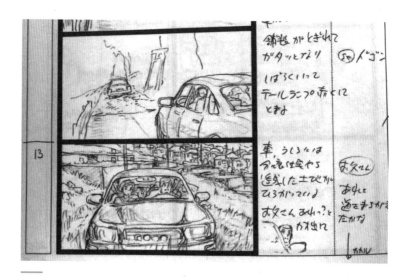

〈센과 치히로의 행방불명〉의 한 장면 치히로의 아버지가 운전하는 아우디는 일본 버블 경제를 상징한다. 『스튜디오 지브리 그림 콘티 전집 13(千と千尋の神隠し—スタジオジブリ絵コンテ全集, #13)』에서

  물신(物神)에 사로잡힌 일본인과 그 사회의 모습을 영화에서는 두 장면으로 상징화한다.

  첫째, 의아해 하며 들어선 테마파크 같은 곳의 가게에 차려진 음식을 허겁지겁 먹어 치우는 치히로의 부모. 테마파크 또한 버블 경제의 유산이다. 먹고 노는 일에 투자된 돈의 정점이 골프장 딸린 테마파크였다. 버블 경제 붕괴 이후 가장 먼저 몰락한 곳이 테마파크이기도 하다. 영화의 첫 장면에서 치히로와 그의 부모가 접어드는 이상한 나라의 초입이 이 테마파크로 설정된 것은 우연이 아니다. 그곳에 있는 음식점에서 치히로의 부모는 차려진 음식을 의심 없이 먹어 치운다. 먹어 치우는 데 익숙해져 있던 까닭이다. 그리고 돼지로 변한다.

둘째, 온천 여관에 모인 수많은 괴이한 신조차도 놀라는 오물 신의 등장. 신들마저 놀라는 이유는 이 신의 덩치 때문이기도 하지만 그 정체가 불명하기 때문이다. 그동안은 존재하지 않았던 특이한 존재인 것이다. 강물에 사는 이 신의 뱃속에는 온갖 오물이 가득 차 있다. 오물이라기보다는 사람들이 쓰다 버린 물건이다. 거기에는 아직 쓸 수 있는 멀쩡한 물건도 많다. 이는 일본인이 일상에서 얼마나 함부로 물건을 버렸는지 보여 준다. 지금까지 일본에 이런 신은 없었다.

돼지로 변한 부모와 소화불량의 오물 신을 치히로가 구해낸다. 치히로는 모험의 결과로 물신주의(物神主義)로부터 인간이 회복되는 승리를 이루어 낸다. 비판과 희망의 메시지—그것이 곧 미야자키 하야오의 〈센과 치히로의 행방불명〉이다.

꽃이 된 미스 개

이제 여러분이 궁금해 할 미스 개의 후일담으로 마무리하려 한다.

2학년이 되었을 때 미스 개는 예상대로 학교에서 볼 수 없었다. 아마도 영국으로 유학을 떠났기 때문이었으리라. 같이 스터디 그룹을 했던 우리는 세밑에 그를 마지막으로 만났었다. 실은 일주일에 한 번 스터디를 할 때마다 우리는 회비로 500원씩을 냈었다. 짜장면 한 그릇 값이었다. 이것을 모아 1학년 마지막 스터디가 끝나는 날 뒤풀이를 하기로 했던 것이다. 뒤풀이는 자연스럽게 미스 개의 환송회로 바뀌었다.

그런데 미스 개가 우리에게 조용히 자신의 뜻을 밝혔다.

"내가 홀트아동복지회 지적 장애아 고아원에 봉사 활동을 다니는데……, 환송회 할 돈이면 하루 아이들과 즐겁게 놀 수 있어……."

우리는 미스 개의 의견에 따르기로 했다. 모아 둔 돈으로 아이들이 먹을 간식을 사고, 서울의 신촌 기차역에서 열차를 타고 일산으로 갔다. 홀트아동복지회의 고아원이 거기 있었다. 일행은 모두 여섯 명, 하지만 우리 가운데 지적 장애아만 모여 있는 시설에 가 본 사람은 미스 개 말고 아무도 없었다. 다른 친구들은 둘째 치고, 내가 받은 그때의 충격을 무엇이라 설명할 수 있을까. 오직 미스 개만이 아무렇지도 않은 듯이 아이들에게 간식을 먹이고 코를 닦아 주고 소변으로 얼룩진 바지를 갈아입혔다. 우리는 그저 따라 하는 시늉만 낼 뿐이었다.

일산에 신도시가 만들어지기 전, 고아원에서 기차역까지는 포장도 되지 않은 시골길이었다. 봉사를 마치고 돌아 나올 때는 눈발이 흩날렸다. 적요한 시골길에 미스 개를 비롯한 여섯 사람의 발자국 소리만 아주 조용히 울렸다.

"다들 함께해 줘서 고마워. 어려운 부탁이었는데……."

모두 다 입을 다물고 있는데 미스 개가 그렇게 말문을 열었다. 충격이었고 부끄러웠다. 버려진 지적 장애아와의 만남이 당황스러웠고, 어찌할 바 몰라 했던 우리 자신이 초라했다. 아무 말 없이 시골길을 걷는 모두의 심정이 그랬다. 그 발자국 소리가 지금도 내 귓가에는 선명하다. 그리고 이런 일을 업으로 삼으려는 미스 개가 새삼 너무나 커 보였다.

아쉽게도 나는 더 이상 미스 개의 후일담을 알지 못한다. 계획한 대로 특수교육학을 공부했을까? 홀트아동복지회 같은 데서 일하고 있을까? 그의 계획이 어디까지 성사되었는지 모르지만, 스무 살 꽃다운 나이에 그가 지녔던 소망이 결코 간단하지 않은 모험으로 보였거니와, 마크 트웨인의 생애를 알고 새삼 다짐했을 모험은 그 자체로 소중했었다. 그렇다면 거창한 결과는 그다지 중요하지 않다. 젊은 날, 소박하지만 희생과 봉사에 바탕을 둔 꿈을 가진 그의 모습이 뜻하지 않게 모험의 길에 노출된 치히로의 모습과도 겹쳐 보인다.

실로 그녀가 개가 된 것은 강의실에서가 아니었다. 군부 독재의 탐욕이 그의 처지와 형편을 개처럼 형편없게 만들었다. 그런데도 그는 다시 꽃이 되어, 꽃으로 피기 위해 이 나라를 떠났었다. 어떤 원망도 없이, 가시밭길을 운명처럼 받아들이는 배역처럼―.

우리의 미스 개는 어디서 꽃이 되어 피어 있을까? 나의 기억에 처음 새겨진 모험의 주인공이다.

모험 스토리란 무엇인가

〈국제시장〉을 보는 시각

영화 〈국제시장〉(2014)의 열기가 뜨거웠다. 물경 1,800만 명 넘는 관객이 이 영화를 보았다. 감독은 '천만 관객 영화' 두 편을 기록하기도 하였다. 관객 동원만이 아니다. 내용을 두고 벌어지는 토론 또한 열기를 더하였다.

한쪽에서는 1960~1970년대를 힘겹게 살아온 그 세대의 아픈 역사를 고스란히 담고 있다는 긍정적인 평가를 했다. 참으로 오랜만에 먹먹한 감동으로 눈물 흘리게 한 영화라고들 했다. 반면 이 영화에는 시대 의식이 없다고 비판하는 쪽도 있었다. 먹고사는 데 아등바등한 평범한 사람들의 이야기는 분명 그 자체로 눈물겨울지언정, 새로운 시대를 개척하겠다는 의지나 노력과는 거리가 있다는 것이다.

비판에 일리가 없지는 않으나, 그렇기에 평범한 사람들의 일상이 더욱 핍진하게 그려져 있지 않은가 싶다. 영화 속에는 하루하루 연명하는 우리의 그렇고 그런 모습이 여과 없이 드러나 있다.

또한 실물이 누군지 금방 떠오를 만한 사람들도 등장한다. 배를 만들겠다고 호언장담하는 신사(정주영), 귀국하면 부를 노래라고 '저 푸른 초원 위에'를 흥얼거리는 병사(남진), 우악한 선배 씨름꾼들과 어울려 포식하는 소년(이만기). 이런 사람들에게는 평범한 사람으로는 미치지 못할 세계가 있다. 그것은 비범함이다. 그러나 세상에서 그런 사람은 지극히 적은 수에 불과하다. 도리어 평범한 사람에게 그들은 미친놈으로만 보인다. 그런 평범한 사람이 우리이다. 그렇다고 평범한 우리는 시대에 아무런 역할도 하지 못한단 말인가.

통속적이라 욕해도 좋다. 그렇게 실컷 통속적인 우리에 대한 지극한 애정으로 만든 영화가 〈국제시장〉이다.

그런데 나는 이 영화의 주인공 덕수를 또 다른 면에서 보고 싶다. 먹고살기 위해서건 시대의 아픔을 감당하기 위해서건, 영화는 위험 속에 자신을 던진 '작은 영웅' 덕수의 모험담으로 이루어져 있다. 독일 광부로, 월남의 장사꾼으로, 덕수는 자신의 내일을 개척하기 위해 기꺼이 고통의 길에 들어선다. 이런 모험이 없었다면 결과 또한 없었을 것이다.

물론 자발적인 모험은 아니었다. 그렇다고 모험이 아니라고는 할 수 없다. 영웅 신화를 연구한 조지프 캠벨에 따르면, 영웅의 모험은 자발적이기도 하지만 비자발적인 경우도 있다. 자신의 의지와 상관없이 어느 날 갑자기 위험 속에 빠진다. 모험 스토리는 거기서부터 시작된다. 심지어 모험의 소명이 주어진 순간 그 소명을 피하려는 모습을 보이기도 한다.

비자발적인 경우, 소명을 피하려는 경향이 강하다. 덕수의 독일행이나 월남행은 비자발적이었으며, 그래서 피하고자 한다. 그러나 피한다고 될 일인가. 영웅은 운명적으로 자신의 모험을 받아들여 출발하고, 천신만고 끝에 영광스러운 귀환을 맞이한다.

작은 영웅 덕수의 모험

〈국제시장〉의 덕수는 마치 이런 영웅의 전형과도 같다. 독일에서 귀국한 덕수가 집에 도착하여 가족과 재회하는 장면은 특히 인상적이다. 만남의 장소는 공항이나 부산역으로 설정되지 않고, 돌연 집 마당에 덕수가 나타난다. 그 무렵의 통신 사정으로는 정확한 도착 시각을 알려 주기가 어려웠기에 어쩌면 집에서의 만남은 당연하기도 하다. 그러나 다른 한편으로 감독은 굳이 집 마당을 재회의 장소로 선택하고 싶었을 것이다. 집은 곧 덕수의 피땀 어린 고생의 성과물이다. 바로 그 집을 보다 극적으로 부각시키고 싶었을 것이다. 그럼으로 해서 이 영웅의 귀환은 귀국이요, 곧 귀가로 집중된다. 굳이 거대한 의미를 부여할 필요 없는 '작은 영웅'의 소박한 귀환이다. 그러나 이는 얼마나 엄청난 일인가.

또 한 가지―. 영웅에게는 조력자가 따른다. 〈국제시장〉에서 덕수의 조력자는 달구다. 달구는 피난지 부산에서 덕수가 만난 첫 친구이다. 달구는 부산 사람이다. 그들은 평생을 동고동락하는데, 때로는 덕수가 달구의 조력자라고 해도 될 만큼 사실 그들은 도움을 주고받는 사이다. 독일과 월남에서 그들은 그렇게 주고받으며 더욱

끈끈한 관계를 이어간다. 그러나 흥남에서 피난 나와 뚝 떨어진 덕수이기에 달구가 조력자로서 더 어울린다.

덕수의 멘토는 아버지이다. 흥남 부두에서 헤어지면서 아버지는 어린 아들 덕수에게 말한다.

"덕수야, 지금부터는 네가 가장이다! 가장은 어떤 일이 있어도 가족이 최우선이다. 그리고 부산 국제시장에 있는 고모네 가게로 가라. 그곳에서 나를 기다려라."

아버지는 끝내 부산에 오지 못했다. 덕수가 마지막까지 고모네 가게 '꽃분이네'를 처분하지 않고 기다린 세월이 60년이 넘는다. 달구는 새로 건물을 올렸는데도, 덕수는 재개발 동의서를 받으러 온 상가 대표를 모질게 쫓아내면서 그 간판을 고집한다. 아버지를 기다리는 까닭이다.

그러나 여기에는 기다림 이상의 메시지가 있다. 자신의 한평생이 아버지의 말 한마디로 이루어졌기 때문이다. 아버지에게 받은, 가장이라는 이 처절한 의미 부여는 그에게 짐이자 지표였다. 멘토가 준 지남(指南)이었다. 사실 덕수는 그 덕분에 이 험한 세상에서 살아남을 수 있었다. 이렇게 보면 〈국제시장〉은 한 작은 영웅의 모험담이다.

모험이라는 말의 유래

이제 본론으로 들어가야겠다. 여기서 나는 『삼국유사』 이야기를 읽는 또 다른 접근법 한 가지를 소개하고자 한다. 『삼국유사』의 많은 이야기가 모험 스토리라는 시각이다.

굳이 '모험 스토리'라는 용어를 쓰는 까닭이 있다. 일반적으로 '모험담'이라고 하면 우리는 설화만을 떠올리기 쉽다. 모험 스토리란 모험담을 바탕으로 하면서 오늘날 콘텐츠화할 수 있는 기본 이야기의 줄거리가 갖춰진 상태, 또는 그 앞 단계를 말한다.

그동안 『삼국유사』 설화에 모험 스토리로서의 의미를 부여한 경우는 없었다. 건국신화 등을 모험이 포함된 조금 더 큰 범주인 영웅담으로서 다루기는 했지만 말이다. 이러한 시각이 자칫 『삼국유사』 설화의 무게감을 떨어뜨릴 수 있다는 염려가 있었는지도 모른다. 그러나 새로운 콘텐츠의 생산에 있어서 모험 스토리는 활용도가 매우 높으며, 주목할 만한 문화 콘텐츠 자원의 근간에 자리한다. 물론 『삼국유사』를 이해하는 새로운 접근 방법도 될 것이다.

먼저 알아둘 사항, '모험'이라는 말ㅡ. 모험과 모험에 결부된 말은 모두 근대에 들어 새로운 의미를 가지고 생겨났다. 다음과 같은 사전적 의미의 모험이 그러하다.

모험(冒險)
① 사람이 위험을 무릅쓰고 어떤 일을 하는 것 또는 그 일
② 사람이 위험을 무릅쓰고 어디론가 여행하는 것

모험의 모(冒)는 경(冂) 머리에 목(目)이 아래에 놓인 글자인데, 눈 위에 투구 같은 모자를 쓴 모양이다. 전쟁터에 나가는 군인의 모습이다. 경(冂)에는 '눈을 가리다'라는 뜻도 있어서, 무서움을 덜기 위해 눈을 가리고 나아가는 모습을 나타내기도 한다. 이는 『설문해자(說文解字)』에 나오는 설명이다. 맹진(盲進), 곧 눈을 감고 나아간다는

말이 여기서 나왔다. 그래서 나아가 (위험을) 무릅쓴다는 뜻으로 발전하였다.

사전의 뜻풀이에서 ①은 오래전부터 사용한 흔적이 있다. 대개 '모험이진(冒險而進)', '모험이행(冒險而行)', '모험경진(冒險輕進)' 등의 형태로 나타난다. 『삼국지』에서는 위험을 무릅쓰고 실행하였다는 구절이 보이고,[1] 『설문해자』의 「단주(段注)」에서는 '모(冒)' 자를 머리에 갑옷을 두르고 진격한다는 뜻으로 풀이하였으며, 맹진의 뜻을 가진다고 설명하였다. 우리나라에서 쓰인 가장 이른 용례로는 『삼국사기』의 기사[2]를 들 수 있다. 역시 ①의 의미로 사용되었다.

한편 ②번의 의미는 근대에 들어와서 부여되었다. '모험'이라는 단어에 다른 지역으로 여행한다는 의미가 추가된 것은 일본에서부터였다. 메이지유신 이후 일본에서는 서양 문학의 번역이 유행했는데, 『로빈슨 크루소』를 필두로 『15소년 표류기』, 『해저 2만 리』 등의 이른바 모험소설이 상당수 소개되었다.[3] 여행이라는 큰 축을 바탕으로 이야기가 전개되므로, 여행에서 곧 모험이 생겨난다는 뜻을 추가한 것이다.

모험과 여행의 결부는 19세기 중반 팽배해진 서구 제국주의와 관련이 있다. 제국주의는 개척지, 신대륙, 식민지에 높은 관심을 보였고, 열강은 다투어 지리적 확장을 시도하였다. 또 새롭게 대두된 진화론은 이러한 사회적 분위기와 국가 정책에 당위성을 부여하는 과학적 근거로 이용되기도 했다.[4] 이들의 관심사는 문학작품에도 반영되었고, 당시 출판된 숱한 탐험·모험 소설은 이를 뒷받침한다.

이를테면 제국주의를 실행하고자 하면 자국민이 기꺼이 배를 타고 밖으로 나가 줘야 한다. 죽음을 각오해야 할 상황이 닥칠지 모르는데, 누군들 선뜻 제 집과 고향을 떠나려 하겠는가. 그렇기에 어려서부터 개척 정신과 호기심을 잔뜩 키워 놓아야 하는 것이다. 말이 거창하지, 제국주의 하기도 쉽지 않다.

확장되는 '모험'의 의미

서구 문물을 받아들이고 내재화하려던 일본은 이 같은 정치적·문학적 성과를 열심히 국내에 소개했는데, 그러자면 작품에 빈번하게 등장하는 'adventure'라는 단어에 적합한 번역어를 찾아야 했다. 마침 본디 비슷한 뜻을 지닌 '모험'이라는 단어를 가져다가 대입한 것으로 추측된다. 1888년 프랑스에서 출판된 쥘 베른(Jules Verne)의 『15소년 표류기』를 불과 8년 뒤 모리타 시켄(森田思軒)이 1896년에 잡지에 번역 연재하면서 이 단어를 처음으로 사용했다고 한다.[5] 내용의 정확성 여부는 단언할 수 없으나, 적어도 1800년대 후반 일본에서 서양의 이른바 'Adventure Novel'을 번역하면서 '모험'이라는 단어를 대입해 옮긴 것은 사실로 보인다. 이때 기존에 통용되던 '모험'의 의미에 또 다른 개념이 부여되었다.

영어권에서 adventure를 어떻게 풀이하고 있는지를 살펴보면 그 부연 과정이 좀 더 명확해진다.

① an unusual, exciting or dangerous experience, journey or series of events.

② excitement and the willingness to take risks, try new ideas, etc.[6]

첫 번째로, ①'평범하지 않은 신나고 위
험천만한 경험, 여정 또는 사건의 연속'
이라고 정의했고, 두 번째로는 ②'흥분과
위험을 기꺼이 감수하는 태도, 새로운 생
각을 시도하는 것' 등을 의미한다고 했
다. 이 밖에도 '합법적이지만은 않은 거칠
고 짜릿한 일(a wild and exciting undertaking
not necessarily lawful)'이라는 풀이도 나오
는데, 전반적으로 위험천만하고 특별한
경험을 가리키는 것으로 파악된다.

『15소년 표류기』 프랑스 소
설가인 쥘 베른이 지은 책
으로, 원제는 『Deux ans de
vacances(2년간의 휴가)』다. 위
는 1888년에 출간된 책에 실
린 삽화이다.

이러한 풀이는 기본적으로 여정
(journey)을 전제로 하는 경험을 기반으로 하고 있다. 위험 부담이 큰
다른 지역으로의 이동 과정에서 생겨나는 특별한 일이나 사건을 주
요 골자로 한 것이다. 생활 터전을 떠나 다른 영역으로 들어가는 순
간, 피할 수 없는 위험에 노출되는 것은 당연하다. 익숙하지 않은 환
경과 불규칙한 숙식은 여행자를 긴장하게 만들고, 때로는 적대감을
드러내는 대상과 마주치기도 한다. 안정된 장소에서 미지의 공간으
로의 이동은 이처럼 거칠고 험한 행위다. 그러나 여행자에게 주어지
는 갖가지 위험천만하고 아슬아슬한 상황은 그 불편함을 하나하나
해결해 나감으로써 일련의 특별한 일로 기억 속에 각인된다. 두려워
했던 '일'이 이제 감당할 수 있는 '도전'이 되고, 즐길 수 있는 '모험'

《少年世界》의 표지 1895년부터 1933년까지 간행된 일본의 잡지, 『15소년 표류기』가 연재되었다.

모리타 시켄 쥘 베른의 『15소년 표류기』를 번역 연재하면서 '모험'이라는 단어를 처음 사용하였다.

이 되는 것이다.

또 adventure는 라틴어 adventus[7]가 그 어원인데, 이는 프랑스어의 aventure, 스페인어의 aventura, 독일어의 abenteuer에 해당된다.

그런데 각 단어를 사전에서 찾아보면 모험이라는 뜻 외에도 뜻밖의 일, 진기한 체험, 연애 사건을 가리키기도 한다. 여기서 흥미로운 점은 이동하면서 겪는 거칠고 위험한 사건뿐만 아니라 뜻밖에 닥쳐온 일, 평범하지 않은 사건이나 신비한 체험이라는 의미까지도 포함하고 있다는 사실이다. 말하자면 모험은 한 개인이 대응하고 풀어 나가는 외부적인 경험뿐만 아니라, 연애나 비현실적인 체험 같은 내적 경험까지도 포괄한다.

한자를 사용하는 동아시아에서는 일반적으로 영어권에서 통용되는 의미로서 '모험'이라는 단어를 써 왔기 때문에 여정과 관련된 한정적 의미로만 파악했었다. 그러나 유럽에서는 '모험'의 외연을 확장해 사용해 왔다는 사실을 눈여겨볼 만하다. 심지어 연애까지도 특별하고 감미로운 경험의 범주에 넣고 있어, adventure가 비일상적 체험에 관한 광역의 의미를 내포하는 어휘임을 알 수 있다.

나아가 신화에 대입한 것은 어떠한가. 신화적인 여정과 모험 서사에 대해서는 조지프 캠벨의 이론이 많이 인용되었다. 캠벨은 세계의 민족과 종교 신화에서 공통적으로 드러나는 '출발(Departure)-입문(Initiation)-귀환(Return)'의 3단계 스토리 구조를 귀납해 냈다. 그리고 이것을 영웅 모험 여정의 원질신화(monomyth)라고 명명하였다.[8] 귀납된 이 구조를 가져와 여러 연구자가 신화와 영웅소설의 분석에 활용하였는데, 많게는 7단계, 적게는 4단계로 압축된 틀을 제시하였다.[9] 어떤 틀이 되었건 영웅의 모험담에 적용하기 편리했기 때문이다.

영웅의 해체

일찌감치 제국주의 흉내를 내기 시작한 일본과 달리 우리에게 '모험'은 다르게 적용되어야 했다. 우리에게는 제국주의의 경험이 없기 때문이다. 제국주의적 이데올로기가 사상(捨象)된 모험은 특이한 형태로 다가왔다. 최남선과 같은 근대 지식인이 서구의 모험소설을 적극적으로 소개하면서, 새 시대의 청소년 교육법으로 활용하려 했지만, 불행히도 당시의 우리는 서구나 일본의 모험 대상, 곧 식민지 후보군의 처지였다. 그러기에 '민족주의의 발로나 제국주의의 모방'[10]으로서 '모험'은 정신적 파탄을 경험하지 않으면 안 되었다. 『로빈슨 크루소』 같은 소설을 《소년》에 연재하며 "국민의 겁 없는 마음을 고동함도 가하다"[11]라고 말했던 최남선은 곧장 발을 뺄 수밖에 없었다.

그렇다면 최남선의 모색은 거기서 그치고 말았는가. 그렇지 않다. 그는 제국주의가 횡행하는 시대가 아닌 과거로 거슬러 올라간다. 심지어 삼국시대까지 말이다. '그가 바라보는 과거는 삼국시대 이전의 역사에 닿아 있어야 그 역전이 가능'[12]했던 것이다. 최남선은 제국주의의 그늘이 없고, 겁 없는 마음을 심어 줄 이야기를 거기서 찾고자 했다.

성패를 떠나 최남선의 시도는 지금의 우리에게도 시사하는 바가 있다. 이제 여기서 소개하는 모험 스토리는 제국주의 유산으로서의 모험에 초점을 맞추지 않겠다. 앞서 소개한 조지프 캠벨의, 세계로부터의 분리, 힘의 원천에 대한 통찰, 그리고 황홀한 귀향[13]으로 이루어진 영웅의 이야기에 국한하지도 않는다.

영웅 이야기는 피로를 동반한다. 간접 체험과 대리 만족으로 영웅담은 사람의 눈길을 끌지만, 이제는 빗발처럼 쏟아지는 화살 세례에 수많은 병사가 죽어 나가도 주인공인 영웅은 끄떡없는 장면이 도리어 보는 이로 하여금 부담감을 느끼게 할 수 있는 것이다. 돌아서면 나는 나일 뿐이다. 여전히 한없이 초라한…….

다른 한편, 이제는 '영웅 공포증'이라는 말이 나올 정도다. 청년들을 영국을 위한 전쟁터로 내몰았기 때문에, 호주인은 영웅의 덕목을 신뢰하지 않는다. 독일에는 영웅을 존경하는 오랜 전통이 있었는데, 두 차례에 걸친 세계대전과 히틀러 및 나치의 유산은 영웅의 개념을 얼룩지게 했다.[14]

어느덧 영웅은 피로와 공포의 대상이 되었다. 모험 스토리에는 이런 영웅이 등장하지 않아도 좋다. 여기서 우리는 크리스토퍼 보글러(Christopher Vogler)의 논의를 빌려 올 필요가 있다. 보글러는 조지프 캠벨의 충실한 계승자이면서, 대중문화 콘텐츠가 만드는 영웅의 일생을 캠벨과 다른 방향으로 논의하였다. 먼저 그가 말하는 영웅은 이렇다.

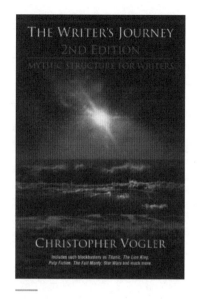

『The Writer's Journey』(2nd Edition) 크리스토퍼 보글러의 책으로, 조지프 캠벨의 신화 분석과 융의 정신분석학에서 모티브를 얻어 꿈, 민화, 설화, 그리스의 희비극 등에 스며 있는 보편성과 구조를 분석하였다.

〔A〕 영웅은 평화주의자, 어머니, 순례자, 바보, 방랑자, 은둔자, 발명가, 간호사, 구세주, 예술가, 정신이상자, 연인, 광대, 왕, 희생자, 노예, 노동자, 반항아, 모험가, 비극적 실패자, 겁쟁이, 성인, 괴물 등의 얼굴을 가질 수 있다. 그 형식의 다양한 창조적 가능성은 그것이 잘못 사용될 경우보다 더 많은 가치를 함유하고 있다.[15]

〔B〕 자발적인, 적극적인, 열렬하고, 모험으로 뛰어들고, 의심을 품지 않고, 늘 용감하게 앞장서 나아가고, 스스로 동기를 부여하는 유형.[16]

〔C〕 비자발적인, 의심과 주저함에서 헤어나지 못하고, 소극적이고, 외적 힘에 의해 동기부여를 받거나 내몰려서만 모험으로 이행해 가는

유형.[17]

　[A]에서 말하는 영웅은 결국 일상을 살아가는 여러 사람이나 마찬가지다. 어머니, 연인, 노예 같은 캐릭터가 전통적인 의미의 영웅일 수는 없지만 보글러는 이들을 모두 영웅의 범주에 포함시켰다. 나아가 방랑자/은둔자, 성인/괴물, 모험가/겁쟁이 같은 정반대의 유형이 한자리에 모여 있다. 이는 보글러가 자신이 만들 12단계의 모험담이 일상 세계에서부터 출발한다고 말하려는 의도의 포석이다. 그러면서 [B]와 [C]의 두 유형으로 나뉜다고 했다. [B]는 미래 지향적 행동을 보이는 영웅의 전형성이라고 한다면, [C]는 그동안에는 영웅의 행동이나 태도로 볼 수 없었다. 그런데도 여기서 영웅이 탄생한다. [A]와 [B] 그리고 [C]를 결합한 자리, 아니면 또 다른 유형으로 새로운 영웅상을 만들 수 있다.

　여기에 유용한 개념 중 하나가 트릭스터(trickster)다. 신화와 옛이야기 속의 트릭스터는 도덕과 관습을 무시하고 사회 질서를 어지럽히는 인물이나 동물 따위를 이르는 말[18]이다.

　[D] 그들은 특정 집단에 소속되지 않은 경계인이며, 항상 길을 떠나는 여행자이고, 남자이자 여자이며, 동물적이면서도 신적이고, 비분화된 어리석은 초인이며, 바보이자 영웅이고, 아이이자 노인이며, 인간을 넘는 인간이다.[19]

　경계인이자 여행자라는 데서 모험의 징후가 보이며, 남자/여자,

동물/신, 바보/영웅, 아이/노인이 엇갈리며 설정된 캐릭터가 어리석은 초인이며 인간을 넘는 인간이라는 특징을 갖는다는 데서 비일상적인 줄거리가 상상된다. 앞의 (A)와 (C)의 결합처럼 보인다.

이것은 전통적인 영웅의 해체이다.

모험 스토리의 기본 구조

보글러는 원형이 '화석화되어 불변하는 캐릭터의 역할로서가 아니라, 스토리에서 일정 효과를 달성하기 위해 캐릭터가 일시적으로 수행하는 기능'[20]이라고 말한다. 기능이란 다른 말로 '캐릭터의 의사소통'[21]이라고 하였다. 그래서 작가는 스테레오타입에 빠지지 않고, 사실성과 깊이를 더 많이 부여하며, 독특한 개성을 만들어 완전무결한 인간을 구성하는 보편적 여러 특성을 창출한다[22]는 것이다. 스토리 안에서 이렇게 변화하는 캐릭터를 구현하자면 위에서 제시한 (A), (B), (C), (D)가 결합되어야 할 것이다.

그러나 무엇보다 보글러가 말하는 원형에서 우리의 논의와 밀접하게 관련될 발언은 다음과 같다.

> 원형은 우리가 만들어 낸 캐릭터와 스토리가 정신분석학적으로 신화 속의 고대의 지혜와 맞닿아 현실적이고 진실이 되게 할 수 있다.[23]
>
> (강조는 필자)

윗점으로 강조한 '맞닿아'에 주목해 보자. 원형은 접점의 메커니즘이다. 고대와 현대, 신화와 현실, 허구와 진실의 접착제이다. 원천 소스는 고대-신화-허구의 상태이지만, 원형의 접착을 통해 새로운 콘텐츠의 현대-현실-진실로 치환된다. 많은 스토리텔링 연구자가 설화적 상상력의 원형성과 대중성 그리고 현재성에 주목하는 이유도 이와 유사하리라 본다. 현재성이 확보돼야 대중성을 지닐 수 있을 것이고 곧 향유가 활성화될 것이기 때문이다.

　이제 조금 더 쉽게 모험 스토리의 기본 구조를 설정해 보자. 영웅이 아니면서 영웅을 만드는 이야기가 모험 스토리이다. 영웅이 되고 싶지 않았으나, 전개 과정 속에서 영웅이 된다는 뜻이다. 이런 이야기의 틀은 오래전부터 존재했으며, 오늘날 우리가 새로운 이야기를 만들어 내는 데에도 준거(準據)가 된다. 먼저 기본 틀로서 보글러가 말한 영웅이 겪는 여행의 12단계를 살펴보겠다.

① 영웅은 **일상 세계**에서 소개되어, 그곳에서
② 영웅은 **모험의 소명**을 받는다.
③ 영웅은 처음에 결단 내리지 못한 채 **주저하거나 소명을 거부**한다. 그러나
④ **정신적 스승**의 격려와 도움을 받아
⑤ **첫 관문을 통과**하고 특별한 세계로 진입한다. 그곳에서
⑥ 영웅은 **시험**에 들고, **협력자와 적대자**를 만나게 된다.
⑦ 영웅은 **동굴 가장 깊은 곳으로 접근**하여, 두 번째 관문을 건너게 되는데
⑧ 그곳에서 영웅은 **시련을 이겨 낸다.**
⑨ 영웅은 이의 대가로 **보상**을 받게 되고

⑩ 일상 세계로 **귀환의 길**에 오른다.

⑪ 영웅은 세 번째 관문을 건너며, **부활**을 경험하고, 그 체험한 바에 의해 인격적으로 변모한다.

⑫ 영웅은 일상 세계에 널리 이로움을 줄 은혜로운 혜택과 보물인 **영약**(靈藥)을 가지고 귀환한다.[24]

여기서 보글러는 일관되게 '영웅'을 주어로 쓰고 있다. 그러나 이 영웅이 전형적인 의미의 그것과 다르다는 것을 앞서 밝혔다. 영웅의 일방적인 활약이 아니라 일상에서 일탈한 모험의 여정이 영웅을 만들었다.

탈일상, 시험, 시련과 보상

이러한 보글러의 12단계를 나는 다음 페이지 [표 1]과 같이 4단계로 집약하였다. 12단계를 다시 4단계로 축약한 데는 까닭이 있다. 보글러는 '지금의 영화 시나리오'를 모험이 동반된 영웅담의 관점에서 분석하였다. 〈오즈의 마법사〉, 〈타이타닉〉, 〈라이온 킹〉, 〈스타워즈〉 같은 작품이 그렇다. 12단계 정도의 구성 요소를 설정하지 않고는 충분한 분석이 불가능하다. 이에 비해 이제 이 책에서 다루려는 설화는 좀 더 단순한 구조를 요구한다. 그래서 4단계이다.[25]

1단계는 탈일상(脫日常)이다. 일상 세계에 소개(疏開)된 영웅이 모험의 소명을 받지만 주저하는 모습은 전형적인 영웅의 출발과는 다르다. 물론 전형적인 영웅이 주저함 없이 뛰어나가기만 한다는 것은 아니다. 때로 망설일 수도 있다. 하지만 대부분의 경우 전통적인

표 1_영웅이 겪는 여행의 4단계

	보글러의 12단계	동인(動因)	결과	비고
1단계	①~③	탈일상	소명을 받음	
2단계	④~⑥ : 제1관문	시험	멘토와의 만남	협력자/적대자
3단계	⑦~⑩ : 제2관문	시련′	보상′	확장 또는 반복 가능
4단계	⑪~⑫ : 제3관문	시련″(부활)	보상″(영약)	

영웅은 적극적으로 소명을 받아들인다. 그러나 평범한 일상을 살아
가는 평범한 주인공이 갑자기 적극적으로 돌변하여 모험을 감행한
다고 설정하기란 어색하다. 그러므로 1단계(①~③)는 영웅의 의미가
보다 개방되거나 해체된 모습을 보여 준다.

2단계(④~⑥)는 그런 영웅에게 다가오는 시험이다. 시험의 통과
를 위해 멘토[26]를 설정한 것도 1단계와 연결하면 자연스럽고 흥미
를 배가한다. 영웅의 타고난 능력만으로 위기를 극복하는 경우와
다르다.

보글러의 12단계가 특이한 것은 3(⑦~⑩), 4(⑪~⑫)단계에 와서이
다. 시련과 보상이라는 구조는 캠벨의 주장과 비슷하지만, 확장 또
는 반복이 가능하다는 점에서 다르다. 확장과 반복을 통해 이야기
는 정밀해진다. 1, 2단계에서 모험의 기반을 마련한 영웅은 마주치
는 제2, 제3관문 등 여러 번의 시련을 극복한다. 제4, 제5의 관문이
계속될 수도 있다. 관문이 반복될수록 이야기는 흥미를 더해 갈 것
이다.

이렇게 4단계로 만든 구성 방식은 이 책에서 설정한 모험 스토리의 기본적인 틀을 정리하는 데 하나의 준거가 된다.

『삼국유사』와 모험 스토리―이 책에서 다룰 이야기

앞서 우리는 전통적인 영웅담의 범주에서 벗어나 모험 스토리의 영역을 추정해 보았다. 보다 유연한 형태로 모험 스토리를 정의해 나간다면 『삼국유사』의 설화 속에서 어떤 이야기를 끌어낼 수 있을까?

먼저 대상이 될 설화가 갖출 조건은 다음과 같다. 첫째, 여로-협력자-시련-보상의 4대 요소를 갖춘 설화이다. 둘째, 다양한 에피소드를 추가할 여지가 있는 설화이다. 4대 요소는 보글러의 12단계를 조정한 것인데, 특히 여로가 분명히 드러나는 경우 모험 스토리에 가까워진다. 물론 이 조건을 갖추었다 해도 전체적인 이야기 흐름 속에서 모험 자체가 메시지를 전달하는지를 살펴야 한다.

예를 들어 「탑상」의 '미륵선화 미시랑 진자사'는 진자가 미륵을 찾아 떠나는 여로로 이야기 틀을 잡았지만, 이는 분명 깨달음의 도정을 나타내는 주제가 더 강하고 모험의 성격은 미약하므로 제외하였다.

『삼국유사』에는 아홉 개 주제를 다룬 약 150여 가지의 이야기가 소제목을 달고 실려 있다. 이 이야기 가운데 위에서 제시한 두 가지 조건을 고려해 먼저 아홉 편의 설화를 선정하였다. 이는 대개 세 가지 부류로 나눠 볼 수 있다. 곧 건국신화류, 일반 설화류, 불교 설화류이다. 이에 따라 해당하는 이야기를 각각 세 개씩 추리면 다음과 같다.

건국신화류 : 주몽, 탈해, 무왕

일반 설화류 : 수로부인, 거타지, 비형랑

불교 설화류 : 혜통, 보양, 장춘

위의 아홉 개 이야기는 본디 지닌 속성을 유지하면서도 새로운 해석의 가능성이 높다. 그리고 이 논의를 위해 1차로 선정했을 뿐이다. 앞서 제시한 진자의 이야기도 넓은 범위에서 보면 모험 스토리로서의 가능성이 전혀 없지는 않다.

아홉 개 가운데 가장 눈에 띄는 것은 주몽과 수로(水路)부인 이야기이다. 주몽은 두말할 필요가 없는 영웅담의 주인공이다. 그에 대해서 나는 이미 앞선 책에서 자세히 소개한바 있다.[27] 이제 모험 스토리의 관점에서 다시 한 번 다뤄 보기로 하겠다. 이는 특히 수로부인과의 비교 속에 흥미로운 진전이 이뤄질 것이다. 수로부인의 경우 지금까지 모험의 주인공으로 다루어진 적이 없다. 주몽과의 대척점에서, 곧 여성 모험의 주인공으로서 수로의 성격이 전혀 색달리 부각된다. 필자로서 내가 독자 여러분에게 필독을 권하는 부분이기도 하다.

이 책에서는 또 다른 특이한 이야기를 하나 소개하겠다. 바로 페르시아의 서사시 『쿠쉬나메(Kush-nameh)』이다. 11세기에 집필된 『쿠쉬나메』에 7세기 중반 무렵의 페르시아와 신라를 잇는 내용이 포함되었음을 확인하였다. 페르시아가 아랍 이슬람 국가에 의해 멸망하자 왕자는 중국으로 망명하고, 거기서도 신변의 위협을 받아 신라에 이른다. 신라의 공주와 결혼한 다음 2세를 낳아 함께 페르시아 회복을 꿈꾸며 귀국한다. 이런 이야기의 중심 무대가 신라라는 사실 하나만으로도 우리에게 충격을 주기에 충분하다.

이 이야기를 『삼국유사』에 갖다 놓고, 신라의 고대 풍속을 재고할 수 있는 자료와 비교하기로 하겠다. 『쿠쉬나메』에 나타난 신라의 풍경이 과연 신라-페르시아 간 직접적인 교류의 결과인지 따져 보기 위해서이다. 나아가 『쿠쉬나메』 속 신라의 여성이 헤쳐 나간 모험의 여정을 살펴본다. 그녀는 마치 수로왕을 찾아온 허황옥의 변신처럼 보인다.

1. 『三國志』「蜀志·王連傳」: "此不毛之地, 疫癘之鄉, 不宜以一國之望, 冒險而行."
  『後漢書』「鄧張徐張胡列傳」: "十五年, 南巡祠園廟, 禹以太尉兼衛尉留守. 聞車
  駕當進幸江陵, 以爲不宜冒險遠, 驛馬上諫……"

2. 『三國史記』「新羅本紀」第二 儒禮 尼師今 十二年: "十二年春王謂臣下曰, 倭人屢
  犯我城邑百姓不得安居吾欲與百濟謀一時浮海入擊其國如何舒弗邯 弘權對曰, 吾
  人不習水戰冒險遠征恐有不測之危況百濟多詐常有呑噬我國之心亦恐難與同謀王
  曰善."

3. 대니얼 디포(Daniel Defoe)의 『로빈슨 크루소』는 일본에서 네덜란드어를 번역한
  필사본 『漂荒紀事』(1850), 『魯敏遜漂行紀略』(1857), 『魯敏遜全伝』(1872)으로 간
  행되었다. 쥘 베른의 『해저 2만 리』는 일본에서 『海底旅行』(1886)으로 출간되었
  고, 일본의 한인유학생 회보 《태극학보》에 「해저여행기행담」(1907)으로 일부 연
  재되었다.

4. 진화론적 자연관은 19세기 말에 이르러 아서 코난 도일(Arthur Conan Doyle)류의
  탐정소설과 웰스(H.G. Wells)류의 SF소설, 그리고 스티븐슨(Robert Stevenson)류
  의 모험소설 같은 대중문학 속에서 구체적으로 나타난다. 다윈의 이론과 별개로
  제국의 식민지 경영을 정당화하거나 백인/흑인, 문명/야만 같은 이분법을 적나
  라하게 드러내 제국의 선전에 이바지하는 양상으로 전개되었다. 이에 대해서는
  다음을 참조하라. 문상화, 「진화론, 소설 그리고 제국─영국 소설에 나타난 왜
  곡된 진화론」, 《19세기영어권문학》 제9권 3호, 19세기영어권문학회, 2005, pp.
  61~63.

5. '冒險'이라는 言葉는 森田思軒이 『十五少年漂流記』를 1896年(明治29年)에 博文館의
  雜誌 《少年世界》에서 連載 『冒險奇談 十五少年』으로서 英訳本에서의 抄訳重訳した

際に造語された。'冒險小説', http://ja.wikipedia.org/wiki(검색일: 2012. 5. 10).

6. 이상은『옥스퍼드 사전』의 풀이.

7. advenio, advenire, adveni, adventus. v. come to, arrive; arrive at, reach, be brought; develop, set in, arise.(Lynn H. Nelson, 라틴어-영어 사전, 1995, http:// humanum.arts.cuhk.edu.hk/Lexis/Latin/ (검색일 : 2012. 5. 10)

8. 조지프 캠벨, 이윤기 역,『천의 얼굴을 가진 영웅』, 민음사, 2004, p. 44.

9. 조동일은 「영웅의 일생, 그 문학사적 전개」(《동아문화》 10, 서울대동아문화연구소, 1971)에서, 민긍기는 「군담소설의 연구」(연세대대학원 석사학위논문, 1980)에서 7단계를, 임성래는『영웅소설의 유형연구』(태학사, 1990)에서 4단계를 설정하였다.

10. 안용희, 「모험의 가능성과 제국의 균열」, 《국제어문》 43, 국제어문학회, 2008, p. 280.

11. 위의 논문, 같은 면에서 재인용.

12. 위의 논문, p. 297.

13. 조지프 캠벨, 이윤기 역, 앞의 책, p. 50.

14. 크리스토퍼 보글러, 함춘성 역,『신화, 영웅 그리고 시나리오 쓰기』, 무우수, 2005, p. 24. 원제는『The Writer's Journey』.

15. 위의 책, p. 25.

16. 위의 책, p. 85.

17. 위의 책, 같은 면.

18. 최정은,『트릭스터, 영원한 방랑자』, 휴머니스트, 2005, p. 188.

19. 위의 책, p. 155.

20. 크리스토퍼 보글러, 앞의 책, p. 73.

21. 위의 책, p. 132.

22. 위의 책, 같은 면.

23. 위의 책, 같은 면.

24. 보글러, 앞의 책, p. 69.

25. 이 글에서는 모험담의 가능성만 제시하려 한다. 완성된 시나리오를 분석하자면 구체적이고 치밀한 에피소드가 마련되어야 한다. 이는 다음 단계로 미룬다.

26. Mentor. 보글러는 '정신적 스승'이라 명명하였다. 앞의 책, pp. 182~191.

27. 고운기, 『신화 리더십을 말하다』, 현암사, 2013

제1장

수로부인

– 꽃을 받은 여자

어느 멋진 봄날의 연가

7번 국도 옛길에서

수로부인의 자용(姿容, 얼굴과 몸매)이 얼마나 절대(絶對, 결코 견주지 못함)했는지, 바다의 용에다 산정 호수의 신들이 납치해 갔다는 『삼국유사』 기사의 첫 머리에는, 뜻밖에도 멋진 사랑의 노래가 먼저 나온다. 흔히 〈헌화가〉라 부르는 향가가 그것이다.

> 자줏빛 바위 가에
> 잡은 손 암소를 놓게 하시고
> 나를 아니 부끄러워하신다면
> 꽃을 바치오리다.

때는 철쭉이 만발하는 계절이었다. 하필 천 길 낭떠러지 바위 끝

헌화로 강릉시가 조성한 헌화로는 노래의 무대로는 어울리지만 지리적 계산이 맞지 않아 아쉽다.

에 핀 꽃이 더욱 아름다워, 부인은 주변의 젊은 종들이 꺾어다 주기를 바란다. 강릉 태수로 부임해 가는 남편을 따라 나선 길이었다. 지금으로 치면 동해안을 거슬러 올라가는 7번 국도의 어느 지점일 것이다. 일행이 점심을 먹기 위해 멈춘 자리의 한 풍경―. 꽃을 바라는 부인과 낭떠러지에 오르기를 두려워하는 종들 사이에 흐르는 미묘한 기류가 어색하다.

벼랑에 핀 꽃이나 그 누구도 미모를 견줄 수 없는 수로부인은 그저 젊기만 한 종들에게 오르지 못할 벽이다. '제 눈에 안경'은 이럴 때 쓰라고 있는 말이 아니지만, 명령으로 강제하지 않는 이상, 제게 어울리지도 않는 무엇인가를 위해 목숨까지 내놓을 바보는 없다. 도리어 손안에 들어올 자기 것이 훨씬 소중하고 값어치 있는 것 아닌가? 그러니 부인이 하는 말은 젊은 종들에게 '쇠귀에 경 읽기'일 뿐이다. 올라갈 수 있고 없고를 떠나 흥미가 없다.

여기에 한 노인이 등장한다. 암소를 몰고 지나가는 동네 사람이다. 부인의 말을 듣더니 노인은 소를 세워 놓고 조용히 벼랑을 오른다. 젊은이도 두려워 떠는 길을 노인은 어찌 이다지 담대하고 자연스럽게 오르는가? 오불관언(吾不關焉)인데 왜 나서는가? 노인은 이윽고 부인 앞에 서서 노래 부르며 자기가 따 온 꽃을 바친다.

산은 온통 철쭉으로 자줏빛, 산 같은 나의 마음 저처럼 그대를 향해 붉게 타오른다네…….

노인의 노래에는 이런 뜻이 담겨 있다. 주책없는가? 젊은 여자를 흠모하는 마음이 속으로야 있을망정, 다 늙은 노인이 이렇게 대놓고 들이댈 일인가?

그러나 문맥을 따라 다시 찬찬히 살펴보자. 노인이 벼랑을 오른 것은 힘만으로 한 일이 아니었다. 지극히 사랑하는 마음이 있으면 벼랑도 두렵지 않으며, 사랑하는 마음을 표현하는 일은 결코 부끄럽지 않다. 마음이 없고 표현하지 않으면, 살았으되 산목숨이 아니다.

　이 아름다운 사랑의 노래는 이제 수로부인 앞에 펼쳐질 스펙터클한 모험의 전주곡이다. 전주곡 치고는 무척 아름답다. 과연 이제 어떤 모험이 펼쳐질 것인가.

기층문화를 공유하는 동아시아 공동체

정년을 맞이한 노무라 신이치(野村伸一) 교수가 기념 강연에서, 자신이 추구한 학문적 지점을 '기층문화(基層文化)의 공유(共有)에 바탕을 둔 동아시아 공동체'[1]로 요약한 것은 매우 인상적이다. 게이오(慶應) 대학 출신인 노무라 교수는 1980년대 이후 한국 민속학을 연구하며, 한일 간 학문 교류에 큰 공헌을 한 연구자이다. 기층문화는 민속, 특히 무속을 기반으로 하는데, 동아시아 공동체 특히 동지나해를 두고 연락(連絡)된 지역에서는 이를 강하게 공유하고 있다는 것이다. 동아시아 공동체의 연구는 민속뿐 아니라 모든 분야에서 관심을 가질 수 있으리라 본다.

　노무라 교수가 말하는 동아시아란 한·중·일 3국 가운데서도 동지나해를 끼고 해로를 통해 교류한 제주도-복건성(타이완)-오키나와의 3각 구도이다. 노무라 교수는 대학 때 자국의 국문학을 전공했지만, 미야케 준(宮家準) 선생을 만나면서 지역학으로 방향을 바꾸었다. 지역학이란 우리의 민속학과 문화인류학을 합친 개념이라고 할까. 본디 오리구치 시노부(折口信夫)라는 절세의 민속학자를 보유했던 게이오 대학은 그의 지도 아래 『만요슈』 같은 고대 시가, 『겐지 모노가타리』와 같은 중세 소설을 연구하는 학자를 키워 내는 한편,

동지나해 오키나와-제주-복건성을 이어 주는 바다는 고대 동아시아 문명의 특이한 루트였다.

오키나와를 바탕으로 한 일본의 고대 민속 분야에서도 괄목할 만한 업적을 냈다. 그 같은 분위기에 더해 지역학을 연구하는 새로운 관점의 미야케 교수가 영역을 확장하였다. 노무라 교수는 그를 통해 문학이라는 울타리를 벗어났다.

학생 시절 노무라 교수는 오키나와에 갔었다. 중국에 정통한 스승의 영향으로 중국에도 관심을 가졌다. 그러던 그가 한국에 온 것은 대학원 석사를 마칠 무렵이었다. 가까운 나라이면서 한 번도 발길을 주지 못했던 곳이다. 그의 발길은 울릉도까지 이어졌다. 며칠 머물려던 계획은 때마침 불어 온 바람에 발이 묶여 일주일을 넘겼다.

하릴없이 좁은 섬 바닥을 어슬렁거리는데, 마침 같은 사정으로 섬에 묶인 한 무리의 사람을 만났다. 서울의 어느 대기업에 다니는 여사원들이었다. 그 가운데 한 아가씨와 말문을 텄고, 현해탄을 사이에 둔 교제로 이어졌으며, 드디어 결혼에 이르렀다. 노무라 지역학의 필드워크 장소가 한국으로 정해진 계기였다.

내가 노무라 교수를 처음 만난 것은 1990년대 초반이었다. 이때 그는 모교인 게이오 대학의 교수였지만, 한국에서의 필드워크가 무르익었었고, 전남대 일문과 교수를 거쳐 자국으로 돌아간 지 얼마 안 된 상태였다. 한국에서 둘도 없는 친구로 지냈던 사진가 김수남 선생이 마침 다른 조사 때문에 한국에 온 그를 소개해 주었다.

사실 노무라 교수는 오키나와와 한국에 대한 조사를 웬만큼 마치고 중국에 주력하고 있었다. 그때 그의 머릿속에 이미 동지나해를 가운데 둔 3각 구도가 그려져 있었다.

고대의 바다는 우리 상상 이상으로 당대인에게 교류에 최적한 상태를 제공해 주었다. 동지나해는 그 특유의 해류로 오키나와-제주-복건성을 하나로 묶어 주었다. 이 같은 설정의 증거는 다름 아닌 세 곳의 민간 풍속과 무속에서 나온다. 특히 일본의 오키나와와 한국의 제주—조금 더 나아가면 한반도의 남해안까지—에 존재하는 무속과 민속의 유사점은 노무라 교수의 오랜 연구 끝에 더욱 중요성이 커졌다. 그가 말한 '기층문화의 공유'란 이것이다.

에밀레종의 그 사람

지금부터 노무라 교수의 이 같은 관점을 공유하며 논지를 풀어 가려 한다.

수로부인의 이야기는 『삼국유사』「기이(紀異)」편에 두 제목으로 나누어 실려 있다. '성덕왕(聖德王)'과 '수로부인'이 그것이다.[2] '성덕왕'은 수로부인이 산 시대의 배경을 그린다. 이어 '수로부인'에서 이 왕 때의 멋지고 발랄한 여자 수로의 모험담이 나온다.

> 제33대 성덕왕 때인 신룡(神龍) 2년 병오년[706]에, 벼가 알곡을 맺지 않아 백성들의 굶주림이 심했다. 정미년[707] 정월 첫날부터 7월 30일까지 백성들을 구하려 세곡을 풀었는데, 한 사람당 하루 세 되씩을 기준으로 삼아 나누어 주었다. 일이 끝나 계산해 보니 합계 30만 500석이었다.
>
> 왕은 태종대왕을 위해 봉덕사(奉德寺)를 짓고, 인왕도량(仁王道場)을 7일간 베풀면서 대사면을 내렸다. 처음 시중(侍中) 직을 만들었다.

이것은 '성덕왕' 조이다. 성덕왕(재위 702~736)은 김춘추의 증손자이다. 아버지 신문왕의 둘째아들로 태어나, 형인 효소왕(재위 692~701)이 왕위에 있는 동안은 묵묵한 동생이었을 뿐이다. 형의 갑작스러운 죽음으로 왕위에 올랐는데, 36년간의 긴 세월 동안이나 나라를 다스리게 될 줄은 몰랐을 것이다. 즉위 초, 흉년의 백성을 살리기 위해 행한 마음 씀씀이가 남달랐던지, 일연은 그의 치적 가운데 이 일만을 기록해 두고 있다. 『삼국사기』에는 이때 말고도 여러

차례 왕이 구휼에 앞장선 기록이 남아 있다.[3]

태종대왕, 곧 김춘추를 위해 절을 지었다는 소식은 의당 그의 증조부를 기리는 사업으로 성덕왕이 했을 법하지만, 처음 시중 직을 만든 것은 『삼국사기』에 따르면 경덕왕 6년(747)의 일[4]인데, 일연은 어디에 근거해 이렇게 이 왕 때라고 썼는지 알 수 없다. 약간 미심쩍었는지 일연도 주석을 달아 다음 왕인 효성왕 때라고 했으나, 이 또한 근거는 미약하다.

신라는 처음에 진덕왕 5년(651)에 중시(中侍)를 만들어 집사성을 관할하게 했었다.[5] 이것을 경덕왕이 시중으로 바꾼 것이다. 다만 중시 또는 시중의 관직으로서의 성격이 성덕왕 때에 어떤 변화를 보인다는 점에서 일연의 이 같은 기록이 나왔을 가능성이 있다. 여기서는 중요한 논점이 아니니 이 정도로만 설명하고자 한다.

그러나 한 가지만 추가—. 성덕대왕 하면 종 이야기가 빠질 수 없다. 성덕대왕 신종 곧 에밀레종이 그것이다. 아들인 경덕왕이 아버지를 위해 만들고자 했으나 뜻을 이루지 못하고 죽었고, 경덕의 아들인 혜공왕이 완성하여 봉덕사에 모셨다. 그래서 봉덕사종이라고도 한다. 770년의 일이다.

일연은 김필오(金弼奧)가 종명(鐘銘)을 지은 사실을 첨가하여 기록했으나, 아쉽게도 '글이 길어' 싣지 않는다고 했는데, 마침 『해동금석원(海東金石苑)』에서 이 글을 찾을 수 있거니와, 만들어진 해는 771년으로 종명을 쓴 이는 김필해(金弼奚)로 나온다.

다시 읽는 수로부인 이야기의 전말

본격적인 수로부인 이야기는 다음 조 '수로부인'에서 이어진다. 전문을 보자.

〔A〕 성덕왕 때였다. 순정공(純貞公)이 강릉 태수로 부임해 가다가 해변에서 점심을 먹었다. 곁에 바위 절벽이 마치 병풍처럼 바다를 보고 서 있는데, 높이가 천 길이나 되었다. 철쭉꽃이 활짝 피어 있어, 공의 부인인 수로가 그것을 보고 주위 사람들에게 일렀다.

"꽃을 꺾어 바칠 사람 누구 없니?"

"사람의 발로는 다가갈 수 없는 곳입니다요."

종들이 그렇게 말하고 모두들 손을 내저었다. 곁에 한 노인이 암소를 몰고 가다가, 부인의 말을 듣고 그 꽃을 꺾어서는 노래까지 지어 바쳤다. 그 노인이 누구인지는 아무도 몰랐다.

〔B〕 이틀쯤 길을 간 다음이었다. 또 바다 가까이 있는 정자에서 점심을 먹고 있는데, 바다의 용이 잽싸게 부인을 끌어다 바다로 들어가 버렸다. 공은 뒹굴며 땅을 쳤건만 뾰족한 수가 없었다. 또 한 노인이 나타나 말했다.

"옛사람의 말에, '뭇 입은 쇠라도 녹인다'고 했습니다. 지금 저 바다의 방자한 놈이라도 어찌 뭇 사람의 입을 두려워하지 않겠습니까? 마땅히 이 마을 사람들을 모아다가 노래를 지어 부르면서, 지팡이로 해안을 두드리면 부인을 만날 수 있을 것입니다."

공이 그대로 따랐더니, 용이 부인을 받들고 바다에서 나와 바쳤다.

공이 부인에게 바다에서 있었던 일을 물었다.

"일곱 가지 보물로 장식된 궁전에서, 마련된 음식들은 달고 매끈하며 향기롭고 끼끗하여, 사람 사는 세상에서 지어진 것이 아니었습니다."

부인의 옷에 묻어 풍기는 향기가 특이하여, 세상에서 알고 있는 것이 아니었다.

〔C〕 수로부인의 자태와 얼굴이 너무도 뛰어나, 매번 깊은 산과 큰 연못을 지날 때면, 여러 차례 신물(神物)들에게 끌려갔다.

〔B-1〕 뭇 사람이 부른 바다 노래[海歌]의 가사는 이렇다.

거북아 거북아 수로부인을 내놓아라
남의 부인 앗아간 그 죄 얼마나 큰가
네 만일 거슬러 내놓지 않는다면
그물을 쳐서 끌어내 구워서 먹을 테다

〔A-1〕 노인이 꽃을 바치며 부른 노래[獻花歌]는 이렇다.

자줏빛 바위 가에
잡은 손 암소를 놓게 하시고
나를 아니 부끄러워하신다면
꽃을 꺾어 바치오리다.

헌화로와 해가 공원 헌화로(왼쪽)는 강릉시에서, 해가 공원(오른쪽)은 삼척시에서 조성하였다.

이야기는 〔A〕-〔B〕-〔C〕 세 단락으로 나뉜다. 〔A〕는 〈헌화가〉가 나오는 꽃 따는 사건, 〔B〕는 〈해가〉가 나오는 납치 사건, 〔C〕는 구체적인 내용은 없지만, 그 뒤의 사건들이다. 한마디로 사건의 연속이다. 이 사건의 연속을 어떻게 이해할 것인가. 새로운 논점은 여기서 마련될 것이다.

그런데 거기에 하나는 서정적인, 하나는 주술적인 노래가 들어가 있다. '수로부인' 조의 가장 특징적인 이 부분을 명확히 해결해야 한다. 특히 〔B-1〕과 〔A-1〕이 차례대로 배치되었는데, 실상 〔A-1〕은 〔A〕 속으로, 〔B-1〕은 〔B〕 속으로 들어갈 것이다. 그런데 굳이 뒤로 돌리면서 순서를 바꿔 놓았다. 우리는 이 같은 편찬 방식에 유의할 필요가 있다. 왜 〔A-1〕과 〔B-1〕은 상식적인 편찬 순서를 거스르고 있을까, 두 노래의 순서가 바뀐 데는 어떤 사정이 있을까?

화진 해수욕장 경주를 거쳐 내륙으로만 달려오던 7번 국도가 처음으로 바다를 만나는 지점이
다. 나는 이곳이 〈헌화가〉의 무대가 아닌가 추정한다.

나아가 〔A-1〕은 시제(時制)의 문제마저 안고 있다. 서사 전개상
〈헌화가〉는 분명 '꽃을 바치며 부른 노래'인데, 노래 안에서는 '꽃을
꺾어 바치겠다'고 미래형으로 말한다. 이처럼 시제가 맞지 않는 까
닭은 무엇일까?

위에서 제기한 의문을 하나씩 풀어 가는 과정에서 수로부인의 정
체, 노래의 성격, 이야기의 새로운 해석 등이 나올 듯하다.

서정시의 출발과 굿 노래

일상과 신화의 복합체

'수로부인' 조는 일상적인 사건과 신화적인 사건의 복합체이다. 〈헌화가〉는 일상에서 벌어질 수 있는, 〈해가〉는 신화의 자장 속에 들어갈 수 있는 사건을 노래한다. 아름다운 여인에게 꽃을 바치는 일이야 지극히 정상적인 일상이다. 용이 부인을 납치하자 일상을 벗어난 두 번째 사건이 시작된다. 구출을 위해 사람들이 모여 노인의 지시를 받는 대목은 그 자체로는 평범하지만, 지팡이를 들고 해안을 두드린다든지, 바다의 용이 부인을 받들고 나와 바친다든지, 아연 신화의 세계 속으로 빨려 들어가고 있다. 어째서 이렇게 급격한 변화를 보이는 것일까?

현실의 이야기가 아님이 분명하므로 이를 해석하는 방법 또한 현실 밖에서 찾아야 했다. 그 가운데 가장 설득력 있는 주장은 '주술적

동해안 별신굿   ©안재인

'제의의 연출'이라는 것이다.

계절은 봄이니 농사나 어업이 시작되는 때이다. 동해안의 풍농풍
어를 기리는 제의는 여성 사제를 앞세운 굿 한판이다. 소박한 꽃놀이
로 시작한 굿은 산을 향해 있다. 아름다운 꽃이 신에게 바쳐지는 광
경이자, 농사의 풍년을 산에서 기원하는 의식일 수 있다((A), (A-1)).
이어 사제의 눈길이 바다를 향한다. 납치라는 극단적인 장면을 연
출하여, 풍어를 비는 대상으로서 용과 만난다. 꽃을 따다 달라는 소
극적인 태도에서 사제 자신이 직접 용궁을 찾아가는 적극적인 자세
로 바뀌어 있다. 마을 사람 모두 기제를 올리고, 사제가 무사히 돌아

오는 것으로 풍어를 약속받아 마무리된다((B), (B-1)).

첫날에는 수로부인을 따르는 하인들만 있었다. 둘째 날에는 마을 사람이 가세한다. 사제와 그 무리만으로 구성된 첫날을 지나, 둘째 날은 마을 사람까지 모두 나서는 장관이 연출되는 것이다. 오늘날까지 이어지는 전형적인 마을 굿의 양상이다. 여기에 '노래를 부르면서, 지팡이로 해안을 두드리는' 행위는 '저 바다의 방자한 놈'을 다스리는 마을 굿의 원형적인 모습이다.

그러나 〈헌화가〉의 경우 노래 자체는 어디까지나 순수 서정시로 보는 것이 옳다. 인류의 가장 원초적인 노래의 출발점, 곧 사랑을 구하는 노래이다. 더 적극적으로 나아가, '인간이 인간에게 건네는 구애(求愛)의 노래가 아니라 신화적 인물이 인간(여성)에게 바치는 구애의 노래 …… 신들이 인간의 아름다움에 바치는 아름다움의 예찬'[6]이라고 확대할 수도 있다. 그야말로 서정시의 극점(極點)이다.

자줏빛 바위 가에   紫布岩乎邊希
잡고 있는 암소 놓게 하시고, 執音乎手母牛放敎遣
나를 아니 부끄러워하시면 吾肹不喩慚伊賜等
꽃을 꺾어 바치오리다. (김완진) 花肹折叱可獻乎理音如

'나를 아니 부끄러워하시면/ 꽃을 꺾어 바치오리다'라는 가사는 구애의 그것에서 한 치도 벗어남이 없다. 그것만으로 우선 구애의 서정시로 볼 수 있다. 그것도 향가 가운데 선두에 선다. 양주동의 해석도 크게 다르지 않다.

서정시의 출발

그러므로 서정시의 출발이라는 점에서 좀 더 논의를 넓혀 보자. 우리는 여기서 일본 고대가요집 『만요슈』의 노래 하나를 가지고 실마리를 잡을 수 있겠다. 『만요슈』에 실린 노래는 신라와 같은 시대에 만들어져서 비교하기에 좋다.

    광주리도 예쁜 광주리 가지고
    호미도 예쁜 호미 가지고
    이 언덕에서 나물 캐는 아이여
    네 집이 어딘지 묻고 있다 일러다오
    야마토 나라는 모두 다 내가 거느리며
    빠짐없이 죄다 다스리도다
    나한테만은 일러다오, 집이랑 이름이랑.

    籠もよ　み籠持ち
    掘串もよ　み掘串持ち
    この岡に　菜つます兒
    家告らへ　名告らさね
    そらみつ　やまとの国は
    おしなべて　吾こそ居れ
    しきなべて　吾こそ坐せ
    吾こそは　告らめ　家をも名をも (巻 1·1)

물경 4,600여 수에 이르는 일본의 고대 가요집 『만요슈』의 1번 노래이다. 『만요슈』에는 이렇게 지금의 학자들이 정리하여 붙인 번호가 있다.

원주(原註)에 따르면 이 노래는 유라쿠 천황(雄略天皇)이 지었다고 한다.[7] 유라쿠는 나라(奈良)시대인 5세기 후반의 제21대 천황인데, 아직 나라의 격이 잘 갖춰졌다고 할 수 없는 시기지만, 야마토 왕권이 확대 강화되어 가는 데 획기적인 역할을 한 것으로 평가받는다. 이 노래에서 '야마토 나라는 모두 다 내가 거느리며'라는 구절이 이 천황의 시대를 연상시킨다.

그러나 실제 이 노래의 탄생 배경은 우타가키(歌垣) 같은 행사와 연결 지어 이해된다. 우타가키는 한마디로 담 너머로 보내는 연애편지다. 남녀 간의 짝짓기 행사에서 구애의 노래로 불렸다는 것이다. 이는 고대인이 제식(祭式)이었지만 점차 이 제식으로부터 분리된 무답가(舞踏歌), 곧 춤출 때의 노래가 되는데 일본 문학에서는 이를 서정시의 모태로 본다.[8]

나아가 사람들 사이에서 소박한 구애의 노래로 불리던 이 노래를 포함한 일종의 소박한 무용극이 생겨난다. 그런데 거기서 천황으로 분(扮)해서 연기하는 자가 막강한 천황의 신분에 억눌린 나머지 이를 극복하지 못하고 말끝을 일인칭 경어로 마무리하고 있다. 위에서는 6행을 '다스리도다'라고 번역했지만 직역하면 '다스립니다'인 것이다.[9] 심각한 모순이다. 어떻게 왕이 백성에게 경어를 쓴단 말인가.

소박한 구애의 노래가 천황의 노래로 둔갑하는 상황에서 범해 버린 부주의한 일면이다. 그러나 이 같은 모순이 노래의 본디 출처를

우타가키 일본의 전형적인 남녀간 짝짓기 노래이다. 서정시의 모태이다.

짐작하게 한다. 이 점이 중요하다.

5~6행의 '야마토 나라는 모두 다 내가 거느리며/ 빠짐없이 죄다 다스리도다'만 없다면 나물 캐는 처녀에게 집을 물어보는 내용을 담은, 여성에 대한 남성의 호기심과 연애 감정을 전달하는 전형적인 노래일 뿐이다. 그러므로 이것은 본디 왕의 노래가 아니다. 『만요슈』의 첫 번째 자리에 실린 이 노래를 민간에서 불린 서정시의 출발로 보는 근거이다.

한편 '한 나라의 임금이 마치 소년과 같이 조급한 마음으로 자신의 주체할 수 없는 사랑을 노래'한다고 하면서 〈헌화가〉의 구애는 이에 비하면 은근하고 점잖다'[10]고 본 연구자가 있다. 그러나 이는 이 노래의 작자를 유라쿠 천황으로 단정하는 데서 오는 해석일 뿐이다. 민간에서 나온 서정시라고 보면 사정은 달라진다.

떠도는 노래가 정착한 곳

그렇다면 〈헌화가〉는 어떤가? '나를 아니 부끄러워하신다면/ 꽃을 꺾어 바치오리다'라는 가사는 구애의 그것에서 한 치도 벗어남이 없다. 그것만으로도 우선 구애의 서정시로 볼 수 있다. 그것도 향가 가운데 선두에 선다.[11]

그런데 수로부인과 만난 노인이 이 노래를 처음 지어 부른 것일까? 서사 문맥 속 노래의 당사자가 노인이라는 점에서, 그리고 상대가 이미 유부녀이자 고관의 아내라는 점에서 어색하다. 지나친 나이 차이와 신분상의 부조리 때문에 구애가 당치 않은 상황이다. 더욱이 노인은 '부지하허인(不知何許人)'으로 설명되어 있다. 신상명세상의 부지(不知)라기보다는 설화적 맥락의 인물임을 나타내는 표현으로 보는 것이 좋을 듯하다. 이를 종합해 노래의 정체를 따지자면, 본디 여항(閭巷)의 구애자가 부르던 소박한 노래가 연극적 장면에 삽입되어 들어간 것으로 보아야 한다. 앞서 제시한 『만요슈』의 첫 번째 노래와 똑같은 사정이다. 노래가 있었고 연극이 만들어졌다. 어떤 연극인가? 바로 풍농풍어를 기리는 제사의 사제가 주인공으로 등장하는 굿이다.

산문 기록에서 노래가 불리는 시제가 그 증거 중 하나일 수 있다. 앞서 제기했던 문제이다.

『삼국유사』의 기록에, "곁에 한 노인이 암소를 몰고 가다가, 부

말머리산 포항시 화진 해수욕장 앞의 이 산이
수로부인의 꽃을 꺾어 온 곳은 아닐까.

인의 말을 듣고 그 꽃을 꺾어서는 노래까지 지어 바쳤다"라고 하였으니, 노인이 꽃을 꺾어 바치면서 노래를 부른 것이다. 그런데 노래 자체만 보자면 먼저 기약하듯이 부르고 난 다음 벼랑에 올라가야 맞다. '나를 부끄러워 안 한다면 꽃을 꺾어 바치겠다'고 하였다. 이런 시제상의 잘못은 어째서 생겨난 것일까? 〈헌화가〉가 여기서 처음 불린 노래가 아니었기 때문이다. 본디 여항에서 불리던 어여쁘고 매력적인 노래였을 것이다. 그 노래를 굿에 갖다 썼다.

앞서 유라쿠 천황의 노래에서 경어가 문제였다면 여기 노인의 노래는 시제가 문제이다. 그것은 노래의 오리지널이 다른 데 있음을 알리는 기호이다.

그다음에 수로부인이 용에게 납치되어서 사건이 이미 신화화됐다고 했지만, 여기 나오는 〈해가〉 또한 명백하게 오리지널이 아닌 노래다. 주지하다시피 가야 건국신화에 나오는 〈구지가〉의 틀을 그대로 가지고 있기 때문이다. 불가사의한 상황에 대항하자는 의식에서 위하(威嚇)를 기본으로 하는 노래는 주가(呪歌)의 상식이다. '〈헌화가〉는 개인 창작시라고 소개할 만한 묘미를 갖추어 향가로 인정되고, 〈해가〉는 흔히 있는 굿 노래를 다시 이용하는 데 그쳐 자료만 소개[12]했다는 논의와도 맥이 닿는다. 이렇게 용의 납치 부분은 독립적으로 굿의 한 대목이었을 가능성이 높다.

그렇다면 '수로부인 설화는 각각 독립적으로 존재하던 이야기를 한곳에 모아 놓은 것 …… 동일한 제의를 근거로 성립된 설화'[13]라는 주장은 설득력이 있다. 그것이 후대로 가면서 확대된 연극의 시나리오로 발전한다.

다만 여기서는 노래의 정체를 따지는 데 목적이 있지 않다. 노래가 들어간 정비된 서사 맥락에서 수로부인의 성격을 규명하자는 쪽이다. 수로부인 등이 등장하는 부분은 노래 때문에 그 성격을 규정하기 어려웠다. 이를 '굿 형식의 서사'로 생각하고 이를 가설 삼아, 수로부인 이야기는 기존의 노래를 원용하여 굿의 대본으로 확대시킨 서사로 보자는 것이다.

철쭉꽃의 신화화

사실 〈헌화가〉가 『삼국유사』에 정착하는 단계에서 노래가 다분히 주술적 신가(神歌)의 성격으로 바뀌었다고 보아야 한다. 두 가지 측면에서 그렇다.

먼저, 수로부인이 탐한 꽃이 왜 철쭉인가? 철쭉은 우아한 자태를 뽐내는 꽃이다. 봄이면 우리나라 남쪽에서 철쭉제가 성행하는데, 새 계절을 맞으며 산신령에게 안녕을 기원하는 우리 민족의 소박한 마음이 잘 묻어난다.[14] 철쭉은 신령한 꽃으로서의 원형을 가지고 있다.

다음, 철쭉이 신화 속의 주인공으로 등장하는 다른 예가 있는가?

옛날 하동 금오산에 처녀 달님과 총각 별님이 살았는데, 서로 사랑하며 앞날을 기약했다. 인근에 살고 있던 지신(地神)이 예쁜 달님을 탐내 별님을 해치려고 기회를 노리고 있었다. 어느 날 지신은 못된 잡신에게 별님을 죽여 주면 하동의 넓은 들 너뱅이들을 주겠다고 했다. 잡신은 칼과 도끼를 들고 별님에게 가서 공격했다. 이를 본 산새들이 남해에 있는 산신령 호랑이 부부에게 알렸다. 영감 호랑이는 할멈 호랑이에게 하던 일을 끝내고 갈 테니 먼저 가서 별님을 구하라고 했다. 할멈호랑이가 금오산에 도착하기도 전에 남해가 육지에서 떨어져 나갔다. 지신이 할멈 호랑이가 못 오게 도술을 부린 것이다. 별님이 잡신의 칼을 맞고 죽자, 달님이 달려와 자기도 칼을 잡고 자결하고 말았다. 별님과 달님이 죽으며 흘린 피가 철쭉꽃으로 변했다고 한다.

『한국민속문학사전』, 「철쭉꽃」에서

전형적인 달님 별님 신화이다. 여기에 못된 지신이 등장하고, 달님 별님을 돕는 호랑이 부부가 조력자 역할을 한다. 그러나 도움은 이뤄지지 못하고 비극적인 결말을 맞는다. 별님과 달님의 피가 철쭉이라는 설정에서 이 꽃의 성격이 드러난다.

철쭉제와 별님 달님 이야기는 묘하게 맞아떨어진다. 안타까운 죽음과 붉은 빛깔은 그 꽃을 사람들이 못내 사랑하는 존재로 만들었고 소망을 싣는 대리자의 역할을 부여했다. 수로부인은 현신(現身)한 철쭉꽃이다.

오키나와 여성 제사의 실종과 귀환

오키나와의 무당 실종 사건

또 하나의 비교 자료를 가져와 보자. 오키나와의 주술적 설화집인
『유로설전』에 나오는 이야기다.

먼저 오키나와의 무당에 대해 간단히 정리해 보겠다. 전통적으로
오키나와의 제사(祭司)는, '주로 왕족 계통의 기미(君)와 지역의 구가
(舊家)에서 나온 노로(ノロ, 祝女) 두 종류'[15]가 있다. 이러한 제사, 즉
무당은 모두 여성이다. 고류큐(古琉球) 제사는 '빙령(憑靈)하여 의례
를 행하는 것'[16]이 일반적이었는데, 국가 단위에서 왕권의 의례를 주
재하는 '기미'도, 촌락 수준에서 공동체 제사를 행하는 노로도, '빙령'
에 공통의 본질이 있다[17]는 것이다. 이는 샤먼이라고 할 수 있다. 이
같은 빙령의 제사는 15세기 말부터 16세기 초에 걸쳐 중앙집권체제
를 확립한 쇼신왕(尙眞王) 무렵[18]에 전성기를 이루었다고 한다.

오키나와 운자미 해변에서 기도하는 노로

©김수남

그런데 이 제사들 사이에 전해 오는 설화 가운데 우리의 주목을 끄는 대목이 있다. 바로 '제사의 실종'이다. 실종은 여러 가지 양상으로 나타나는데, 실종된 여성은 신이 된다든가, 타계로 갔다가 돌아온다든가 한다. 이 '없어진 여자 이야기'는 오키나와 지방 곧 일본 남도(南島)의 '종교적 여성의 존재 방식과 깊은 관계'[19]가 있다고 한다. 없어진 곳은 칩거(방), 동굴, 바다 등으로 나눠 볼 수 있다. 다음과 같은 이야기가 여기 속한다.

- 늘 자기 방에 있으면서 방문을 닫고 사람에게 보여 주지 않는다. 여자는 베를 짜고 있다.[20]
- 동굴 곁에 사는 여성 사제의 손녀가 집 주변의 나무 아래에서 사라진다.[21]
- 실종된 여자가 30여 년 만에 바다에서 돌아온다. 그는 거기서 3일 살았다고 말한다.[22]

이같이 칩거로 시작하여 사라졌다 돌아오는 사건의 주인공은 여성 제사이다. 사라졌다가 돌아오면 그다음에는 어떤 일이 벌어지는가?

참고로 오키나와 구니가시라(國頭) 지방의 운자미 제사에서 노로는 항해를 기본 모티브로 한 의례와 노래를 통해 타계(他界)와의 왕래를 상징적으로 구현한다. 이 '타계와의 왕래를 영력(靈力)의 근원으로 여기는'[23] 것이다. 곧 실종은 '신성(神聖)의 획득으로 이끄는 무녀의 본질에 관한 요건'[24]이며, '일상 세계 질서로부터의 극적인 이

탈을 표현하는 양식'이고, '혼돈스러운 타계에 몸을 던지기 위한 불가결한 조건'[25]이다. 샤먼의 의식이 어떻게 구현되는가를 보여 주는 극적인 장면이다.

돌아온 사람의 영력

앞서 세 번째로 제시한 실종 사건을 좀 더 자세히 살펴보자. 30여 년 만에 바다에서 돌아왔다는 여자의 이야기다.

> 옛날 와카사조(若狹町)에 와카사도노(若狹殿)라는 사람의 아내가 실종되었다. 남편은 매우 슬퍼하며 신에게 기도하기를 수십 년, 거의 33년이 되어서야 아내가 바다에서 돌아왔다. 사라질 때의 나이 스물이었다. 이제 왔는데 스무 살보다 어렸다. 사람들은 모두 다른 사람이라 의심하였다. 남편도 의심하자 아내는, "나는 노하라(野原)에서 2, 3일 놀았다" 하고, 남편과의 비익연리(比翼連理)의 밀어(密語)를 일일이 말하자 남편의 의심이 깨끗해졌다.[26]

스무 살 전후에 사라졌던 아내가 30여 년 만에 돌아왔다. 그런데 그때 나이 그대로다. 도리어 더 어려 보인 모양이다. 아내는 자신이 겨우 2, 3일 놀다 왔다고 말하니, 모든 사람이 믿으려 들지 않았다. 당연하다. 남편 또한 마찬가지였는데, '비익연리의 밀어' 곧 부부 사이에서만 나눴던 은밀한 말을 증거로 대자 믿었다는 것이다.

아내가 말한 노하라는 어디일까? 노하라는 들판이라는 뜻인데, 바다에서 돌아온 여자가 자신이 있었던 곳을 우나바라(海原)라 하지 않는 것이 이상하다. 우나바라는 넓고 넓은 바다를 가리키는 아어(雅語)이다.

사라졌다가 돌아온 이 사연을 앞서 설명한 샤먼의 의식으로 보자. 타계와의 왕래는 '일상 세계 질서로부터의 극적인 이탈을 표현하는 양식'이라고 했다. 영력의 근원이요, 신성의 획득인 것이다. 오키나와에서 바다가 일상적인 장소라면, 노하라라고 표현할 정도의 들판은 타계이다.

『유로설전』 '101화'의 이나후쿠바

바닷가에서 실종된 이와 비슷한 이야기로 『유로설전』 권삼(卷三)의 '이나후쿠바(稻福婆)'가 있는데, 이 경우는 더 자세하다. 다소 길지만, 이 글에서 다루려는 주된 텍스트이므로 먼저 전문을 옮겨 보기로 한다.

옛날 니시하라(西原)의 마기리(間切) 다나바루촌(棚原村)에 한 노로가 살았다. 이름은 이나후쿠바라고 불렀다. 일찍이 여러 노로와 함께 쇠북을 올리고 신가(神歌)를 부르며 마을의 우에노타키(上嶽)에서 놀았다. 그런데 갑자기 이나후쿠바가 혼자 보이지 않았다. 그 자손이 이 말을 듣고 크게 놀라서 동분서주했지만 끝내 종적을 알 수가 없었다.

3년 후에 가자촌(我謝村)에 사는 한 대장장이가 바다로 나가 고기를 잡고 있었다. 그러다가 갑자기 시체가 바다에서 떠 내려오는 것을 목격하고 건져내어 이를 자세히 살펴보았다. 머리에는 머리카락이 없고 조개나 소라가 몸에 붙어 있었으나 아직 숨이 끊어지지 않았다. 즉시

미음을 끓여 목숨을 구했으나 아직 말을 할 수 없었다. 사람들이 모여들어 이 모습을 지켜보았고, 그 자손들도 역시 찾아왔으나, 그 누구도 알아보지 못했다.

얼마 지나 스스로 말하기를, "내가 바로 이나후쿠바이다. 지난해 바다 밑을 구석구석 여행하다가 용궁[속칭 기라이카나이(儀來河內)]에 가서 음식을 하사받았는데, 소금에 절인 소라였다"라고 하였다. 그가 말을 끝내고 토했는데 그 색이 누랬다. 이 때문에 사람들은 그를 가리켜 기라이바(儀來婆)라고 불렀다. 그 자손이 용궁에 관해서 물었으나 꺼려하며 좀처럼 말하려고 하지 않았다.

그때 왕이 이 소문을 듣고 이야기를 듣고자 했다. 기라이바가 봉신문(奉神門) 밖에 이르자 사람들이 앞을 다투어 몰려들어 보고자 하였다. 단지 기라이바가 손을 양쪽 겨드랑이에 집어넣는 것을 보았을 뿐인데, 홀연히 그 모습이 보이지 않았다. 자손들이 사방으로 찾아다니다가 마침내 우에노타키에서 발견하였다.

그 여자는 80여 세가 되어 죽었는데, 어떤 사람이 말하기를, "그가 가정(嘉靖) 연간에 죽었다"고 전하기도 한다. 혹은 말하기를 "만력(萬曆) 연간에 죽었다"고 전하기도 한다.[27] (강조는 필자)

이나후쿠바라는 여성 주인공이 홀연히 사라졌다가 용궁을 경험하고 돌아오는 이야기다. 이나후쿠바는 노로이다. 그러나 뛰어난 능력을 지닌 노로로는 보이지 않는데, 실종 후 돌아온 다음 상황이 달라진다.

이나후쿠바가 용궁에 가게 된 경위는 자세하지 않다. 원문에는

'홀연히 보이지 않았다(忽然不見)'라고만 하였다. 나중에 이나후쿠바가 정신을 차리고 '지난해 우연히 해저에서 놀다가(前年偶遊海底), 용궁에 갔는데(進于龍宮)'라는 대목에서, 우(偶)를 '우연히 놀다가'와 '노는 데 적응하여' 중 어느 쪽을 택하여 번역하느냐에 따라 용궁행의 자발성 여부가 달라진다. 어쨌건 용궁을 경험하고 3년의 시간이 흐른 뒤 돌아온 이나후쿠바의 모습은 시체에 가까웠다. 그녀는 이렇다 할 보상은커녕 모습만으로는 오히려 고통의 세월을 보낸 듯하다. 자신이 누군지 스스로 밝혔을 때에 비로소 주변 사람들이 그녀를 알아볼 수 있을 정도였다. 그녀는 용궁에서는 절인 소라 같은 것을 하사받았다고 말했지만, 돌아와 그것을 토해 내는 것으로 그마저도 간직하지 않게 된다. '용궁에 관해서 물었으나 꺼리며 좀처럼 말하려고 하지 않았다'는 태도 또한 금기(禁忌)에 대한 준수인지 두려움의 소산인지 구분하기 어렵다.

마지막 대목에 여자의 죽은 나이가 80여 세로 나온다. 그런데 그때가 '가정 연간'과 '만력 연간'으로 나뉜다. 분명치 않은 시기가 설화의 한 속성이고 『유로설전』 속의 모든 일화가 이야기가 진행된 시기에 대해 언급하지 않는 것과 대비된다. 시기를 언급함으로써 무언가를 나타내고자 한 것은 아닌지 그 의도를 짚어 보아야 할 대목이다.

16세기 오키나와와 13세기 고려

가정 연간은 1522~1566년이고, 만력 연간은 1573~1619년이다. 두 시기 사이의 격차가 크게는 거의 100년이나 난다. 오키나와 류큐 왕실의 가계도에 따르면, 가정 연간에는 쇼신왕(1477~1527), 쇼세이왕(尙淸王, 1527~1556), 쇼겐왕(尙元王, 1556~1573)이 왕위를 계승했고, 이어 만력 연간에는 쇼에이왕(尙永王, 1573~15891)과 쇼네이왕(尙寧, 1589~1621)이 왕위를 계승했다. 이 시기에 어떤 일이 벌어졌는가.

1511년 말라카 왕국을 침범한 포르투갈이 1542년 세력을 뻗쳐 류큐국에 함대를 끌고 내항한다. 14~15세기 전기에 해상 왕국으로서 무역 이익을 나라의 주된 수입원으로 하던 류큐국의 입지가 포르투갈의 동남아시아 진출 후 쇠퇴하게 된다. 나아가 1570년에 이르러서는 동남아시아의 무역이 아예 단절되고 만다. 한편, 16세기 말에 이르러 일본은 류큐국에 조선 침략에 대비한 물자를 강압적으로 요구한다. 조선과 교린 관계를 맺고 있던 류큐의 입장에서는 일본의 요구를 전적으로 수용할 수 없었고, 그 결과 본토 사쓰마군의 침략을 받아 1609년 '막번제 속의 이국(異國)'으로 중국과 일본의 양속(兩屬) 관계 아래 놓이게 된다.

정리하자면 가정 연간에는 나라의 기반이던 대외무역에 차질이 생겼고, 만력 연간에는 일본의 침략으로 국가가 존망 위기에까지 놓였다가, 중국과 일본의 양속이라는 형태로 이어지게 된 것이다. 두 시기 모두 국가의 기반이 매우 불안정하게 흔들리고 있었다.

류큐의 신녀(神女) 조직은 쇼신왕 무렵 확립되었다. 쇼신왕은 류큐 역사 가운데 가장 강력한 왕권을 휘둘렀다고 전해진다. 그 같은 왕권을 바탕으로 중앙집권화를 꾀했다. 강력한 내부 정치 조직이 있었음에도 그는 신녀 조직을 확립하여 나라 안팎의 종교 행사를 책임지게 했다. 이로써 신녀 조직은 남성에 의한 정치·행정 조직과 쌍

벽을 이루게 되었다.

신녀 조직은 기코에오키미(聞得大君, 고급 신녀·왕부의 신녀)-노로(지방의 신녀)-니간(根神, 마을의 신녀), 오코데(オコデ, 문족의 신녀)의 구조를 이뤘는데, 여기서 다루고 있는 노로는 각 마기리(間切)[28]의 모든 마을에 주재하며, 마을의 기년(祈年), 예수(刈穗), 기우(祈雨) 등의 제사를 맡았다. 신녀는 정치 행정 조직인 수리왕부로부터 민간에 이르기까지 각각의 제사에 알맞게 배치되었다.

한편, 『유로설전』이 집필되던 시기에 이르면 신녀의 위상에 변화가 생긴다. 이미 1609년 사쓰마번의 침략으로 중국과 일본의 양속 관계에 놓이게 된 류큐는 하네지 초슈(羽地朝秀, 1617~1676)가 쇼시쓰왕(尚質王, 1648~1669), 쇼테이왕(尚貞王, 1669~1710)의 재임 기간 일부를 섭정(1666~1673)한다. 취임 후 그가 내린 개혁 방안 중 하나가 노로나 여관(女官)의 정치적인 영향력을 배제하고 전통적인 종교상의 관례를 개정하는 것이었다. 이로써 무녀의 입지가 매우 약화되었다.

뒤이어 사이온(蔡溫, 1682~1762)은 하네지의 개혁을 계승하여 류큐국의 방향을 더욱 강하게 정해 나갔다. 그는 1728년 도키유타과정(トキユタ科定)을 반포하여 수리왕부 내부의 도키(トキ)와 유타(ユタ)[29]의 신앙 및 18세기 류큐 사회에 있어서 그들의 증가를 억제한다. 심지어 미신으로 간주하여 왕부 내부의 도키와 유타를 폐지하고, 민간에 퍼진 것 역시 금지시킨다. 무녀의 입지는 더욱 좁아졌다.

『구양(球陽)』과 『유로설전』이 편찬되었을 것으로 추정되는 1745년 무렵은 사이온이 류큐 왕부에 굳건히 존재한 시기였다. 당연히 두 저작은 사이온의 영향을 받았을 것이다. 이런 분위기 속에서 무녀 관련

이야기를 『구양』 같은 정사(正史) 속에 실을 수 없었으리라 보고, 『유로설전』 역시 이러한 분위기를 편찬 의도에 반영했다는 견해[30]가 있다. 무녀에 대한 이야기를 자유롭게 할 수 없었을 당대 사회 분위기 상, 전반적으로 괴력난신(怪力亂神)의 요소가 줄어들었을 가능성이 있다. '101화'의 경우에도 서사 전개가 무미건조하면서 수식어구가 극도로 절제되어 있다. 이나후쿠바가 끝내 용궁의 모습을 말하지 않는다거나, 왕이 그녀를 불렀을 때 사라져 버린 것은, 편찬자가 교묘하게 괴력난신을 피하려는 의도로 볼 수 있다.

이 같은 상황과 편찬자의 기술 태도는 『삼국유사』가 일연에 의해 집필되던 13세기 고려와 무척 닮았다. 몽골의 침략을 받아 그 정치적 영향력 아래 놓였던 사정 말이다.

이런 사회사적 배경 아래 전해지는 '사라졌다 돌아온 여성 제사' 이야기의 의미는 표면이 아니라 그 이면에 강력히 존재한다. 용궁과 같은 다른 세계와의 왕래는 영력의 근원이며, 신성의 획득이고, 일상 세계의 질서로부터 이탈하는 것이다. 수로부인 이야기와는 여기서 접점을 찾을 수 있다.

수로부인은 모험의 주인공

수로부인과 이나후쿠바의 비교

앞서, 수로부인 이야기는 기존의 노래를 원용하여 굿의 대본으로 확대시킨 서사이며, 이나후쿠바 이야기는 사라졌다 돌아온 여성 제사의 신성 획득으로 해석하였다. 두 이야기는 상당한 유사성을 품고 있다. 이 유사성을 바탕으로 두 이야기를 비교하여 정리해 보면 다음 페이지의 〔표 2〕와 같다.

표에서 보듯, 두 이야기는 여성의 용궁 체험(성별, 이계)이라는 모티브의 동일성이 가장 두드러진 가운데, 사라졌다가 다시 돌아오는 왕복(경로)에 이르기까지, 시공의 큰 차이에도 불구하고 비교에 따라 여러 가지 새로운 해석이 가능해진다. 신분, 계기, 보상, 결말은 표면적으로는 다르지만, 내적으로는 동일하게 볼 요소가 다분하다. 이 유사성으로 인해 상호 보강 작용의 측면에서 우리는 확대된 서사를

표 2_'수로부인'과 '이나후쿠바'의 비교

	이나후쿠바	수로부인	비교
성별	여성	여성	
신분	노로	귀부인	수로부인을 사제로 볼 수 있음
이계	용궁	용궁	
경로	왕복	왕복	
계기	우연/자발	납치	납치를 가장한 자발로 볼 수 있음
보상	음식물을 토해 냄	유현(幽玄)한 향기	용궁 체험의 증거로서 동질적임
결말	사라짐	유사 체험의 연속	신성성의 강화라는 점에서 동일

만들어 낼 수 있을 것이다. 결론적으로 정리하면 이렇다.

〈헌화가〉는 구애의 서정시에서, 〈해가〉는 영신(迎神)의 의식요(儀
式謠)에서 각각 출발하여 수로부인 이야기 속으로 들어갔다. 이야기
의 초반부는 강릉으로 가는 부사의 일행이 실제 겪은 일일 수 있으
나, 굿이나 연희의 대본 형태로 확대 발전하였다. 이는 일본의 『만
요슈』에 나오는 첫 번째 노래와 비교하여 추론할 수 있다.

이나후쿠바가 등장하는 『유로설전』 '101화'는 용궁이라는 공통점
을 지녔다는 측면에서 비교하기 좋은데, 왕복의 체험이 영력의 근
원, 신성의 획득에 이바지한다는 점에서 수로부인에게서도 같은 결
과를 기대할 수 있다. 일단 신격화에 발을 들여놓은 이상, 『삼국유
사』에 정착된 이야기의 이면에서 수로부인은 사제로 해석될 수 있
다.[31] 사실 이만큼 당당한 경험을 하는 주인공이 평범한 여성일 리

없는 것이다.

용궁 체험이 일상 세계 질서로부터의 이탈이라면 이것을 여성 주인공의 모험 스토리로 확대해 볼 수 있다.

오키나와의 모험 여성 이나후쿠바

1745년 무렵, 『유로설전』이 편찬되던 시기, 오키나와에서는 신녀 조직의 위상이 하네지와 사이온에 의해 매우 약화된 상태였음을 앞서 밝혔다. 특히 왕부 조직으로서의 신녀는 정책적으로 탄압을 받으며 많이 와해된 이후였을 것이다. 따라서 왕부의 의례에 무녀는 관여할 수 없다는 생각[32]이 『유로설전』의 집필자들에게도 암묵적으로 존재했다. 이로 인해 이들은 류큐의 정사(正史)인 『구양』에 무(巫)와 관련한 적극적인 기록을 등장시키지 않았다. 그런 가운데서도 『유로설전』의 '101화'에는 왕부가 노로에 대하여 궁금증을 갖고 그녀를 왕실로 초대하는 장면이 기록되어 있다. 정사에는 싣지 못할 시대 분위기 속에서 외전에나마 기록을 남기려는 의도라고 볼 수 있다. 나아가 모호함이 없지 않으나, 사건이 벌어진 시기를 가정·만력 연간이라고 표기해, 이때까지는 신녀 조직이 안정적이었음을 알리고도 있다.

그렇다면 이나후쿠바의 이야기를 어떻게 전진적으로 해석해 볼수 있을까? 노로인 이나후쿠바가 마을에 닥친 미증유(未曾有)의 위기, 곧 동남아시아와의 무역 저조를 극복하기 위해 해신인 용왕을 찾는다. 바닷속 용궁을 모험하고 용왕에게 물품을 하사받고 돌아온다. 이것은 하나의 모험 스토리[33]이다.

비록 그녀는 떳떳하게 용왕에게 대우를 받고 살아서 본토로 돌아
왔지만, 외모가 볼품없는 탓에 완벽한 성취를 이루었다고는 할 수
없다. 이후 류큐의 동남아시아 무역은 점차 쇠퇴하고 결국은 단절
되고 만다. 더욱이 용왕에게 음식을 하사받을 정도의 성공적인 용
궁 여정은 『유로설전』 속에 자세히 묘사되어 있지 않다. 집필 당시
왕부가 신녀를 엄격하게 제한하기 시작했기 때문이다.

그러나 이 이야기를 통해 16세기 쇼신왕 정권에서 노로의 지위
가 마을 전체의 안녕을 책임질 만큼 막중했음을 알 수 있으며, 마을
의 위기를 타파하기 위해 자신을 희생해 가며 3년간의 긴 여정을 펼
친 노로의 모습만큼은 짐작할 수 있다. 이것은 곧 일반적인 모험담
이 남성을 중심으로 전개되는 데 대한 반론이다. 책임이 막중한 여
성의 모험 이야기다.

신라의 모험 여성 수로부인

이와 비교하여 수로부인 이야기는 어떻게 해석될 수 있을까? 이야
기를 중요 화소별로 다시 정리해 보면 이렇다.[34]

❶ 수로부인이 강릉태수로 부임하는 남편 순정공을 따라 길을
떠난다.

❷ 해변에서 점심을 먹다가 부인이 절벽에 핀 철쭉꽃을 탐낸다.

  ❷′ 한 노인이 암소를 몰고 가다가 그 꽃을 꺾어 노래까지 지
   어 바쳤다.

❸ 이틀 뒤 점심을 먹다가 바다의 용에게 부인이 납치당한다.

왕릉과 삼나무

❸´ 한 노인이 방법을 알려 주어 부인을 되찾는다.

❹ 부인은 세상에서 알고 있는 것과 다른 용궁의 화려함을 자랑한다.

❺ 매번 깊은 산과 큰 연못을 지날 때면, 여러 차례 신물들에게 끌려간다.

수로부인 이야기를 여성 주인공의 모험담으로 보면 전혀 다른 해석이 우리를 기다린다. 이야기는 처음부터 끝까지 수로의 주도 아래 이루어졌다. 수로부인 이야기가 『삼국유사』에 정착되었을 때는 본디 모습에서 상당한 변형이 이루어진 상태였을 것이며, 그 상황은 이나후쿠바 이야기가 『유로설전』에 정착될 때와 비견된다. 사회 분위기가 무속과 괴력난신에 호의적이지 않았던 것을 고려하면, 그로 인해 몰각된 부분이 많을 것이고, 이를 재구성하면 여성 영웅의 활약은 더 두드러질 것이다. 그렇다면 수로부인의 정체가 무엇인지 다시 따져 보자.

앞의 〔표 2〕에서 이나후쿠바는 노로, 수로부인은 귀부인이므로 분명 신분상 차이가 나지만 수로부인을 사제로 볼 수 있다고 하였다. 노로인 이나후쿠바는 '마을에 닥친 미증유의 위기'를 맞아 용궁으로 갔다고 했는데, 순정공의 부인인 수로는 표면적으로는 남편의 부임지에 동행하는 형식을 띠고 있으나, 이것이 단순한 부임이 아니라 강릉 지역에 유고(有故)가 닥쳐 보다 구체적인 임무를 띠고 간 출행(出行)이었을 것이라는 해석[35]이 있다. 〈해가〉가 나오는 부인의 용궁 납치가 그것을 상징적으로 보여 준다. 그러나 드러나지 않은 사건을 굳이 들출 필요가 없다면, 강릉이 신라의 동북을 지키는 요충지이고, 그래서 5등급 이상의 중앙 고위관리를 파견해 책임자로 삼았다는 점에 유의해 보자. 이 지방관에게는 원천적으로 중대한 임무가 부여되었다. 그러나 평상적인 임무 외에 발생한 돌변 상황에 대처하지 못하였다. 해결 방식을 제시한 것은 지역의 노인이었고, 뜻밖에 부인이 중심축에 놓인다. 처음에는 평범한 여성이었을지 모르나, 일련의 상황을 거치면서 수로부인은 용궁에서 돌아올 때 재생(再生)된 신격화의 경지에 이른다. 바로 이나후쿠바 같은 사제로 말이다.

수로부인은 모험의 주인공

다시 한 번 수로부인 이야기의 주인공이 여성이라는 점에 주목해 보자. 보글러는 "영웅의 여행에 대한 가장 일반적인 비판은 남성이 지배하는 전사 문화의 구현이라는 점이다"[36]라고 하였다. 수로부인 이야기는 이러한 비판에서 자유롭다.

남성의 여행은 어떤 의미에서 보다 직선적이어서, 하나의 목표에서 다음 목표로 이행해 가는 반면, 여성의 여행은 내부와 외부를 향해 원, 혹은 나선형을 그리며 움직여 간다. …… 중심을 향한 안으로의 여행 후 다시 밖을 향하여 동심원을 확대시켜 나가는 여성의 여행. …… 외부로 나아가 장애물을 극복하고, 성취하며, 정복하고, 소유하려는 남성의 욕구는 여성의 여행에서 가족과 종(種)을 보호하고, 가정을 이루며, 정서적 조화를 추구하고, 화합을 이루고, 아름다움을 고양시키려는 욕

망으로 대체될 수 있다.[37] (강조는 필자)

안으로의 여행 후 밖을 향하여 동심원을 확대한다는 지적에 수로부인의 이야기는 적실히 맞아 든다. 용궁의 체험이 그렇다. 이는 자발적인 것이 아니었다. 그러나 모험에 적응한 수로에게 용궁 여행은 납치가 아니라 어느덧 자발성으로 바뀐다. 이어서 수로부인의 체험 현장은 산과 연못으로 확대되었다. 동심원의 확대이다. 나아가 화합(❸)과 아름다움의 고양(❷´) 또한 갖추고 있다.

다른 한편 ❷/❷´ 그리고 ❸/❸´는 시련/보상[38]의 구조를 나타내면서, 다른 에피소드를 보완할 경우 이러한 관문이 얼마든지 늘어날 수 있음을 보여 준다. 모험 스토리가 만들어지는 대목이다.

수로부인을 여성 모험의 주인공으로 해석할 결정적인 단서는 ❹이다. 본문을 다시 보자.

공이 부인에게 바다에서 있었던 일을 물었다.
"일곱 가지 보물로 장식된 궁전에서, 마련된 음식들은 달고 매끈하며 향기롭고 깨끗하여, 사람 사는 세상에서 지어진 것이 아니었습니다."
부인의 옷에 묻어 풍기는 향기가 특이하여, 세상에서 알고 있는 것이 아니었다.

발을 구르며 노심초사하던 순정공 앞에 나타난 수로부인의 태도는 뜻밖이다. 도리어 용궁 자랑을 늘어놓고 있다. 마치 왜 즐거운 여행을 방해했느냐는 투다. 여기가 수로부인 이야기를 모험의 서사로 볼 수 있는 결정적인 지점이다.

　최초의 모습은 납치임이 분명하나, 그렇게 시작한 비자발적인 모험의 길을 수로부인은 어느덧 즐기는 듯하다. 이는 세상과 다른 곳에 다녀온, 부인의 옷에서 묻어나는 향기로 증명된다. 용궁의 생활을 밝히지 않았거니와, 다소 기괴한 모습으로 나타난 이나후쿠바와 비교되는 대목이기도 하다. '수로부인' 조는 '101화'에 비해 더욱 서사화된 모험 스토리인 것이다. 이는 ❺에서처럼, 수로부인이 매번 깊은 산과 큰 연못을 지날 때면, 여러 차례 신물들에게 끌려간다고 하여, 구체적이지는 않지만 강화된 후일담의 서사가 나타나는 데서도 그렇다. 이에 비해 이나후쿠바는 그냥 사라지고 말았다.

　앞서 우리는 〈센과 치히로의 행방불명〉을 보았다. 어쩌면 수로부인은 치히로와 닮았는지 모른다. 남편을 따라나선 수로부인이나 부모를 따라나선 치히로는 둘 다 비자발적인 출발을 했다. 여러 가지 위기 상황에 맞닥뜨리는 것도 동일하다. 조력자를 만나 위험을 물리치거나, 새로운 세계를 만나는 기이한 경험도 한다. 치히로는 어린 수로부인 같다.

　그러나 무엇보다도 중요한 것은 그들의 존재 자체가 주변 사람들에게 희망이 된다는 사실이다. 모험 스토리는 그러한 희망의 메시지이다.

꽃을 받은 여자, 수로부인과 치히로

이야기를 마무리하며 프롤로그에서 소개한 〈센과 치히로의 행방불명〉을 다시 떠올려 본다. 치히로의 모험담이라는 측면에서 이 영화의 전개는 내가 이 글에서 새롭게 해석한 수로부인의 행적과 많이 닮아 있다. 미야자키 감독은 영화의 기획서를 통해 이 같은 점을 밝힌 바 있다.

모험 이야기이다. …… 착한 사람도 악한 사람도 모두 섞여 사는 세상 한가운데 들어가, 수행하고 우애와 헌신을 배우고 지혜를 발휘하여 생환하는 소녀의 이야기.[39]

스케일이 거대하고 총과 칼이 난무하고 선인과 악인이 대결하여 피를 흘려야만 모험인가. 우애와 헌신 속에 지혜롭게 생환하는 이야기만으로도, 극중의 주인공은 살아가는 힘을 획득하였다. '살아가는 힘'이야말로 모험 이야기가 우리에게 주는 가장 큰 위안이다.

나아가 미야자키는 '말의 힘'에 대해 역설한다. 말은 힘이다. 거대한 온천장, 그래서 무시무시한 권력을 가진 것처럼 보이는 유바바 앞에서 치히로는 '싫다', '돌아가고 싶다'가 아니라 '여기서 일하겠다'고 말한다. 유바바는 치히로의 이름을 센으로 바꿔 놓는다. 치히로에 대한 유바바의 완전한 지배를 의미한다. 그런 마녀라고 할지라도 가녀리지만 의지를 가진 치히로의 한마디를 무시하지 못한다. 힘없는 공허한 말이 무의미하게 넘쳐 나는 세상에서 말은 의지고 자기 자신이고 힘이다.[40]

수로부인 이야기와 관련해 영화에서 무엇보다 나의 눈길을 끄는 장면이 있다. 첫 장면, 차의 뒷자리에 심드렁하게 누워 있는 치히로, 꽃다발을 안은 채다. 친구에게 받은 선물이었을 게다.

가족은 지금 지방으로 이사 가는 중이다. 치히로는 다정한 친구들과 헤어져 혼자 멀리 떠나는 것이 슬프다. 비록 부모와 함께 가는 길이지만, 이 나이의 아이들에게 친구는 부모 이상이다. 더욱이 이사는 제 뜻과 아무 상관없는, 아버지의 독단적인 결정으로 보이니, 이럴 때면 아무리 부모라도 애정보다 원망이 더 생기는 법이다.

그나마 마음을 달래 주는 꽃다발이 있다. 그러기에 꼭 껴안고 있다. 꽃을 받은 또 하나의 여자 수로부인─.

치히로가 그에게 닥칠 미증유의 사태를 짐작하지도 못한 채 무심히 꽃다발만 품고 있듯, 노인에게 받은 꽃을 품에 안은 수로부인 또한 용궁에 납치되는 며칠 후의 사태를 전혀 예상하지 못했다. 경주에서 강릉으로 떠나는 먼 길은 수로부인에게도 심드렁한 일이었을 것이다. 치히로보다 더했으면 더했겠다. 그러기에 위험을 무릅써야 따올 수 있는 꽃을 굳이 바라지 않았겠는가. 노인이 꺾어다 준 꽃을 들고 가마에 탄 수로부인의 모습이 치히로의 그것과 참 닮아 보인다.

수로부인의 용궁과 치히로의 온천장도 닮았다. 영화 속의 온천장은 도쿄의 녹명관(鹿鳴館)과 아서원(雅叙園)이 그 모델이란다. 1883년 히비야에 세워진 최고 수준의 서양풍 건물인 녹명관은, 서양인과 맺은 불평등조약을 철폐하려면 먼저 그들과 친해져야 한다고 생각해, 내외의 외교관이나 상류계층이 모이는 무도회 장소로 쓰였다고 한다. 메구로의 아서원은 1930년대에 만들어진 서양식 종합 결혼식장으로 지금도 성업 중이다. 어쨌든 일본인의 서양 추종을 나타내는 건물들이거니와, 이것이 수로부인의 용궁이라면 용궁이다. 일본인의 마음속에 있는 현대판 용궁[41] 말이다.

〈센과 치히로의 행방불명〉의 한 장면 자신의 뜻과는 무관하게 이사를 가는 치히로에게 꽃은 유일한 위안이었다. 『스튜디오 지브리 그림 콘티 전집 13』에서

마지막으로 그 온천장을 빠져나오는 치히로와 용궁을 나오는 수로부인—.

온천장에 있는 마음 착한 사람들의 도움이 치히로의 길을 열었다면, 해변에서 막대기를 치며 노래 부르는 마을 사람들의 합심이 수로부인을 구해 냈다. 치히로는 위기를 극복하는 어엿한 소녀가 되었으며, 돼지로 변한 부모를 구출하는 활약까지 벌였다. 수로부인은 용궁의 화려함을 즐기는 여유에다 풍농과 풍어의 협력을 용왕에게 받아내지 않았을까.

꽃을 받은 두 여자는 그렇게 아름다운 세상을 우리에게 선사하였다.

주

1. 野村伸一 編,『東アジア海域文化の生成と展開』, 風響社, 2015, p. 204.
2. 형식적으로 보면 두 조는 독립적이다. 그러나 일연이 구사한 「기이」의 독특한 기술 원리, 곧 '한 왕대의 특징적인 한 가지 이야기'를 감안하면 사실 이것은 각각 제목을 주고 독립시켰을 따름이다. '성덕왕'과 '수로부인' 두 조는 수로부인을 주인공으로 하는 성덕왕 대의 특징을 드러내는 하나의 이야기로 묶인다.
3. 『삼국사기』「신라본기」권 8에 왕 5년 봄, 6년 봄, 17년 봄, 30년 여름 등에 성덕왕이 구휼 사업을 시행한 기사가 보이고, 치세 기간에 유독 자연재해나 전염병이 자주 나타난다.
4. 『삼국사기』「신라본기」권 9.
5. 『삼국사기』「신라본기」권 5.
6. 성기옥, 「〈헌화가〉와 신라인의 미의식」, 정병욱10주기논집편찬위원회 편, 『한국 고전시가작품론 1』, 집문당, 1992, p. 69.
7. 지은이를 대박뢰치무천황(大泊瀨稚武天皇)이라 밝히고 있거니와, 이는 유라쿠 천황의 국풍시호(國風諡號)이다.
8. 西鄕信綱,『萬葉私記』, 未來社, 1970, p. 20.
9. 위의 책, p. 21. '빠짐없이 죄다 다스리도다'의 원문은 'ｵﾏこそいませ'인데, 여기서 'います'는 'いらっしゃる'의 뜻을 가진 경어동사다. 전승자나 연기자가 주인공에 대한 경어를 혼입한 것이다. 이에 대해서는 小島憲之 외,『萬葉集 1』, 小學館, 1994, p. 23을 참조하라.
10. 서철원,『향가의 유산과 고려시가의 단서』, 새문사, 2013, p. 244.
11. 남아 있는 자료만으로 논하기에는 한계가 있지만, 구애의 서정시로 볼 수 있는 우리 노래 중에는 〈헌화가〉가 가장 선두에 선다. 〈황조가〉는 한역시인데다 구

애보다 실연의 아픔을 드러내는 쪽이고, 〈서동요〉는 상대를 차지하기 위해 벌이는 트릭의 수단으로 쓰였을 뿐이다.

12. 조동일,『한국문학통사 1(제4판)』, 지식산업사, 2005, pp. 161~162.

13. 강등학,「수로부인 설화와 수로신화의 배경제의 검토」, 반교어문학회 편,『신라가요의 기반과 작품의 이해』, 보고사, 1998, p. 161.

14. 이유미,『우리 나무 백 가지』, 현암사, 2015, p. 388.

15. 高梨一美,『沖縄の「かみんちゅ」たち』, 岩田書院, 2009, p. 17.

16. 위의 책, p. 18.

17. 위의 책, 같은 면.

18. 위의 책, 같은 면.

19. 위의 책, p. 153.

20.『遺老説傳』, 卷一.

21. 위의 책, 卷三.

22.『琉球神道記』, 卷五.

23. 高梨一美, 앞의 책, p. 175.

24. 위의 책, p. 177.

25. 위의 책, p. 178.

26.『琉球神道記』, 卷五.

27. 해석과 원문은 테헤테츠(鄭秉哲)·사이코보(蔡宏謨)·류코(梁煌)·모죠호(毛如苞) 著, 김용의 譯,『유로설전』, 전남대학교출판부, 2010, pp. 245~247을 인용했다. 원문은 다음과 같다. 昔西原閒切棚原村 有一祝女名曰稻福婆 曾與諸祝女 鳴金鼓唱神歌 而遊于本村上嶽 獨稻福婆忽然不見 其子孫聞而大驚 東尋西訪 竝無踪影 後三年我謝村有鍛冶屋 大主者出而釣魚 忽見死屍漂海 而來撈而視之頭禿無髮 貝螺附體其氣未絶 卽用粥湯以救 未能卽言 人聚視之 其子孫亦來 不知爲何人 良久自言 我乃稻福婆也 前年偶遊海底進于龍宮(俗叫儀來河內) 賜食以鹽螺類 言畢吐者色黃 于是人始號儀來婆 其子孫問龍宮之事 婆諱而不話 時王欲問之 婆至奉神門外 人聚爭視 只見其收手于兩腋 忽然不見 子孫四尋竟得之于其上嶽 婆

八十餘歲而死 曰婆死于嘉靖年間 或曰死于萬曆年間 이에 앞서 김헌선 번역의 『류큐설화집 유로설전』, 보고사, 2008도 출판되었다. 번역과 함께 「琉球說話 存在樣相과 價値」라는 논문이 실려 있어 해제 역할을 한다.

28. '구획을 나눈다'는 뜻으로 오키나와의 옛 행정구획을 나타내는 말이다. 몇 개의 촌(村)으로 이루어지며 이른바 류큐처분(琉球処分, 1879년) 이후에도 행정구획 을 나타내는 말로 존속하다가 1907년에 정식으로 폐지되었다. (김용의, 앞의 책, p. 103의 각주 116 재인용)

29. 특별히 영험함을 지닌 여신관을 도키, 유타라 한다.

30. 木村淳也, 「遺老說傳に描かれた巫」, 《古代學研究所紀要》第4號, 明治大學古代 學研究所, 2007 참조.

31. 표면적으로 수로부인이 순정공의 아내라는 신분을 유지하는 것에 대해서는 별 도의 고찰이 필요하다. 『삼국유사』에서 인상적으로 부각된 여성 주인공 또는 등장인물이 불교 설화의 범주를 벗어나지 않는다는 점이 먼저 고려되어야 한 다. 욱면(郁面)이나 호랑이 처녀가 그렇고, 광덕·노힐부득·원효의 이야기에 나 오는 여성은 아예 관음보살이다. 다만 범상치 않은 인물이라는 점에서만 수로 부인과 공통적이다.

32. 위의 논문, p. 240.

33. 필자는 모험담과 모험 스토리라는 단어를 구분하여 쓰고 있는데, '모험담을 바 탕으로 하면서 오늘날 콘텐츠화할 수 있는 기본 이야기 줄거리가 갖춰진 상 태 또는 그러한 전 단계'를 모험 스토리라고 정의하였다. 고운기, 「모험 스토 리 개발을 위한 삼국유사 설화의 연구」, 《신라문화》41, 동국대신라문화연구소, 2013 참조.

34. 이하의 내용은 위의 논문, p. 320에서 가져와 재구성하였다.

35. 조동일, 『한국문학통사 1』, 지식산업사, 1982, pp. 135~136.

36. 크리스토퍼 보글러, 함춘성 역, 『신화, 영웅 그리고 시나리오 쓰기』, 무우수, 2005, p. 25.

37. 위의 책, p. 26.

38. 시련은 동인(動因)이며 보상은 결과이다. 영웅담에서 전형적으로 배치되는 구조이다. 고운기, 앞의 논문, p. 316 참조.

39. 宮崎 駿, 「不思議の町の千尋」, 『折り返し点』, 岩波書店, 2008, 230頁。

40. 위의 글, p. 231.

41. 위의 글, pp. 258~259.

제2장

거타지
－꽃을 품은 남자

꽃을 품은 남자

시화전 주변을 어슬렁거리며 기다린 것

축제 때면 내가 다니던 국문학과는 시화전을 열었다. 글깨나 쓴다는 친구들에게 기다려지는 행사였다. 시뿐만 아니라 자신이 직접 그림을 그리기도 하였으니, 시화전을 통해 재주가 있고 없음이 두루 드러나게 마련이었다. 사실 학생 사이에서는 평소 누가 시를 좀 쓰는지 이미 알려졌기에, 이번에 그 친구의 어떤 작품이 우리를 놀라게 할까 기대하기도 하였다.

강의실 하나가 방과 후면 화실로 변했다. 거기에는 재학생만이 아니라 동문 선배도 함께하였다. 이미 등단한 선배 시인을 만난다는 또 다른 즐거움—. 나는 언제쯤 등단이라는 절차를 거쳐 시인이 될 수 있을까, 시인의 자격으로 옛 강의실을 찾아가 시화를 만들 수 있을까, 내 시가 세상에 나가 많은 사람의 가슴을 적실 작품이 되기는 될 건가. 축제의 가슴 설렘은 어느 때보다 시화전을 준비하는 한 달 남짓 나의 미래와 결부되어 고양되었다.

시화전을 시작하는 날 아침이면 분주했다. 액자에 담긴 완성된 시화를 찾아 오고, 공대 건축학과의 협조를 받아 그들이 쓰는 이젤을 빌려 오고, 학생회관 앞 공터를 전시장으로 확보해 작품을 진열했다. 학과의 교수와 학생이 모여 엄숙히 치르는 테이프 커팅, 축제 기간 동안 시화는 자랑스러움과 부끄러움을 함께 품고 모두에게 선보여졌다.

그리고 기다림—. 미리 정한 당번 순서대로 전시장을 지키지만, 당번이 아니더라도 주변을 떠나지 못하고 맴돌기 일쑤였다. 누가 찾아올지, 누군가 내 시를 읽고 한마디 하지 않을지, 더 신경 쓰이기는, 정말 누군가 예쁜 꽃이라도 한 송이 시화 끝에 걸어 주지나 않을지.

마음에 둔 여자 후배가, "형, 이번 시 참 좋아요!"라고 말 걸어온다면 뭐라고 답할까. 그때 여학생들은 남자 선배를 '형'이라고 불렀었다. 하지만 아쉽게도 내 기억 속의 시화전에는 꽃도 여자 후배도 없다. 아주 의례적으로 달아 주는 후배의 꽃과 해가 뉘엿뉘엿 넘어가면 술 마시러 가자고 이끄는 선배가 있을 뿐이다. 물론 그건 내 시가 못나서가 절대 아니요, 나를 좋아하는 후배가 없어서도 아니었다. 나는 지금도 그렇게 믿고 싶다.

그럼에도 불구하고 4월의 개나리가 피고 지고 교정에 새순 돋는 신록의 나무가 싱그러워질 때, 강의실이 화실로 변하는 한 달 남짓의 축제 시화전 준비 기간을 나는 세상의 어떤 때보다 아름다웠던 시간으로 추억한다. 우리는 그런 신록이었다. 축제의 떠들썩한 마당 한편에 시화가 걸려 있다. 국문학과의 시인 지망생은 소란이 소란으로 들리지 않았다. 소란 속의 고요, 고요 속의 파도, 그것이 시화전 아니었던가. 마음의 파도가 말로 튀어나와, 들뜬 학우들을 향해 조용히 소리쳤다. 액자 속의 시화로 잡혀 들어가 앉은 이 아우성—. 단 한 사람이 알아보고, 꽃 한 송이 걸어 주기를 기다리던 신록의 5월 교정 한 모퉁이가 이제도 푸르다.

국문학과에서 지금도 시화전을 하는지 모르겠다. 초대해 주지 않더라도 언젠가 슬쩍 한번 찾아가 보고 싶다. 꽃 한 송이도 준비하겠다. 열심히 쓴 시화 한 편에 달아 주고, 마침 주인공이 거기 있거든 그길로 주점에 데려가 술 한잔 사겠다.

꽃을 품은 남자

나와 달리 세상 무엇보다 귀한 꽃을 받아 품속에 담은 사내가 있다. 신라 말기 진성여왕 때의 거타지(居陀知)이다.

거타지는 활을 잘 쏘는 사내였다. 50명의 호위 군사 가운데 한 사람으로 뽑혀 중국 가는 사신과 함께 배를 탔다. 사신은 신라 진성여왕의 아들이었다. 시절은 저물어 신라 천 년의 사직은 위태로운 막바지였고, 남쪽에서는 견훤이 일어나 기세를 떨치던 때였다. 군사가 50명이나 필요했던 것은 이 때문이었다.

아마도 배는 당진(唐津)에서 출발하였을 것이다. 당진은 중국 당나라로 가는 나루터라 하여 붙은 이름이다. 안산, 인천, 연평도 같은 연안을 거슬러 배가 백령도에 도착할 무렵이었다. 백령도 앞은 장산곶―.

장산곶 마루에 북소리 나더니
금일도 상봉에 님 만나 보겠네.

우리 민요 〈몽금포 타령〉의 첫 절이다. 이 노래는 있는 힘을 주어 처음부터 드세게 불러야 한다. 장산곶과 몽금포는 난바다를 앞에 둔 절경 중의 절경이라 이런 노래가 나올 법하지만, 그 바다가 인당수라는 데서 더 많은 이야기를 낳은 곳이다. 심청이 몸을 던진 바로 그 바다, 이제 배는 연안을 버리고 심청처럼 큰 바다로 나가야 한다.

그런데 갑자기 풍랑이 일었다. 신라 사신 일행은 하릴없이 백령도에 내려 날이 개기만 기다릴 뿐이다. 열흘이나 하염없는 시간이 지나자 일행은 초조해졌는데, '섬 안에 신의 연못'이 있고 거기에 제사를 지내면 어떤 방도를 얻게 되지 않을까, 일행은 머리를 싸맸다. 정성이 통했는지, 그날 밤 사신의 꿈에 서해의 신이 나타나 '활 잘 쏘는 군사 하나를 섬 안에 남겨 두라'는 부탁을 하였다. 그거야 어려울 일 없었다. '활 잘 쏘는 군사'가 50명이나 있으니 말이다. 다만 섬에 버려질 처지가 될 수도 있으니 아무나 함부로 정할 수 없고, 누가 신의 뜻에 맞는지도 시험해야 했다.

"나무 간자 50쪽에다 우리들 이름을 쓰고, 물속에 던져 가라앉는 자로 합시다."

군사들이 그렇게 말하자 사신은 그에 따랐다. 거타지라 쓴 간자가 물속에 가라앉았다. 우리의 주인공 거타지가 홀로 남겨지는 순

장산곶 마루 백령도는 거타지 이야기의 무대이다. 바다 저쪽으로 장산곶이 보인다.

간이다.

　무릇 모든 모험은 자의보다 타의에 의해 정해지기 마련이고, 모험에는 반드시 위기의 순간이 따라온다. 이것이 모험의 정석이다. 순풍이 홀연히 일어나 배는 떠나는데, 거타지는 어떤 일이 일어날지 모르는 상황에서 홀로 남았다. 그런데 갑자기 한 노인이 연못에서 솟아 나왔다.

　"나는 서해의 신이오. 매일 사미승 하나가 해 뜨는 시각에 하늘에서 내려와 다라니(陀羅尼)를 암송하며 이 연못을 세 바퀴 도는데, 우리 부부와 자손들이 모두 물 위로 떠오르는 것이오. 그러면 사미승이 우리 자손을 잡아 간장까지 모조리 먹어 치웠다오. 이제 남은 것

은 우리 부부와 딸 하나뿐이오. 내일 아침 반드시 또 올 터이니, 그
대가 쏴 주시기 바라오."

아, 임무는 바로 이것이었구나. 강력한 적대자가 출현한 것이다.
그러나 활 잘 쏘는 거타지는 두려움 없이 아침을 기다렸고, 주문을
외우며 나타난 사미승을 일격에 쓰러뜨렸다. 늙은 여우가 변한 요
괴였다.

임무를 완수한 거타지에게는 보상이 따랐다. 다름 아닌 신의 딸을
아내로 삼게 되었다. 신이 손수 자기 딸을 꽃가지 하나로 변하게 만
들어 품속에 넣어 주는 것이 아닌가.

꽃으로 변해 품속에 담긴 아름다운 용의 딸―.

이것은 참으로 상징적인 광경이다.『삼국유사』에 나오는 가장 아
름다운 장면이다. 꽃 한번 받아 본 적 없는 나 같은 이가 늘 꾸는 꿈
이다.

백령도 600리 바닷길

백령도가 분단된 우리 조국의 상징처럼 되었지만, 나에게는 거타지
의 백령도, 꽃을 품은 남자의 백령도로 더 각별하다. 그래서 오래전
부터 백령도를 소망하면서도 실행은 여의치 않았다. 정말 '섬 안에
신의 연못'이 있는지 보고 싶었다. 섬까지는 600리 바닷길, 요즘은
쾌속선이 생겨 네 시간 만에 달려간다는데, 그렇게 되기 전에는 배
타고만 열 시간이었다. 이야기 속의 무대를 찾아가는 일 치고 너무
되지 않은가.

때로 항구를 찾지 않은 건 아니었다. 인천 연안부두, 그곳은 영종

도에 공항이 생기기 전까지, 서해 바다에 깔린 크고 작은 섬을 찾는 아름다운 항구였다.

영원과 같은 그러한 것이 아득히 바라뵈는 그러한 꿈길을 끝끝내 돌아온 나의 청춘이요 바쁘게 떠나가는 검은 기선과 몰려서 우짖는 갈매기의 떼

구름 아래 뭉쳐선 흩어지는 먹구름 아래 그대들과 나의 어깨에도 하늘은 골고루 머물러 얼마나 멋이었습니까

꽃이랑 꺾어 가슴을 치레하고 우리 휘파람이나 간간이 불어 보자요 훨훨 옷깃을 날리며 머리칼을 날리며 서로 헤어진 멀고 먼 바닷가에서 우리 한번은 웃음 지어 보자요 (강조는 필자)

그러나 항구의 언덕길을 오르내리면서 조심스런 자국자국 생각하는 건 친구들의 얼굴이 아니었습니다 묵묵한 산이요 우뢰 소리와 함께 폭발할 산봉우리요

희망과 같은 그러한 것이 가슴에 싹트는 그러한 밤이면 무슨 짐승처럼 우는 뱃고동을 들으며 바다로 보이지 않는 바다로 휘정휘정 내려가는 것이요[1]

이용악의 시 「항구에서」다. 어찌 이용악의 느낌뿐이겠는가만, 꿈

백령도 거타지가 홀로 남은 백령도. 분단된 조국의 상징처럼 되었지만, 꽃을 품은 남자, 거타지의 백령도이기도 하다.

길을 끝끝내 돌아온 나의 청춘이, 꽃이랑 꺾어 가슴을 치레하고, 휘파람이나 간간이 불어 보자는 간절한 마음에 다가가기 쉽지는 않다. 시인에게 보이는 풍경이란 묵묵한 산이요, 우렛소리와 함께 폭발할 산봉우리인데, 그런데도 희망과 같은 것이 가슴에 싹트는 밤을 노래한 항구에 나 또한 더러 발길을 준 적이 있었다. 꽃으로 가슴을 치레한 저 시인은 마치 꽃으로 변한 용의 딸을 가슴에 품고 온 거타지 같다고나 할까. 그러나 끝내 나는 꽃은커녕 내가 탈 배를 두고 돌아설 뿐이었다.

그러다 기회가 왔다. 2014년 가을, 백령도 가는 군용 헬기를 탈 일이 생긴 것이었다. 어떤 연유인지 모르지만 나는 몇 해 국방정책 자문위원이라는 어울리지 않는 감투를 쓴 적이 있다. 봄과 가을 두 차례 회의가 열리고, 그럴 때면 전방 부대를 방문하는 행사가 따랐다. 그해 가을의 목적지는 백령도에 있는 해병 부대였다.

앞뒤로 프로펠러가 달린 치누크는 묵직한 헬기이다. 서울에서 출발하여 단 두 시간, 치누크는 서른 몇 해를 두고 그저 마음만 내던 백령도까지 나를 훌쩍 실어 날랐다.

비행기가 내려도 된다는 단단한 모래밭, 그 밑에는 구르고 굴러 맑은 자갈로 변한 해변이 까마득했다. 백령도는 그저 사람이 사는 마을인데, 여느 곳에서는 느끼지 못할 긴장과 평화가 공존하는 섬이었다. 기구한 역사가 도리어 풍경을 아름답게 만든다는 말은 그저 사치에 불과할 것인가. 600리 바닷길을 건너 백령도는 그렇게 다가왔다.

거타지 이야기의 전말

진성여왕과 여성 지도자의 전통

이제 『삼국유사』에 실린 거타지의 이야기를 좀 더 차분히 살펴보기로 하자. 「기이」의 '진성여대왕 거타지' 조이다.

신라 제51대 왕인 진성여왕은 왕실의 세 번째 여왕이다. 고대 3국 가운데 오로지 신라에만 여왕이 있었고, 물론 그 이후로도 우리 역사에 여왕은 없었다. 진성은 마지막 여왕인 셈이다. 다만 그렇게 마지막이 되리라 여기지 않았을 터이고, 한참 앞선 시기에 선덕과 진덕 두 여왕을 가져 본 경험이 있으므로, 혼란 속에 뭔가 반전의 계기를 마련하려 여왕 등극을 시도했다고 볼 수 있다. 그러나 이 조의 머리에 "유모 부호부인(鳬好夫人)과 그 남편 위홍(魏弘) 잡간 등 서너 사람이 신하로서 총애를 받고 권세를 마구 휘둘러 정치가 어지러워졌다"라고 단언한 것을 보면 결과는 좋지 않았다.

사실 우리는 여성 지도자의 우성인자가 면면한 전통과 역사 속에서 살아왔는지도 모른다. 나는 그것을 단군신화에서부터 찾아본 적이 있다. 환웅과 단군으로 이어지는 부자간의 나라 세우기가 단군신화의 줄거리이다. 그러나 단군신화에서 웅녀를 빼고 나면 이야기 전개가 어렵다. 이야기의 출발은 환웅에게 있지만, 새로운 상황을 만들어 내는 열쇠는 웅녀가 쥐고 있다. 곰이 찾아와 사람으로 만들어 달라 했다. 여자가 된 그 곰은 다시 찾아와 이번에는 아이를 낳겠다고 했다. 환웅이 시켜서 사람이 되었다거나, 환웅이 유인해서 결혼하고 단군을 낳았다는 말은 없다. 이렇듯 새로운 문 하나하나를 열어 나가는 역할은 웅녀의 몫이었다.

사람으로 변하는 각고와, 아들을 잉태하는 절실한 노력이 능동적이어서 아름답다. 웅녀는 자신의 목표를 확실히 가지고, 자신의 주장을 대범하게 표현하였다. 거기서 단군이 탄생했다. 이것이 웅녀가 지닌 자발성의 리더십이다. 그런데도 웅녀는 단군의 탄생과 건국 이후에 어디서도 모습을 비추지 않는다. 희생의 리더십이다. 희생이 바탕이 된 자발성의 리더십을 우리는 우리 역사의 첫머리에서 웅녀라는 여성을 통해 발견할 수 있다.

선덕여왕은 신라의 첫 여왕이다. 『화랑세기』에서 '용봉(龍鳳)의 자태와 천일(天日)의 위의'를 지녔다 했고, 『삼국사기』에서는 '성품이 너그럽고 어질며 총명하고 민첩'하다고 했다. 나라 사람들은 '성조황고(聖祖皇姑, 성스러운 혈통을 가진 여황제)'라고까지 했다.

이런 평가가 조금은 고식적이라고 한다면 선덕의 지혜를 말하는 구체적인 에피소드가 『삼국사기』와 『삼국유사』를 통해 전해진다.

단군신화의 곰 처녀는 능동적인 모습으로, 신라의 선덕여왕은 지혜로움으로 우리의 기억에 남아 있다. 그러나 진성여왕까지 그런 전통은 이어지지 않았고, 우리 역사에 여왕은 더는 없었다.

박근혜의 경우

민주공화국에 들어 처음 여성 대통령을 뽑았을 때 우리는 하나를 잃고 하나를 얻었다. 당선자로서 박근혜는 '독재자의 딸'이다. 그런 그를 대통령으로 뽑았다는 데서 국내외의 시선이 곱지만은 않았다. 잃은 것은 그게 다가 아니다.

박근혜는 그냥 독재자의 딸이 아니다. 아버지의 재임 중에 어머니를 잃은 탓이었으나, 그는 어머니의 역할을 대신하며 끝까지 유신독재 체제에 협조했다. 그것은 적극적인 협조였다. 그럼에도 불구하고 그는 독재의 부끄러운 역사를 반성하지 않았다. 도리어 아버지와 그의 정치를 두둔하는 듯한 발언이 구설에 오르기도 했다. 그런 사람을 대통령으로 뽑았으니, 한국의 민주주의가 퇴보하는 것 아니냐는 의심을 받을 만했다.

여성 대통령을 뽑았다는 것은 얻은 점이다. 김대중 전 대통령이 정권 교체를 이루었을 때, 누구보다 중국과 일본의 지식인 그룹이 부러워했다. 비슷한 역사와 문화를 가진 세 나라 가운데, 실로 가장 뒤진다고 여긴 한국이 평화적인 정권 교체를 가장 먼저 이루었으니 그럴 만했다.

여성 대통령의 탄생에 대해 저들은 같은 부러움을 감추지 못했었다. 영국의 대처(Margaret Thatcher), 독일의 메르켈(Angela Merkel)은 먼 나라 이야기라고 치부할 수 있으나, 타이완의 차이잉원(蔡英文)이 여성 총통으로 뽑히는 시대이다. 한국은 한 번 더 이들보다 앞서가는 모습을 보여 준 것이다. 유난히 가부장적인 남성 문화가 강한 동양 3국에서 여성 지도자의 등장은 가히 혁신적이다. 세 나라 모두 역사적으로 여성 지도자의 탄생은 드물었다. 박근혜 대통령의 탄생이 의미 깊은 이유다.

잃은 것과 얻은 것을 헤아리자면 어느 쪽으로 기울지 사람마다 판단은 다르다. 다만 여성 지도자의 등장에 무게를 두고, 긍정적인 의미를 따져 볼 필요가 있다. 의미가 있어야 혁신이고 획기(劃期)이지 않겠는가. 지금은 단군과 같은 신화의 시대가 아니다. 선덕여왕과 같은 전제군주의 시대 또한 아니다. 시대와 체제를 달리한 우리 앞에 이제야 제대로 된 여성 리더십을 검증할 기회가 왔다고 본다면 굳이 나쁠 것은 없다.

그러나 '독재자의 딸'로 남고 말 것인가, 능동과 지혜의 리더십을 발휘할 여성 지도자가 될 것인가. 결과는 오직 박근혜 본인이 하기에 달려 있지만 전망은 그다지 밝지 않다.

진성여왕 시대의 왕거인

여성 대통령에 대해 말하다가 하필 진성여왕으로 말머리를 돌리게 된 점 송구스럽다. 단순히 개인에 대한 평가가 아님만 알아주기 바란다. 역사와 그 평가에 관한 냉엄함을 말할 뿐이다. 『삼국유사』의 '진성여대왕 거타지' 조에는 두 가지 사건이 절묘하게 배치되어 있다. 하나는 왕거인(王居仁)이 주인공이고, 다른 하나는 거타지가 주인공이다. 먼저 왕거인의 사건부터 검토해 본다.

제51대 진성여왕이 조정에 나간 지 몇 년 되었을 때였다. 유모 부호부인과 그 남편 위홍 잡간 등 서너 사람이 신하로서 총애를 받고 권세를 마구 휘둘러 정치가 어지러워졌다. 도적까지 들끓자, 백성들이 이를 걱정하여 '다라니'로 은밀한 문장을 지어 길거리에 내붙였다. 왕과 못된 신하들이 이를 얻어 보고는 말했다.

"왕거인이 아니면 누가 이런 문장을 지었겠느냐?"

그러고 나서는 왕거인을 감옥에 가두었다. 그가 시를 지어 하늘에 호소하였더니, 하늘이 감옥을 뒤흔들었다. 이 때문에 그를 풀어 주었다.

시는 이렇다.

연나라 단(丹)이 피 흘려 우니 무지개가 해를 뚫었고
추연(鄒衍)이 슬픔을 머금으니 여름에도 서리가 내렸네
이제 내가 길을 잃음이 예와 같으나
하늘은 어쩐 일로 좋은 소식 주지 않는가

'다라니'는 이렇다.

"남무망국(南無亡國) 찰니나제(刹尼那帝) 판니판니소판니(判尼判尼蘇判尼) 우우삼아간(于于三阿干) 부이사바가(鳧伊娑婆訶)."

설명해 보이면, '찰니나제'는 여왕을 말하고, '판니판니소판니'는 두 사람의 소판을 말하는데 소판은 벼슬 이름이다. '우우삼아간'은 서너 명의 총애 받는 신하를 말하고, '부이'는 부호부인을 말한다.

'다라니로 지은 은밀한 문장'이 화근이었다. 다라니는 불교의 언어지만, 누군가 문장의 한두 글자를 바꿔 민요에서 말하는 참요(讖謠)를 만들었는데 왕과 측근을 야유하고 풍자하는 데 그 목적이 있었다. 총애 받는 신하들이 권세를 마구 휘둘러 정치가 어지러워지고 도적까지 들끓었기 때문이다. 이런 글을 지은 이로 왕거인이 지목되었다.

그런데 정작 왕거인이 이 글을 지었는지는 조금 모호하다. 왕거인이 하늘에 호소하기 위해 지은 시에 '길을 잃었다' 했지만, '예와 같다'고 예를 든 사람들의 경우는 한결같이 억울하다. 단은 전국시대 연나라의 태자이다. 진나라와 대립하는 가운데 형세가 불리해지자 아버지는 아들 단의 목을 베어 진나라에 보냈다. 추연은 전국시대 제나라의 사람이다. 연나라 소왕(昭王)은 그를 스승으로 섬겼는데, 아들 혜왕(惠王)이 남의 참소를 믿고 옥에 가두었다. 자신이 한 일이지만 옳은 길을 위한 충성이 통하지 않는다는 말일까, 하지도 않은 일에 억울하게 누명을 썼다는 말일까.

다만 간절한 호소에 하늘이 감옥을 뒤흔들었다니, 이 시절에는 그나마 하늘이라도 살아 있었나 보다.

진성여왕 시대의 거타지

왕거인에 이어 거타지의 이야기가 나온다. 이는 앞서 간략히 소개한바이다. 이제 본문에 들어가 좀 더 자세히 살펴보자.

이 왕 때 아찬 양원(良員)은 왕의 막내아들이다. 당나라에 사신으로 가는데, 백제의 해적이 뱃길을 막고 있다고 들었다. 활 쏘는 병사 50인을 뽑아 따르게 하였는데, 배가 곡도(鵠島)에 이르자 바람과 파도가 크게 일었다. 열흘 가까이 머무르게 되자, 공이 근심스러워 사람을 시켜 점을 치게 하였다.

"섬 안에 신의 연못이 있습니다. 거기에 제사를 지내면 된다고 합니다."

그래서 연못 위에 제수를 갖추었더니, 연못의 물이 한 길 높이나 치솟아 올랐다. 그날 밤 꿈에 한 노인이 공에게 일렀다.

"활 잘 쏘는 사람 하나를 이 섬 안에 남겨 두시오. 순풍을 만나 가실 게외다."

공이 깨어나 이 일로 주변 신하들에게 물었다.

"누구를 머물게 하면 될꼬?"

"나무 간자 50쪽에다 우리들 이름을 쓰고, 물속에 던져 가라앉는 자로 합시다."

모두들 그렇게 말하자 공은 그대로 따랐다. 군사 가운데 거타지라는 이름이 물속에 가라앉으므로 그를 남겨 두었다. 순풍이 홀연히 일어나니, 배가 나가는 데 아무런 장애가 없었다.

진성여왕의 아들 양원이 당나라에 사신으로 가는 이야기의 첫 부분이다. 여기서 양원은 판본에 따라 양정(良貞) 또는 양패(良貝)라고도 나온다. 원(員)-정(貞)-패(貝)의 글자가 비슷한 데서 나온 오류이다. 아마도 양정이 맞을 듯싶은데, 일단 여기서는 양원이라 부르기로 한다.

백령도 백사장

여왕의 재위 연도가 887~896년이고, '백제의 해적' 견훤이 깃발을 올린 것이 892년이니, 양원이 사신으로 간 해는 892~896년 사이라고 할 수 있다. 해적 때문에 궁수 50인을 대동했는데 거타지는 그 가운데 한 사람으로 동행하였다. 곡도는 "이 지방 말로 골대도(骨大島)라 한다"라는 일연의 주석을 참고하면 지금의 백령도이다. 당진에서 출발했을 배가 연안을 따라 거슬러 드디어 난바다로 나아가야 할 지점이다. 난바다의 첫머리가 인당수 아닌가. 심청이 산목숨으로 매장당해야 했던 거친 바다. 아니나 다를까, 바람과 파도가 일행을 막았다.

그러나 위기의 원인은 자연재해가 아니었다. 뭔가 사연을 지닌 서해 용이 부리는 조화였던 것이다. 용의 부탁은 활 잘 쏘는 궁사 한 명을 남겨 두라는 것, 50명이나 되는 궁사가 있으니 한 명쯤 덜어 주기 어려운 일 아니었으나, 간자에 적힌 이름이 물에 가라앉는 자로 한다는 신중한 방법을 택하는 모양새가 점잖다. 홀로 남는다는 것은 곧 죽는 일이나 다름없으니, 그나마 격식이라도 차려 주자는 것일까. 말이 좋아 격식이지 그래 봐야 희생양이지만, 거타지는 순순히 명령을 따랐다. 길을 떠난 자가 도중에 만나는 절체절명의 위기이다.

거타지는 홀로 섬에 남았다. 그런데 갑자기 한 노인이 연못에서 솟아 나왔다.

"나는 서해의 신이오. 매일 사미승 하나가 해 뜨는 시각에 하늘에서 내려와 다라니를 암송하며 이 연못을 세 바퀴 도는데, 우리 부부와 자손들이 모두 물 위로 떠오르는 것이오. 그러면 사미승이 우리 자손을 잡아 간장까지 모조리 먹어 치웠다오. 이제 남은 것은 우리 부부와 딸 하나뿐이오. 내일 아침 반드시 또 올 터이니, 그대가 쏴 주시기 바라오."

"활 쏘는 일은 내가 잘합니다. 시키는 대로 하지요."

거타지가 그렇게 말하자 노인은 인사를 하면서 사라졌다.

거타지는 숨어 엎드려 날이 밝기를 기다렸다. 해가 떠오르자 사미승이 과연 오는데, 이전처럼 주문을 외우면서 늙은 용의 간을 빼려고 하였다. 그때 거타지가 정확히 활을 쏘자, 사미승은 곧 늙은 여우로 변해 땅에 떨어져 죽었다. 그러자 노인이 나와 감사하며 말했다.

"그대의 은혜를 받아 내가 목숨을 부지하였으니, 내 딸을 아내로 삼기 바라오."

"대가(代價)가 있으리라 생각하지 않았으나, 그거라면 바라는 바이올시다."

노인은 자기 딸을 꽃가지 하나로 변신시켜 품속에 넣어 주었다. 그러고는 두 마리 용에게 거타지를 모시고 사신들이 탄 배까지 가도록 하였다. 게다가 그 배를 호위하며 당나라 국경에 이르자, 당나라 사람들이 신라 배가 두 마리 용의 지킴을 받으며 오는 것을 보았다. 이 일을 갖추어 위에 보고하니 황제가 "신라의 사신들은 반드시 비상한 사람들일 것이야"라고 말하고, 여러 신하들의 윗자리에 앉혀 잔치를 베풀어 주었으며, 금과 비단으로 후하게 상을 주어 보냈다.

귀국한 다음 거타지는 꽃가지를 꺼내 여자로 변하게 하고 함께 살았다.

이제 이야기는 본격적으로 거타지에게 넘어가 전개된다. 홀로 남은 그에게 서해의 신이라 밝힌 노인이 나타나 도움을 요청한다. 사미승 차림의 악한이 자신을 괴롭히고 있으니 처치해 달라는 것이다. 상황은 그다지 어렵지 않다. 물론 서해의 신도 꼼짝 못하는 사미승을 대적하기가 쉽지만은 않겠으나, '활 잘 쏘는 주인공' 거타지로서는 자신의 능력을 과시할 기회이다. 영웅으로 재탄생하는 것이다.

서해의 신은 거타지에게 어떤 존재일까? 도움을 청한다는 점에서는 위기 극복의 과제를 주인공에게 던져 주는 인물이지만, 위기의 극복 이후에는 조력자로 바뀐다. 이중의 역할이다.

위기가 극복되자 당연히 대가가 따른다. 서해의 신은 자기 딸을 내준다. 이 장면은 참으로 인상적이다. 나는 이미 "품속의 꽃가지를 꺼내 아내로 맞이하는 마지막 줄은 기막히게 아름답다"[2]라고 썼거니와, 어느 강연 자리에서 소설가 윤후명은 자신이 읽은 『삼국유사』의 모든 대목 가운데 "가장 기억에 남는다"라고 했는데, 어쩌면 그다지 견해가 일치하는지 놀라웠다. '꽃을 품은 남자'를 부러워하기는 나만이 아니었다.

두 이야기가 놓인 위치

사실 '진성여대왕 거타지' 조는 여기 실린 두 이야기가 같은 비중을 차지하고 있다고 보기 어렵다. 왕거인의 이야기는 거타지의 이야기를 위한 서곡이라 하는 편이 좋겠다.

특히 『삼국유사』의 「기이」 편에서 일연이 흔히 구사하는 글쓰기는 '한 왕대 한 사건'임을 누누이 밝힌 바 있다. 가장 상징적인 사건

하나를 뽑아 그 시대의 의미를 오롯이 살리는 방법이다. 진성여왕의 시대는 거타지의 사건으로 설명이 가능하다. 이 이야기를 하자면 전제되는 기술이 필요한데, 왕거인의 이야기는 배경으로서 뒷이야기를 끌어온다.

나는 이것을 "참으로 절묘한 수순(手順)"[3]이라고 밝힌 바 있다. 왕거인의 옥살이는 두 가지 정보를 우리에게 전한다. 사회가 그만큼 어지러웠다는 점, 그리고 억울한 희생자가 나왔다는 점. 짙게 깔린 이 암울한 배경 위에 "새로운 나라가 준비되고 있음을 알리는 상징적인 인물"[4]인 거타지가 누벼진다.

새로운 나라란 고려이고 상징적인 인물은 작제건(作帝建)을 떠올리게 한다. 그래서 나는 "새 나라 탄생의 빛을 실어 주려는 일연의 붓끝이 보이는 듯"[5]하다고까지 썼었다. 작제건은 왕건의 할아버지이다.

그런데 거타지가 작제건이라면, 왕건이 벌써 10대 소년으로 성장한 진성여왕 때 작제건이 사신을 호위하는 청년으로 뽑혀 가고 있으니 앞뒤가 잘 맞지 않는다. 앞서 거타지의 일은 892~896년 사이에 벌어졌다고 밝혔었다. 왕건은 877년생이다.

왕건의 세계(世系)에는 네 가지 설화가 등장한다. 이 가운데 호경이 산신으로 변하는 설화 1은 예외이지만, 보육과 그의 딸 진의가 등장하는 설화 2와 설화 3은 김유신과 누이동생 문희가 등장하는 김춘추와의 결혼담과 닮았고,[6] 설화 4는 작제건과 거타지를 견주게 한다. 문희와 거타지 모두 『삼국유사』에 실린 이야기이다. 나중에 『고려사』의 편찬자가 왕건의 세계 속으로 이 설화를 집어넣은 이유

표 3_왕건 가계도와 관련 설화

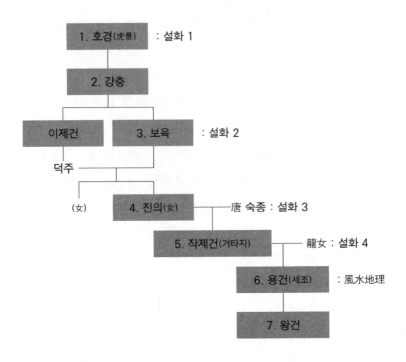

는 항간에 떠도는 영웅적 설화가 왕실의 격을 높이는 데 기여할 것
이라 판단했기 때문이다. 알다시피『고려사』는 조선조에 들어 편찬
되었다. 유교적 지식 메커니즘에 훈련된 편찬자들일지라도 설화적
인 인물이 권위를 부여한다는 사실을 모르지 않았다.

　일연은 이미 이런 사정을 알고 있었으리라. 진의와 문희는 시기상
아주 먼데도 비슷함이 느껴지는데, 작제건과 거타지는 가까운 편이
어서 더욱 모종의 유비(類比)를 느끼게 한다. 진의를 문희로, 작제건
을 거타지로 보려는 시도는 해 볼 만하다. 문무왕을 낳아서 신라가

삼국 통일의 위업을 달성토록 한 여자가 문희 아닌가. 거타지는 더욱 새로운 세상의 상징이다. 또 한 가지 호경에서 왕건까지, 『고려사』는 7세에 걸친 계통을 나열했지만, 엄밀히 따지면 5세 작제건부터 부계(父系) 혈통이 달라졌음을 주목해 보자. 왕건은 중국계 4세이다. 일연은 이 점 또한 알았을 것이다.

알면서 배치한 데는 분명한 의도가 있다. 물론 일연은 문희가 진의라든지 거타지가 작제건이라고 한마디도 하지 않았다. 그렇기에 재미있다. 왕건의 조상 가운데 새로운 시대를 만들어 낸 두 인물, 곧 진의와 그의 아들 작제건이 설화상의 어떤 인물이나 사건과 맥을 같이한다는 말은 어디까지나 암시로 그쳐야 한다. 암시를 통해 더욱 그럴듯하다고 믿게 하는 스토리텔링의 기법을 일연은 잘 알고 있었다.

거타지와 작제건 그리고 모험

작제건이라는 인물

이제 본격적으로 작제건을 살펴보아야겠다. 거타지와 매우 유사한 인물, 『고려사』의 첫머리인 「고려세계(高麗世系)」에 나오는 왕건의 할아버지이다.

작제건은 당나라 숙종과 진의의 아들로 태어났다. 숙종이 아직 왕위에 오르기 전, 천하를 유람하다가 고려에서 진의라는 아가씨를 만난다. 진의는 왕건의 증조할머니이다. 바람 같은 이 사내는 본국으로 떠나 버리고, 홀로 된 진의가 아들 작제건을 키웠다. 성인이 된 작제건은 아버지를 찾기 위해 배를 타고 바다에 나갔는데, 풍랑을 진정시키는 제물로 바다에 몸을 던졌다. 절체절명의 이 위기 속에 도리어 서해 용왕을 도와 늙은 여우를 퇴치한 대가로, 용왕의 딸과 일곱 가지 보물, 돼지를 얻어 돌아왔다.

표 4_거타지와 작제건의 공통점과 차이점

	거타지	작제건
공통점	▶ 배를 타고 바다를 건너던 중 용왕을 만남 ▶ 용왕이 승려의 모습을 한 늙은 여우를 물리쳐 달라 부탁함 ▶ 활을 쏘아 늙은 여우를 물리침 ▶ 용왕의 딸인 용녀를 부인으로 맞아들임	
차이점	주인공의 신분	
	▶ 진성여왕의 막내아들인 김양정의 호위 군사 중 한 명	▶ 당의 왕인 숙종의 아들
	주인공의 성격과 기질	
	▶ 수동적인 성격 ▶ 용왕에게 아무것도 요구하지 않음	▶ 적극적인 성격 ▶ 용왕에게 많은 것을 요구함 　(칠보, 버드나무 지팡이, 돼지 등)
	여정의 목적	
	▶ 신라 사신의 호위 군사	▶ 개인적인 목적(아버지를 만나기 위해)

　이렇듯 이 이야기 속의 작제건은 거타지와 아주 닮았다. 송악(松嶽)에 정착해 살다가 아내와의 약속을 어겨 절에서 혼자 살다가 죽는다는 말년이 다를 뿐이다.[7] 위 〔표 4〕를 통해 비교해 보자.

　먼저 눈에 띄는 공통점은 서해의 신(용왕)이 주인공에게 부탁하여 여우를 퇴치한다는 이야기의 절정 부분이다. 신과 용왕이라는 강력한 존재임에도 불구하고 한낱 인간인 거타지와 작제건에게 여우 퇴치를 부탁하는 것은 언뜻 보기에 이치에 맞지 않아 보인다. 척박한 시대에 새로운 나라를 세우는 위인을 기다리는 백성의 마음이 용왕이라는 존재에 투영된 것이다.[8] 두 이야기 모두 나말여초를 배경으로 하고 있음을 감안하면, 악한 사미승(여우) 퇴치는 구 왕조(신라)의 몰락을 원하는 백성의 바람이다. 풍랑을 잠재우기 위해 스스로 제물이 된 주인공은 시대의 풍파 혹은 백성을 위해 몸을 희생하는 구원자의 모습을 보인다.

또한 두 사람 모두 활을 잘 쏜다는 특징을 가지고 있다. 이는 고구려의 고주몽 설화에서도 보이는 특징인데, 활을 잘 쏜다는 덕목은 어지러운 세태를 진정시키고 새 나라를 세울 수 있는 조건으로 보인다. 이렇듯 '활을 잘 쏘는 시조'는 고려를 넘어서서 조선 태조 이성계에게서도 보이는 모습이다.[9]

그러나 세부적으로 보면 차이점도 있다. 먼저 작제건 설화에는 거타지 설화에서 찾아볼 수 없는 상세한 탄생의 경과가 쓰여 있다. 작제건 설화는 그가 당나라 숙종과 보육의 막내딸인 진의 사이에서 태어난 아이라는 이야기부터 시작되는데, 그 과정에서 『삼국유사』에 보이는 몇 가지 설화를 발견할 수 있다. 산에서 소변을 보니 오줌이 천하에 넘치는 꿈을 꿨다는 언니에게서 진의가 꿈을 산 이야기는 문희와 흡사하다. 통찰력을 가진 여인이 승리한다는 내용이다. 작제건 설화에 이 대목이 들어간 이유는 당 황제로 묘사된 작제건의 아버지는 물론 어머니도 평범한 사람이 아니었음을 보여 주기 위해서이다.

가장 큰 차이는 결말 부분이다. 거타지와 작제건이 서해의 신 또는 용왕의 딸을 아내로 맞은 것은 같다. 그러나 사행(使行)의 임무를 마치고 당나라 황제에게 많은 상을 받고 돌아오는 거타지와 작제건은 다르다. 작제건은 아내인 용녀가 용궁으로 돌아갈 때 엿보지 않겠다고 약속해 놓고 이를 어기고 만다. 결국 아내는 어린 딸을 데리고 용으로 변해 우물로 들어간 후 돌아오지 않았다. 작제건은 결국절에서 불교 경전을 읽다가 죽는다는 슬픈 결말을 맞는다.

영웅적 삶을 살았던 작제건이 굳이 슬픈 결말을 맞는 이유는 무엇일까? 이 이야기는 「선녀와 나무꾼」과 흡사한데, 왕건의 할머니인 용녀에게는 선녀 같은 신비성을 더할 수 있고,[10] 나무꾼 신세의 작제건은 백성에게 동정심을 얻을 수 있다. 신격화를 위한 왕실의 족보이지만 그와 동시에 백성과 유리되지 않는 장치를 마련한 셈이다. 거타지 설화를 기본 뼈대로 두되, 추가한 이야기를 통해 현실성을 가미한 것이다.

모험 이야기의 진수

두 사람이 등장하는 자료의 의도가 어디에 있었건 여기서 우리가다시 읽는 거타지와 작제건은 한마디로 모험의 주인공이다. 거타지이야기를 다시 정리해 보면 이렇다.

❶ 거타지는 사신으로 가는 왕자의 호위 군사로 뽑혀 집을 떠난다.
❷ 바람과 파도를 막을 제물이 되어 섬에 홀로 남는다.
❸ 섬에 사는 서해의 신이 나타나 자신과 가족을 지켜 달라고 부탁한다.
❹ 거타지는 사미승으로 변장한 늙은 여우를 활로 쏴서 죽인다.
❺ 용은 자기 딸을 꽃가지 하나로 변신시켜 품속에 넣어 준다.

그렇다면 이 이야기가 어떻게 모험담으로 받아들여지는가. 우선 이야기가 여로에서 발생하였다. 거타지는 사신으로 가는 왕자의 호위 군사로 길을 떠났다. 제물로 섬에 홀로 버려진다. 위기이다. 그런 거타지에게 서해의 신이 도움을 요청한다. 이때 적대자로서 늙은 여우가 등장하였다. 본격적인 위기이다. 그러나 그는 이 위기를 벗어날 수 있는 출중한 활 솜씨의 소유자이다. 성공한다. 당연히 보상이 따른다. 원문에서는 ❹와 ❺ 사이에 보상으로서 서해의 신이 거타지에게 베풀어 주는 조치가 나열된다. 거타지와 서해의 신 사이에는 조력자/수혜자의 관계가 매우 긴밀하게 교차되면서 이어진다. 이제 귀환이다. 여기서 서해의 신은 적극적인 조력자의 역할을 한다. 거타지가 귀국한 다음 꽃가지를 꺼내 여자로 변하게 하고 함께 살았다는 대목으로 마무리된다.

전형적인 한 편의 모험 이야기이지 않은가. 기실 한 사람의 평범한 궁수(弓手)가 작지만 작지 않은 영웅으로 다시 태어나는 순간이다. 어쩌면 『삼국유사』의 이야기 가운데 모험담의 진수가 아닌가 한다.

한편, 거타지를 작제건의 이야기와 비교해 보면, 이 이야기는 더욱 확장될 가능성을 가지고 있다. 다음 페이지의 〔표 5〕를 보도록 하자.

거타지에게 없는 탄생담이 작제건을 통해 보완될 수 있다. 비범한 영웅의 탄생이 상정되는 것이다. 사신의 호위 군사일지 아버지를 찾아가는 아들일지, 주인공의 캐릭터를 설정하다 보면 이 두 가지를 모두 가져다 쓸 수 있다. 이렇게만 해도 이야기가 무척 풍성해진다.

표 5_거타지와 작제건 비교

	거타지	작제건
탄생	-	당나라 숙종과 진의의 아들
능력	활 솜씨	육예(六藝), 그중 특히 글씨, 활 솜씨
탈일상	당나라 사신으로 길을 떠남	아버지를 찾기 위해 길을 떠남
	풍랑을 진정시키기 위해 거타지가 섬에 남음	풍랑을 진정시키기 위해 작제건이 바다에 몸을 던짐
협력자	서해의 신	서해 용왕
시련	사미승(여우) 퇴치	늙은 여우 퇴치
해결 방법	활로 쏴 죽임	활로 쏴 죽임
보상	꽃(아내)	아내
	금, 비단 등 상	일곱 가지 보물, 돼지

백령도라는 운명의 장소

누구든 잠시라도 백령도에 머물러 보면 우리 근대사의 아스라한 아픔을 단박에 느낄 수 있다. 감흥이라기보다 충격이 더하다. 이토록 아름다운 섬이 언제 터질지 모르는 총구에 휩싸여 있다. 그러기에 거타지의 목숨을 건 싸움이 더 실감 날지 모르겠다.

백령도에는 서해의 신이 살았다는 연못이 보이지 않았다. 연못은 지금의 군부대일까? 더러 총성이 들리는 것은 주변에 못된 여우가 돌아다니고 있어서일까?

돌아오는 길에 연평도 근처를 유심히 살펴보았다.

백령도 가는 길 강화도의 마니산에서 바라본 서해. 저 너머에 연평도 앞바다가 있다.

저 멀리가 해주 앞바다고 거기에는 용당포가 있을 것이다. 그래서 생각나는 두 편의 글.

스베틀라나 알렉시예비치(Светлана Алексиевич)는 2015년 노벨 문학상 수상자이다. 『전쟁은 여자의 얼굴을 하지 않았다』가 번역되어 있는데 한 대목을 읽다가 그 참담함에 책을 덮은 적이 있다.

독일군의 추격을 피해 은신한 여성 대원들 사이에 갓난아이의 엄마가 있었다. 통신병이었다. 배고픔과 추위에 떨며 아이는 울음을 그치지 않았다. 엄마가 먹은 것이 없으니 젖이 나올 리 없었다. 추격대가 아이의 울음소리를 듣는 날이면 30여 명의 대원은 고스란히 몰살이다. 지휘관은 고심 끝에 아이를 죽이기로 결단한다. 그런 결정을 내리는 지휘관의 암담한 처지를 딱해 하기에는 더욱 참담한 다음 장면 때문에 겨를이 없다.

　누구도 지휘관의 결정을 아이 엄마에게 차마 전하지 못하고 망설이는데, 그녀가 스스로 알아차리더군. 아이를 감싼 포대기를 물속에 담그더니 그대로 한참을 있었어……. 아기는 더는 울지 않았지……. 아무 소리도 내지 않았어……. 우리는 차마 눈을 들 수가 없었어. 눈을 들어 아기 엄마를 마주 대할 수도, 서로의 얼굴을 바라볼 수도 없었지…….

　현장을 전하는 알렉시예비치의 치밀한 묘사 때문만은 아니다. 마치 같이 겪기라도 한 것처럼 한눈에 들어오는 장면이 몸서리치게 한다. 『전쟁은 여자의 얼굴을 하지 않았다』를 펼쳐 보면, 이 대목은 책의 초반부 '출판 검열관과 나눈 대화에서'에 실려 있다. 검열관은 알렉시예비치에게, "선생은 지금 유치한 사실주의로 여성을 모욕하고 있소. 우리 여성 영웅들의 명예를 훼손했소"라고 말한다. 아마도 그래서 검열에 걸려 삭제된 부분이었을 것이다. 도대체 무엇이 모욕이고 명예 훼손이란 말인가. 국가주의 이데올로기에 겹겹이 싸인 눈에는 그렇게 보였을 것이다.
　사실 우리에게도 이런 경험의 역사가 아주 비슷한 시기에 남아 있다. 김종삼의 시 「민간인」이 그 증언자이다.

1947년 봄

심야(深夜)

황해도 해주의 바다

이남과 이북의 경계선 용당포

사공은 조심조심 노를 저어 가고 있었다.

울음을 터뜨린 한 영아(嬰兒)를 삼킨 곳.

스무 몇 해나 지나서도 누구나 그 수심(水深)을 모른다.

남북 분단 이후 월남한 사람들 사이에 용당포의 이런 비극은 드물지 않았다. 김종삼의 시를 통해 알렉시예비치가 전하는 지구 저편의 현장을 겹쳐 볼 수 있는데, 전쟁터에서 왜곡된 여성의 모습을 안타까워하는 것이야 인지상정이나 그나마 총이라도 든 군인의 신분이었던 그들과 달리 이 시에서의 주인공은 맨손의 민간인이다. 비극이라면 훨씬 더 비극이다. 김종삼이 시의 제목을 뜬금없이 「민간인」이라 붙인 까닭이다.

이 땅의 역사에는 희비(喜悲)의 곡선이 절절이 켜켜이 깊은 느낌으로 누벼져 있다. 이에 대한 진실한 기록은 우리의 심연에 울림을 준다. 장엄한 울림이다.

백령도를 떠나며 궁수 거타지가 이 시대의 무엇일까, 곰곰 생각한다.

꽃을 품은 남자, 거타지와 덕수

이야기를 마무리하며 앞서 프롤로그에 소개한 〈국제시장〉을 다시 떠올려 본다. 덕수는 왠지 거타지와 닮았다.

덕수는 두 번 집을 떠났다. 처음은 독일 광부―. 머리 좋은 동생이 서울대에 합격하자 돈이 필요했다. 항만 노무자 벌이로는 가장의 책임을 다할 수 없었다. 다음은 베트남 상인―. 여동생을 시집보내고 고모의 가게를 인수해야 했다. 가게는 반드시 그 자리에 있어야 하기 때문이다.

두 번의 떠남 모두 자의가 아니었다. 거타지가 궁수로 뽑혀 중국으로 떠나고, 제비뽑기에 걸려 섬에 홀로 남는 것과 같다. 영웅담이나 모험 이야기의 전형적인 틀이다. 독일의 탄광 막장은 마치 백령도의 호수 같다.

〈국제시장〉의 한 장면과 〈감자 먹는 사람들〉 독일 탄광 막장에서 식사를 하는 〈국제시장〉의 한 장면(왼쪽)과 고흐의 그림 〈감자 먹는 사람들〉(오른쪽)은 여러 가지 측면에서 유사한 느낌을 자아낸다. 〈감자 먹는 사람들〉은 1885년 캔버스에 유채로 그려졌고 암스테르담의 반 고흐 미술관에 소장되어 있다.

〈국제시장〉의 한 장면 주인공 덕수는 착하고 억척스러우며 아름다운 영자를 만나고, 영자는
아름다운 꽃을 들고 덕수 앞에 선다. 덕수 역시 거타지처럼 꽃을 품은 남자다.

막장 안에서 식사를 하는 장면은 〈국제시장〉에서 압권이다. 나는
마치 고흐의 〈감자 먹는 사람들〉 같은 느낌을 받았다. 이 그림에 대
해 철학자 이주향은 다음과 같이 말한다.

주름진 얼굴, 불거진 광대뼈에 가려 있던 농부들의 순한 눈이 들어
옵니다. 그들의 눈은 눈망울이라 해도 좋을 만큼 순하디순한 소의 눈을
닮지 않았습니까? 그리고 또 보입니다. 나무의 뿌리처럼 불거진 심줄
의 손으로 세상에서 가장 맛난 감자를 먹는 사람들의 온전한 식욕이.[11]

이 말을 〈국제시장〉의 저 식사 장면의 해설로 써도 좋으리라. 순
한 눈과 그런 눈을 가진 사람만이 가진 온전한 식욕—. 그러나 그
곳은 막장이고, 순리에 따라 서러움을 벗어 버리고 떠난 먼 이국이
다. 거타지가 백령도에 홀로 남아 느꼈을 그 적막함과 다르지 않다.
그들의 선한 마음이 자신을 더 서럽지 않게 하고, 가족을 살려 내게

했을 뿐이다.

그런데 덕수와 거타지에게 공통적으로 나타나는 것 한 가지 더. 둘 모두 꽃을 품었다는 사실이다. 거타지가 서해 용의 부탁대로 괴승을 물리치자 용은 자기 딸을 아내로 삼게 하였다. 꽃나무 가지로 변신시켜 거타지의 품에 담아 주지 않았던가. 덕수는 착하고 억척스러우며 아름다운 파독(派獨) 간호사 영자를 만난다. 사랑에는 둘 다 숙맥이었건만, 종내 영자는 아름다운 꽃을 들고 덕수 앞에 섰다.

꽃을 품은 남자, 덕수와 거타지이다. 모험의 끝에 찾아온, 세상에서 가장 아름다운 장면이다.

주

1. 이용악 저, 이경수, 곽효환, 이현승 편, 『이용악 전집』, 소명출판, 2015, p. 659.

2. 고운기, 『우리가 정말 알아야 할 삼국유사』, 현암사, 2002, p. 294.

3. 위의 책, pp. 289~291.

4. 위의 책, p. 291.

5. 위의 책, p. 294.

6. 『삼국유사』의 '태종 춘추공' 조에, 언니 보희가 꿈에 서악(西岳)에 올라가서 오줌을 누었더니 오줌이 서울에 가득 찼는데, 이튿날 아침에 아우 문희에게 꿈 이야기를 했더니, 문희가 "내가 이 꿈을 사겠어요"라고 했다는 기사이다. 나중 왕비가 된 문희는 김춘추와의 사이에 문무왕을 낳는다.

7. 민지(閔漬)의 『편년강목(編年綱目)』에는 다소 차이 나는 이야기가 나온다. 작제건의 아버지가 선종(宣宗)일 수도 있다는 가능성을 제시한 점, 작제건이 당나라에 사신으로 가던 신라 김양정의 배를 빌려 탔다는 점, 서해 용왕이 아니라 아내가 될 용녀가 작제건에게 도움을 청했다는 점, 그 용녀가 도움을 청할 때 작제건이 불경을 쓰며 문인적 성향을 보였다는 점 등이다.

8. 박철완, 「거타지 설화의 상징성 고찰」, 『청람어문교육』, 청람어문학회, 1988, pp. 251~259. 박철완은 서해 용왕이 피지배자(민중), 사미승이 지배자(진성여왕, 불교), 거타지가 민중의 영웅으로 상징될 수 있다고 보았다.

9. 『조선왕조실록』, 「태조실록」에 태조가 젊었을 때, 정안옹주가 담 모퉁이에 다섯 마리의 까마귀가 있는 걸 보고 태조에게 쏘기를 청하니, 태조의 한 발에 다섯 마리의 까마귀가 모두 떨어졌다는 기사가 보인다.

10. 『고려사』의 「고려세계」에는 이제현의 찬(贊)이 붙어 있는데, 『성원록(聖源錄)』에 흔강대왕(昕康大王)의 부인 용녀는 평주인(平州人) 두은점 각간의 딸이라는

기록이 추가되었다. 이 기록처럼 용녀의 출신은 고려 말 당시에도 밝혀져 있었기에, 나름의 신비성을 더할 필요가 있었을 것이다.

11.《경향신문》 2011. 3. 28.

제3장

주몽
― 불퇴전의 개척 정신

『삼국유사』 '고구려' 조를 다시 보다

『삼국유사』 '고구려' 조

일연은 '고구려'라는 제목으로 실은 조의 대부분을 주몽 이야기로 채웠다. 사실 주몽 이야기는 '고구려' 조의 전부라고 할 수 있다. 『삼국유사』의 「기이」 편에 주몽 이외의 고구려 이야기가 더 나오지 않는 것이 아쉬울 따름이다.

고구려는 바로 졸본부여이다. 지금 화주(和州)라거나 성주(成州)라고 하는 이가 있는데 모두 잘못이다. 졸본주(卒本州)는 요동의 경계에 있다.

아쉽게도 '고구려' 조의 첫 대목 이 세 문장이 일연의 입으로 직접 말하는 고구려의 전부나 마찬가지이다. 물론 「탑상」 편에 요동성의 육왕탑을 소개하는 대목이 있기는 하지만 그것은 불탑의 전래에 대

중원 고구려비 충주에 있는 이 비석으로 인해 우리는 고구려가 영토를 남쪽으로 얼마만큼 넓혔는지 알 수 있다.

한 이야기일 뿐이다.

아쉬움에 입안이 좀 떨떠름한 사이 주몽의 이야기가 이어지는데, 먼저 『삼국사기』에서 인용하였고, 이어서 『주림전(珠琳傳)』의 한 대목을 소개하였다.

『삼국사기』에서 인용한 부분부터 읽어 보기로 하자.[1]

시조 동명성제는 성이 고(高)씨이고, 이름은 주몽(朱蒙)이다.

이보다 앞서 ①북부여의 왕 해부루가 …[A]… ②동부여로 자리를 피한 다음, 부루가 죽고 금와가 왕위를 이었다. 이때 태백산의 남쪽 우발수(優渤水)에서 한 여자를 만났다.

"나는 하백(河伯)의 딸이요, 이름은 유화(柳花)입니다. 여러 동생들과 나와 노닐 때에 한 남자가 자신은 하늘님의 아들 해모수라 하고, 나를 웅신산의 아래 압록강변에 있는 집안으로 꾀어 관계를 맺고, 가서는 돌아오지 않았습니다.[a] 부모님께서는 절차도 없이 남자를 따라갔다고 꾸짖으며 이곳에 가두었습니다."

금와는 이를 기이하게 여겨 방 안에 깊이 가두었다. 그런데 햇빛이 비추자 몸을 움직여 피하게 했으나 해 그림자가 또 쫓아와 비추는 것이었다. 이 때문에 잉태하여 알 하나를 낳았거니와 크기가 다섯 되쯤 되었다.

왕은 알을 버려 개와 돼지에게 주었는데 다들 먹지 않았고, 또 길거리에 버렸는데 소나 말이 피해 갔으며, 들판에 버렸더니 새와 짐승들이 덮어 주었다.

왕이 쪼개 보려 했으나 깰 수가 없어 결국 어미에게 돌려주었다. 어미가 물건으로 싸서 따뜻한 데 두었더니, 아이 하나가 껍질을 깨고 나오는 것이었다. 골격과 겉모습이 헌걸차고 우뚝했다. 나이 겨우 일곱 살에 헌칠하여 비상했고, 활과 화살을 만들어 쏘는데, 백이면 백 명중이었다. 세간에서 활 잘 쏘는 사람을 '주몽'이라 하였으므로, 이를 가지고 이름을 지었다.

금와에게는 일곱 아들이 있었다. 평소 주몽과 더불어 노는데, 기술이며 실력이 따라가지 못했다. 큰아들 대소가 왕에게, "주몽은 사람이 낳은 바가 아닙니다. 일찌감치 조치하지 않으면 뒷날 근심거리가 될까 두렵습니다"라고 말하였지만, 왕은 이를 듣지 않고 주몽에게 말 기르는 일을 시켰다. 주몽은 그 가운데 좋은 말을 알아보고는 먹이를 줄여 비쩍 마르게 하고, 둔한 말은 잘 길러 살지게 하였다. 왕은 살진 말을 타고 마른 것은 주몽에게 주었다.

…[B]… 왕의 아들들이 여러 신하와 함께 해코지를 하려 하였다. 주몽의 어머니가 이를 알고서 일러 주었다.

"이 나라 사람들이 너에게 해코지를 하려 하는구나. 네 재주로 친다면 어디 가든 되지 않겠느냐? 빨리 대처하려무나."

이에 주몽은 오이(烏伊) …[C]… 등 세 사람을 친구로 삼아 길을 떠났다. 엄수(淹水)[b]에 이르러 물을 바라보고서, "나는 하늘님의 아들이요 하백의 손자이다. 오늘 멀리 달아나고자 하는데, 쫓아오는 자는 다가오니 어찌하리"라고 말하자, 물고기와 자라가 다리를 만들어 주었다. 다 건넌 다음에는 다리를 풀어 버려 추격하던 말들은 건너지 못하였다. …[D]…

…[E]… ③졸본주[c]에 이르러 비로소 도읍을 정하였으나, 궁실을

지을 겨를은 없어, 다만 비류수(沸流水) 위편에 띠집을 짓고 머물렀다. 국호를 고구려라 하고, 이 때문에 고(高)를 성씨[d]로 삼았다. 이때 나이 ④열두 살. 한나라 효원황제 건소(建昭) 2년은 갑신년(B.C. 37)인데, …[F]… 이해에 즉위하여 왕이라 불렀다. ⑤고구려의 전성기에는 가구가 21만 508호(戶)였다.

일연은 고구려를 건국한 주몽의 신화를 이렇게 정리하여 소개하였다. 간명하면서도 요점이 잘 갖춰져 있다.

그러나 일연이 『삼국사기』에서 가져온 주몽의 기사는 원문 그대로가 아니다. 위의 부분에서 알파벳 대문자 부분은 생략된 부분, 소문자 부분은 일연이 주석을 통해 보충한 부분, 동그라미 숫자는 차이가 나는 부분을 가리킨다. 모두 열다섯 군데이다.

달라진 부분 1 – 동그라미 숫자

동그라미 숫자로 표시한 부분부터 정리해 보자.

①은 부여를 북부여로 바꾼 것이다. 해부루를 북부여의 왕이라고 보기에는 문제가 있다. 부루는 부여 또는 동부여의 왕이라고 해야 한다. 그런데 일연이 굳이 북부여라고 한 것은 해부루가 해모수의 아들이라고 보았기 때문이리라. 북부여는 해모수가 세운 나라라고 앞서 '북부여' 조에서 썼다.

②는 『삼국사기』에 나오지만 간추려 정리한 대목이다. 틀렸다고 할 수는 없다. 앞서 '동부여' 조에 쓴 것을 가지고 간추렸다.

③의 졸본주는 『삼국사기』에 졸본천(卒本川)이라고 쓰여 있다. 주

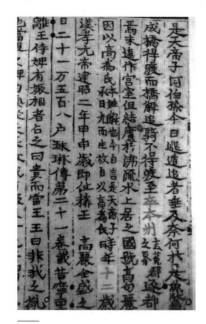

(州)와 천(川)이 비슷하게 생긴 글자라서 생긴 착오일까? 그러나 인쇄 과정에서 각수(刻手)의 착오라면 모를까, 일연이 글자를 잘못 보고 이렇게 썼을 것 같지는 않다. 곧 주(州)로 새겨야 하는데 가운데 점을 빠뜨려 천(川)으로 새길 수는 있지만 반대의 경우는 생각하기 어렵다. 그러므로 이것은 일연이 천(川)을 주(州)로 분명히 고쳐 놓은 것으로 보아야 한다.

연구자에 따라서는 음차(音

162

借)한 비류(沸流)가 변화한 글자가 졸본이라 보기도 한다. 그러므로 비류수 또는 비류천에서 졸본천이 나온 것이다.

④는『삼국사기』의 22세가 잘못된 것이 확실하다. 앞서 각수의 착오 과정을 들었지만, '二十二'를 '十二'로 잘못 새기는 실수는 얼마든지 나올 수 있다. 그러므로 이는 일연의 착오가 아니라 새긴 이의 오자(誤字)이다.

⑤는『삼국사기』에 없는 내용이다. 나아가 21만 508호의 근거는 따로 보이지 않는다.『구당서(舊唐書)』와『당서(唐書)』는 다 같이 69만 7,000호라고 했는데, '전성기'의 기준을 어디에 두고 한 말인지 모르겠으나, 두 기록의 차이가 크다.

달라진 부분 2 - 알파벳 소문자

다음은 알파벳 소문자 부분이다.『삼국사기』에 없는 내용을 일연이 주석을 통해 보충한 것이다.

〔a〕에는 다음과 같은 주석을 달았다.

『단군기(檀君記)』에서는, "임금이 서하(西河) 하백의 딸과 가까이하여 아들을 낳아 이름을 부루라 하였다"라고 말한다. 이 기록에 근거해 보면, 해모수가 하백의 딸과 몰래 통한 다음 주몽을 낳았으니,『단군기』에서, "아들을 낳아 이름을 부루로 하였다"라는 기록과 비교해 보면, 부루와 주몽은 어머니가 다른 형제이다.

여기서 임금은 단군을 가리킨다. 문제가 되는 것은 "부루와 주몽은 어머니가 다른 형제"라는 구절이다. 이 말이 성립되려면 두 기록의 단군과 해모수가 동일 인물이고, 서하 하백의 딸과 하백의 딸은 다른 인물이어야 한다. 모두 가능한 경우이다. 그러나 서하 하백과 하백을 똑같이 본다면, 부루와 주몽은 '어머니가 같은 형제'이다. 이 또한 가능하다.

그러나 일연의 주석대로 '어머니가 다른 형제'에 주목하여 생각해 보자. 단군과 해모수를 같은 인물로 본 것은 다른 데서는 찾아볼 수 없는 일연의 독특한 주장이다. 실상 단군은 고유명사로서 인명이 아니라 임금을 가리키는 일반명사로 보는 견해가 있다. 일리 있다고 본다. 이 임금 가운데 해모수도 끼어든다. 그렇게 보면 단군이 해모수와 같은 인물이 되는 것은 이상할 것이 없다.

물론 신의 계보를 인간의 계보처럼 이해할 수는 없다. 오랜 세월이 흐르는 동안 사람들은 동부여의 해부루와 졸본부여의 주몽을 형제의 위치에 놓고 보게 된 것이다. 특히 고구려가 강성한 이후 이런 현상이 고착되었을 수 있다.

〔b〕에는 일연이, "지금 어디인지 잘 모르겠다"라는 주석을 달았다. 반면 『삼국사기』에는 "엄체수이다. 다른 이름은 개사수이며 지금 압록강의 동북쪽에 있다"라고 달려 있다. 일연이 이 주석을 애써 외면한 셈이다.

〔c〕에는 일연이, "현도군의 경계이다"라는 주석을 달았다. 반면 『삼국사기』에는 "『위서』에는 '흘승골성에 이르렀다'라고 하였다"라고 달려 있다. 역시 일연과 차이가 난다.

〔d〕에는 일연이, "본디 성은 해(解)이다. 이제 하늘님이 햇빛을 드

리워 태어났기 때문에 스스로 고를 성씨로 삼은 것이다"라는 주석을 달았다. 『삼국사기』에 없는 내용이다. 이 위치에 『삼국사기』는, "주몽이 졸본부여에 이르렀을 때 그곳의 왕에게 아들이 없었는데, 왕이 주몽을 보고 보통 사람이 아닌 것을 알아 자기 딸을 아내로 삼게 했던 바, 그 왕이 죽자 주몽이 왕위를 이었다고도 한다"라는 주석을 달아 놓고 있다.

이렇듯 상당한 개소(個所)와 분량의 차이가 있다는 점을 일단 유념하고 넘어가기로 하자.

달라진 부분 3 – 알파벳 대문자

마지막으로 알파벳 대문자 부분이다. 이 부분들은 『삼국사기』에 있으나 일연이 생략한 것이다.

〔A〕에 들어 있던 『삼국사기』의 내용은 일연이 '고구려' 조에 앞서 '동부여' 조를 따로 만들고 그쪽으로 옮겨 갔다. 내용적으로 동부여의 해부루에 직접 관련된 부분이다. 김부식은 고구려-신라-백제만 염두에 둔 삼국의 역사를 기획했으므로, 동부여 같은 나라는 정리하지 않았다. 다만 고구려의 기원을 찾아 설명하자니 해부루와 그의 나라를 빼놓을 수 없었던 것이다. 그러나 일연은 단군조선부터 기술해 왔으므로 자연스럽게 동부여가 들어갔다. '동부여' 조를 앞서 두었으므로, '고구려' 조에서 주몽과 고구려의 배경을 요약하여 보여 준 것이다.

일연이 가져가 정리한 '동부여' 조에는 크게 두 가지 에피소드가 나온다. 첫째, 해부루가 재상 아란불의 건의를 받아들여 나라를 동쪽으로 옮긴 이야기. 그래서 나라 이름이 '동부여'로 바뀐다. 둘째, 해부루가 곤연에서 아들 금와를 얻는 이야기. 금와가 장성하자 태자로 삼았다.

그런데 이는 일연이 에피소드의 순서를 바꿔 놓은 것이다. 『삼국사기』에는 금와 이야기가 먼저 나오고 천도 이야기가 다음에 나온다. 천도 이야기를 시작하면서 금와를 얻은 뒤라고 분명히 밝혔다. 왜 일연은 이 순서를 바꿨을까?

일연은 '동부여' 조 마지막에 금와 다음 왕이 대소이며, 나라가 고구려 무휼왕 때 멸망하였다는 기사를 보충하였다. 『삼국사기』에 없는 내용이다. 인용하면서도 상당히 중요한 대목에 손을 댄 흔적이 여기서도 발견된다.

[B]에 생략된 내용은, "그 뒤 들에서 사냥을 하는데, 주몽은 활을 잘 쏜다 하여 그에게는 화살을 적게 주었는데도 주몽이 잡은 짐승이 매우 많았다"는 것이다. 대소를 비롯한 금와의 아들들이 왜 주몽을 경계하게 되었는지 구체적인 정황을 알 수 있는 구절이다. 『삼국사기』에는 [C]에 세 사람의 이름(오이, 마리, 협보)이 다 적혀 있는 데 비해, 『삼국유사』는 뒤의 두 사람 이름을 빠뜨렸다. 이 정도는 이해할 수 있으나, 앞서 [B]의 생략은 조금 아쉽다.

이는 [D]의 생략에 와서 더 그렇다. [D]에는 주몽이 모둔곡에 이르러 재사(再思), 무골(武骨), 묵거(默居) 세 사람을 만나는 이야기가 나온다. 이들의 이름을 살피건대 마치 유방(劉邦)이 장량(張良), 한신(韓信), 소하(蕭何) 세 부하를 거느리는 모습과 흡사하다. 재사는 책사(策士)였던 장량, 무골은 무장(武將)이었던 한신, 묵거는 뒤에서 묵묵히 살림을 책임지던 소하를 떠올리게 한다. 일연에게는 이것이 조금은 작위적으로 보여서 그랬을까? 오이, 마리, 협보에 이은 이 세 사람의 등장을 자연스럽게 여기지 않았던 듯하다.

(E)에는 재능에 맞추어 위 세 사람에게 일을 맡겼다는 내용이 생략됐다. (D)를 생략했으니 당연한 결과이다. (F)는 '신라 시조 혁거세 21년 갑신년'이라는 연대 표기가 있는 자리이다. 이 또한 생략의 이유가 무엇인지 분명하지 않다.

달라진 열다섯 군데가 지닌 뜻

여기까지 정리한 것을 가지고 한두 가지 생각을 덧보태 보자. 일연은 『삼국사기』를 인용하면서 주몽의 건국 과정을 간명하게 볼 수 있도록 정리하였다. 여기에는 보충과 삭제가 빈번하다. 보충을 통해 주몽의 성격과 계보가 좀 더 일관되게 이해되도록 하였고, 긴요하지 않은 것들은 삭제하였다. 이를 보면 일연의 『삼국유사』 편찬 원칙을 볼 수 있다. 그리고 그것은 역사적 판단에 대한 자신감의 표현이다.

다만 삭제의 까닭을 알 수 없는 부분이 있다. 당대의 현실적 상황에서 일연은 많은 내용을 소화하기 어려웠다. 한 권 책의 분량을 무한대로 늘릴 수 없었다. 생략해도 전체 줄거리에 크게 영향을 주지 않는다고 판단되면 과감하게 줄여야 했다. 그럼에도 불구하고 단지 양 때문에 생략했다고만 볼 수 없는 부분을 발견하면, 이것이 『삼국유사』 전체 흐름과 맞지 않는다고 판단했기 때문이라는 결론에 도달하게 되지만 굳이 생략해야 했을까 하는 아쉬운 면도 없지 않아 있다.

이렇듯 손을 많이 본 것에 대해 우리는 어떤 의미를 부여할 수 있을까. 앞서 말했듯 무엇보다 일연의 자신감을 먼저 손꼽을 수 있겠다. 웬만한 자신감이 없었다면 감히 자신의 견해로 같은 고려 조정의 선배 대문호 김부식이 편찬한 『삼국사기』에 손을 댈 수 없었을 것이다. 역사적 사실과 맥락의 조정 등에서 일연은 탁월한 식견을 보여 주고 있다.

그러나 어쨌건 이로써 주몽의 건국은 『삼국사기』를 건너와 『삼국유사』에 신화의 둥지를 틀었다. 이것이 중요하다. 『삼국유사』는 단군신화로부터 시작하기 때문에, 같은 이야기라 할지라도 『삼국사기』에 실린 것과 그 성격을 달리하게 된다. 일연은 『삼국유사』에서 주몽도 단군처럼 신화적 인물의 범주에 넣었다.

삼국의 시조가 모두 신이한 데서 출발한다는 것이 어찌 괴이한 일이랴.

이는 익히 아는 바대로 「기이」 편의 서문 마지막 구절이다. 단군만이 아니라 여러 우리나라 시조의 탄생을 중국의 그것과 차원을 같이하여 신화로 본다는 선언이다. 한마디로 『삼국유사』에 와서 주몽은 비로소 단군 같은 신화적인 인물이 된다.

이런 예를 들어 보자. 사람들이 많이 쓰는 만년필 가운데 하나가 미국제 파커(PARKER)이다. 파커 만년필은 누구나 쓰지만, 2차 세계대전을 끝내는 문서에 아이젠하워(Dwight Eisenhower)가, 일본의 항복을 받아낸 문서에 맥아더(Douglas MacArthur)가, 한국전쟁의 휴전을 서명한 문서에 클라크(Mark Wayne Clark)가 서명한 만년필도 파커였는데, 같은 파커 만년필이라고 해도 이것들은 그 후 특별한 대우를 받았다. 그것이 쓰인 서류가 필부필부(匹夫匹婦)의 손에 들려 휘갈겨진 일상적인 메모와 달랐기 때문이다. 그것들은 역사의 현장에 있었다. 역사의 현장에 놓임으로써 역사적이 되었다.

『삼국사기』에서 주몽은 고구려의 창업주였지만, 『삼국유사』에서 주몽은 신화적 차원의 창업주이다. 다시 한 번 〔a〕의 『단군기』 인용을 보자. 일연이 이 지점에서 이를 굳이 인용했기에 주몽은 고구려의 건국 군주에서 머물지 않고, 단군과 같은 신화적 인물로 승격된다. 중세적 역사 해석의 관점에서 신화의 세계로—.

『삼국사기』의 주몽이 『삼국유사』에 인용되면서 이렇게 달라진다.

일연이 덧붙인 이야기

주몽과 영품리왕

일연은 이처럼 『삼국사기』를 인용하여 주몽의 생애를 구성하였지만 거기서 끝내지 않았다. 또 하나의 책에서 주몽의 흔적이 묻은 이야기를 찾아냈다.

『주림전』의 제21권에는 이런 이야기가 실려 있다.

"옛날 영품리왕(寧稟離王)을 모시던 계집종이 아이를 가졌는데, 점쟁이가 점을 쳐 보고서, '귀한 인물이라 꼭 왕이 되겠습니다'라고 하였다. 왕은, '내 자식이 아니니라. 죽여야겠다'라고 하였다. 종이 말하였다. '기운이 하늘로부터 온 까닭에 제가 잉태한 것입니다.'

아들을 낳자 상서롭지 못하다 하여 우리에 버렸더니 돼지가 핥아 주고, 마구간에 버렸더니 말이 젖을 먹여 주었다. 그리하여 죽지 않고 부여의 왕이 되었다.”

이 이야기가 주몽의 탄생담과 일치한다는 사실은 금방 알 수 있다. 『삼국사기』에서 인용한 것과 견주어 보면, 영품리왕은 금와왕이고 계집종은 유화이며 이 종이 낳은 아이가 주몽이 된다. 다만 ‘기운이 하늘로부터 온’ 아이는 돼지나 말도 귀하게 여겼다는 대목을 빼면, 주몽의 신화는 여기 와서 매우 세속화되어 있다. 특히 유화가 계집종으로 바뀌어 있는 대목이 그렇다. 사실은 이것이 주몽 탄생에 대한 더 현실적인 이야기인지도 모르지만.

그렇다면 『주림전』은 어떤 책인데 이 이야기를 실었을까? 이 책은 『법원주림(法苑珠林)』이라는 제목을 가진, 7세기 중엽 당나라 학승 도세(道世)가 편찬한 일종의 불교 백과사전이다. 무려 100권 100편에 이르는 거질(巨帙)이다. 100편은 각각 천지, 제왕, 인사제도, 물(物) 등의 큰 주제로 나뉘어 있다. 이 가운데 ‘제왕’은 불교의 전승자와 삼보(三寶)와 관련된 여러 왕의 이야기를 담은 부분이다. 대부분 중국과 주변 나라의 역대 제왕이 그 주인공이다. 이 주인공에게 뭔가 얻을 만한 불교적 교훈이 있어서 실은 것이다.[2]

주몽은 고구려의 왕이었으므로 여기 들어갈 자격을 얻었다. 그런데 그에게 어떤 불교적 교훈이 있단 말일까. 주몽은 불교 신자도 아닌데 말이다.

이 의구심을 풀려면 『법원주림』의 원문으로 돌아가 확인할 필요가 있다. 일연은 아이가 왕이 되었다는 데서 인용을 마쳤지만, 원문에는 “인연이란 함부로 뺏을 수 없는 것이니, 선한 공덕은 복을 얻게 하고 악한 짓은 재앙을 부른다"라는 해석이 뒤를 잇는다.[3] 계집종이 낳은 아들이 부여의 왕이 된 것은 선한 공덕의 소산이라는 것이다. 일연이 생략한 이 부분이 『법원주림』의 특징이고, 주몽의 이야기가 이 책에 실린 까닭이다.

사실 도세가 『법원주림』을 편찬한 의도는 중국 문화사 속에 불교문화를 융합하는 것, 그로써 중국에서 불교의 역사적 정당성을 세우는 데 있었다. 물증이나 전거가 명확하지 않은 그때까지의 설화와 달리, 현존하는 절이나 경전, 불상 등 여러 가지 구체적인 근거를 대며 중국에 불교가 정착하는 과정을 그리는 것은 매우 중요한 일이었다.[4]

그런 면에서 일연 또한 이 책을 유의 깊게 보았을 것이다. 『삼국유사』의 상당 부분이 『법원주림』의 이 같은 성격과 많이 닮았다. 인도 불교의 중국화가 도세의 목표였다면, 인도-중국 불교의 한국화가 일연의 목표였기 때문이다.

일연이 『법원주림』을 읽은 경위

한편 우리나라에서 『법원주림』은 고려시대 초기 의천(義天)이 대장경 간행 사업을 벌일 때 출간되었다. 대장경 간행이 끝난 다음 의천은 별도로 이를 진행하였다. 지금은 극히 일부만 남아 있고, 다시 대장경을 만들던 13세기에 간행된 『법원주림』이 해인사의 팔만대장경에 남아 전해진다.

고려 고종 31년(1244)의 일이었다. 그때는 최씨 무인정권 시대이고 몽골과의 전쟁이 한창이었다. 알다시피 불력(佛力)을 빌려 전쟁에

남해 대사리　　　　　　　　　　　　　　　　　　　　　　　　　ⓒ양진
대장경을 판각하던 분사도감이 있던 곳으로 추정되는 남해 대사리 모습이다.
팔만대장경의 판각 장소를 둘러싼 논란은 앞으로도 계속될 듯하다.

서 이기겠다는 구호가 넘쳐나 다시 대장경을 새긴 때이기도 하다. 팔
공산 부인사에서 보관 중이던 의천의 첫 대장경이 불탄 다음이었다.

　이를 위해 만든 기구가 대장도감이다. 본부는 강화도에 있었다고
한다. 그러나 여기서 모든 일을 할 수는 없었다. 전국 곳곳에 분사도
감을 만들었는데 조사 연구에 따르면 대부분의 분사도감은 형식적
이었고, 제대로 일을 하던 곳은 경상도 남해뿐이었다. 이곳은 본사
보다 더 많은 양을 맡아 해냈다.[5] 『법원주림』100권도 대장도감에서
16.6퍼센트, 분사도감에서 83.3퍼센트를 맡은 것으로 조사되었다.[6]
여기서 분사도감이란 남해의 그것을 말한다.

　영품리왕의 이야기는 『법원주림』의 21권에 실려 있다. 이 21권은

분사도감에서 간행한 것이다. 1244년 남해에서 간행된『법원주림』 21권이라면 떠오르는 일이 하나 있다. 일연은 1249년에 남해의 정림사 주지로 온다. 21권이 간행되고 불과 5년 뒤이다.

정림사는 분사도감의 일을 맡은 주요한 사찰로 꼽히는데, 일연이 주지로 온 이상 비록 간행이 끝난 다음이라 할지라도 그 전모를 살펴볼 기회를 가졌음을 추측할 수 있다. 일연은 이 기회에 영품리왕의 이야기를 읽었을 것이다. 나는 일연이 가는 곳마다『삼국유사』의 편찬 자료를 듣고 보고 모았다고 자주 강조하였거니와, 여기서도 그 한 예를 만난다.

일연은 대장경의 애독자였다. 앞서 말한 대로 정림사가 분사도감의 역할을 맡아 수행하였을 때 뒤늦게 이 절의 주지가 된 일연은 인쇄본 등으로 팔만대장경을 열람할 좋은 기회를 얻었던 것이다.『삼국유사』에는 다음과 같은 인용처가 자주 나온다.

가함(可函)『관불삼매경(觀佛三昧經)』의 제7권에는 이렇게 말한다.

'가함'이란 팔만대장경을 보관할 때 표시하는 분류기호이다. 영품리왕과 계집종의 이야기도 일연이 팔만대장경을 읽었기에 얻어 낼 수 있었던 결과다.

영품리왕은 누구일까

각설하고, 일연은 이 인용 끝에 "동명왕이 졸본부여의 왕이 되었음을 이른다. 이는 졸본부여가 또한 북부여의 다른 도읍인 까닭에 부여왕이라 부른 것이다. 영품리는 곧 부루왕의 다른 명칭이다"라는 주석을 붙였다.

주석에서 앞의 대목은 쉽게 이해할 수 있다. 부여족의 여러 나라 이름이 등장하지만, 졸본부여든 어디든 간단히 말하고자 할 때는 그냥 부여왕이라고 하면 된다. 더욱이 중국인이 보기에는 어떤 부여건 그다지 크게 구분되지 않았으리라.

그러나 영품리가 "부루왕의 다른 명칭"이라는 설명은 얼른 납득이 가지 않는다. 주몽 건국신화로 보건대 주몽의 탄생을 지켜본 이는 부루의 아들인 금와왕이어야 하기 때문이다. 일연의 착각으로 보아야 할지, 다른 사연이 있는 것인지, 분명한 판단이 서지 않는다. 해명을 위해 영품리왕이라는 명칭부터 다시 검토해 보자.

고리(槀離) …『삼국지』「동이전」

색리(索離) …『후한서』,『북사(北史)』

탁리(橐離) …『논형(論衡)』,『통전』

포리(裛離) …『신론(新論)』

고려(高麗) …『수서(隋書)』

영품리는『주림전』에 나오는 명칭이고, 위에 소개한 것은 같은 영품리왕을 달리 부르는 사례이다.『삼국유사』는 당연히『주림전』을 따른 것이다. 여기서 고(槀), 색(索), 탁(橐), 포(裛)의 글자 모양새가 서로 비슷함을 확인할 수 있다. 이 가운데 고(槀)가 맞다면 고구려에 가장 근사하다.『수서』에서 고려(高麗)로 쓴 것을 보면 더욱 그렇다.

려(麗) 또한 발음이 '리'라는 주장이 있다.

여기서 한 가지 혼란스러운 것은 고구려와 부여가 혼동되고 있다는 점이다. 두 나라가 모두 부여족을 근간으로 하고 있지만, 부여의 동명왕과 고구려 주몽 동명왕이 서로 다른 인물이라는 데서 논란의 여지가 있다. 둘은 분명 다른 인물이지만, 고구려가 번성한 이후 그 후손은 자신의 건국주인 주몽에게 동명왕의 칭호를 부여한다. 정통성에서 자신의 입장을 한결 강화하는 느낌이다. 그러므로 『주림전』의 기록에서 부여왕은 곧 고구려의 왕이 되었다는 말과 같다.

다만 영품리왕을 부루왕이라고 한 것은 어디까지나 금와왕의 착오로 봐야 한다. 물론 주몽의 탄생 신화가 부여의 다른 어떤 왕, 예를 들어 부여 동명왕의 그것에서 기인한다면 사정은 달라진다. 주몽이 동명왕의 이름을 가져왔을 뿐만 아니라 신화조차 자신의 것으로 만들어 버린 결과라면 말이다.

부여는 망했고 고구려는 번성했다. 번성한 후손의 전리품이 이름과 신화에까지 이르고 있는 모양새이다. 어쨌건 후손을 잘 두고 볼일이다.

모험 주인공으로서의 주몽

후손 덕에 빛나는 조상

앞에 쓴 글에서 이어가 보자. 조상 덕에 잘 먹고 잘사는 사람이 있
다. 그런가 하면 잘난 후손 덕에 빛나는 조상도 있다. 후손 덕을 본
대표적인 경우가 고구려의 주몽이다. 주몽 같은 영웅이 어찌 후손
덕을 봤단 말인가. 그런데 가만 살펴보면 사실이 그렇다.

주몽은 금와왕의 아들들에게 쫓겨 야반도주하는 신세였다. 그가
어머니와 처자를 두고 집을 떠나고 싶어 그리한 것은 아니었다. 〈국
제시장〉의 덕수보다 못한 형편이었다. 친구 셋과 도망 나와 고구려
를 선포하지만, 겨우 넷이서 차린 '무자본 창업'에 지나지 않았다.

『삼국사기』에 이르기를, "졸본주에 이르러 비로소 도읍을 정하였
으나, 궁실을 지을 겨를은 없어, 다만 비류수 위편에 띠집을 짓고 머
물렀다" 하지 않았는가. 이렇게 초라하게 시작한 고구려는 광개토

중원 고구려비 충주까지 내려온 고구려 영토를 증언한다.

왕과 장수왕에 이르러서 괄목상대한다. 두 왕이 다스린 100년에 고구려는 중원을 위협하는 대국이 되었다. 장수왕이 광개토왕을 위해 거대한 비석을 세우거니와, 그 첫 줄에는 "옛적 시조 주몽이 나라를 세웠는데, 천제(天帝)의 아들이었고 어머니는 하백의 따님"이라 적혀 있다. 주몽이 '천제의 아들'로 선포된 가장 오래된 기록이다. 맨손 창업자에서 천제의 아들이 되었으니, 이 정도면 후손의 덕을 톡톡히 본 셈 아닌가.

그렇다고 조상이 아무 한 일 없이 후손에게 추앙받을 리 없다. 주몽이 그의 후손에게 물려준 것은 광대한 땅이 아니었다. 후손이 그에게 배운 것은 불퇴전의 모험심이었다. 주몽의 창업 과정을 다시 요약해 보자.

❶ 주몽은 어려서 헌칠하여 비상했고, 활과 화살을 만들어 쏘는 데 백이면 백 발 명중이었다.
❷ 금와왕의 아들들이 여러 신하와 함께 해코지를 하려 하였다.
❸ 주몽은 어머니의 교시를 받고, 오이 등 세 사람을 친구로 삼아

중앙탑 충주의 고구려비 옆의 이 탑은 통일신라시대에 만들어졌다. 굳이 이렇게 거창하게 만든 까닭은 대국 고구려의 그림자를 지우려는 노력으로 보인다.

길을 떠났다.

④ 엄수에서는 물고기와 자라가 다리를 만들어 주었다.

⑤ 졸본주에 이르러 비로소 도읍을 정하였다.

우리가 익히 아는 주몽의 모험 스토리이다. 다시 말하지만, 처음 주몽이 집을 떠난 것은 본인의 의지가 아니었다. 적대자의 해코지가 일상에서 벗어나게 한 것이며, 여기에 협력자로서 세 명의 친구가 함께하였다. 더욱이 물고기와 자라가 도와주어 위기를 벗어나는 장면은 그가 이룬 작은 성공 또한 자신의 능력만으로 이룬 결과가 아님을 보여 준다. 위기에서 구해 주는 또 한 사람의 멘토는 어머니다. 우리는 여기서 아주 전형적인 모험 이야기, 곧 영웅의 일생을 볼 수 있다.

그러므로 주몽의 이야기에서 우리가 눈길을 멈추어야 할 대목은 능력이 아니라 모험이어야 한다. 보금자리를 박차고 나간 눈물겨운 고통이어야 한다. 주몽이 잘난 부분은 바로 그것이다. 광개토왕 같은 후손은 조상의 그것을 배웠다.

잘난 조상이 잘난 후손을 만든다. 잘난 후손이 잘난 조상을 빛나게 한다. 우리에게 분명 그런 조상이 있으니, 이제 우리가 성공할 일만 남았다.

주몽과 이병철 또는 고구려와 삼성

창립 75주년을 맞은 삼성이 2013년 각 신문에 전면 광고를 냈다. 배경에는 서울의 강남에 새로 세운 삼성전자 본사 건물이 우뚝하고, 한 사람이 휴대전화를 바라보고 있는데, 거기에는 1938년 창립 당시 삼성상회(三星商會) 건물이 그려져 있다. 당시로서는 현대적인 우람한 4층 건물이었다.

알다시피 삼성상회는 삼성의 모태이다. 『한국민족문화대백과사전』은 삼성상회를 이렇게 소개하고 있다.

(삼성) 그룹의 출발은 1938년 3월 대구에서 이병철(李秉喆)이 세운 삼성상회이다. 삼성상회는 당시 자본금 2만 원(圓)에 설립되어 대구 특산품인 능금과 동해의 건어물을 취급, 중국·일본·동남아시아 등지로 수출하는 한편, 국내적으로는 농산물을 가공, 판매하였다.

기록에 따라 차이가 있지만 자본금 2만 원이라는 대목이 눈에 띈다. 한국은행 경제통계 시스템의 화폐가치 계산에 따르면 1938년의 2만 원은 2015년 기준으로 1억 7,200만 원 정도다. 지금의 삼성과 비교는 아예 하지 말기 바란다.

삼성이 국내 굴지의 기업으로 큰 것은 1953년의 제일제당, 1954년의 제일모직이 출범하면서부터 아닌가 한다. 옷과 밥으로 일어선 회사이다. 그리고 삼성

삼성 그룹의 광고 창립 75주년을 맞은 삼성이 2013년 각 신문에 게재한 광고. 창립 당시의 삼성상회 건물과 삼성전자 본사 건물이 대비를 이루고 있다.

이 세계적 기업이 된 것은 삼성전자 때문이 아닌가 한다. 세계의 변화를 안 덕분이다.

이 또한 여러 설명이 있지만, 삼성은 상성(商星)이라 불리는 별자리에서 따온 이름으로 보인다. 중국 신화의 주인공 중 한 사람인 제곡에게는 알백과 실심이라는 두 아들이 있었는데, 서로 사이가 좋지 않아 멀리 떨어뜨려 놓기로 했다. 알백은 삼성(三星) 곧 상성을 관리하고, 실심은 삼성(參星)을 관리했다. 두 별자리는 멀리 떨어져 있을 뿐만 아니라, 하나가 져야 하나가 뜨므로 결코 만나지 못한다. 그

래서 막막한 이별을 두고 후세에 '삼상(參商)의 아픔'이라는 말도 나왔다.

그런데 삼성(三星)은 동방의 반짝이는 별이다. 이에 대해 삼성(參星)은 서방의 별이다. 삼성상회의 설립자 이병철은 동방의 반짝이는 별 같은 회사를 꿈꾸었던 것은 아닐까. 이는 또한 연인들의 별이기도 하다. 서로 사랑하는 마음이 견고하기 그지없다. 견고한 사랑의 회사를 꿈꾸기도 했을 터이다. 그런 삼성은 설립 자본금 1억 7,200만 원으로는 상상 못 할 회사가 되었다. 신문 광고에서 상징적으로 보여 주는 두 건물의 차이 이상이다.

앞서 말한 고구려의 전성기, 곧 광개토왕과 장수왕의 시대를 말하며 나는 삼성에 비유하곤 한다. 주몽의 고구려는 이병철의 삼성상회이다. 장수왕 시대의 고구려는 삼성상회로부터 75년의 세월이 지난 삼성과 같다.

앞서, 주몽은 맨손 창업자에서 천제의 아들이 되었으니, 이 정도면 후손의 덕을 톡톡히 본 셈이라고 말했다. 만고의 영웅 주몽의 입장에서는 다소 섭섭할지 모른다. 그러나 사실이 그렇다. 천하의 삼성을 일군 것은 창립자의 아들 이건희 씨였다. 이병철 또한 난세의 영웅이었으나, 회사의 규모로 비교해 보건대 그는 잘난 자식을 두었다. 잘난 자식 덕에 세계적인 회사의 창업주가 된 것이다.

앞서, 조상이 아무 한 일 없이 후손에게 추앙받을 리 없다고도 말했다. 주몽이 그의 후손에게 물려준 것은 불퇴전의 모험심이었다. 엄청난 땅도 아니요, 셀 수 없는 백성도 아니었다. 엄체수를 건너 금와왕 아들들의 추격에서 겨우 벗어났을 때 주몽에게는 세 사람의 부하뿐이었다. 궁실을 지을 겨를도 없어서 풀밭에 가건물을 짓고 고구려의 출발을 선포했다. "졸본주에 이르러 비로소 도읍을 정하였으나, 궁실을 지을 겨를은 없어, 다만 비류수 위편에 띠집을 짓고 머물렀다. 국호를 고구려라 하고, 이 때문에 고를 성씨로 삼았다"[7]라는 기록이 그렇다.

그런 '구멍가게' 수준의 나라였으나, 주몽은 숱한 도전을 이겨 내고 끈끈한 믿음과 의리로 나라의 기초를 다졌다. 후손에게 물려준 것은 바로 그 정신이었다.

주몽에게 섭섭해 할 사람

그런데 우리가 주몽에게 인간적으로 배신감을 느끼는 한 가지 일이 있다.

주몽이 금와왕을 떠날 때 부인인 예씨의 태중에는 생명이 자라고 있었다. 어머니인 유화부인을 건사할 겨를도 없었다. 그들을 모두 두고 야반도주하듯이 혼자 몸으로 빠져나왔다.

이 일을 두고 배신감 운운하는 것은 아니다. 졸본주에 이르러 주몽은 소서노를 만났다. 소서노는 이 지역 실력자의 딸이었는데, 우태라는 남자를 만나 두 아들을 두었으나 불행히도 남편을 잃고 혼자 사는 처지였다. 두 아들이 비류와 온조이다. 주몽은 아들 둘이 딸린 소서노와 결혼한다. 아무래도 정략적인 느낌을 지울 수 없다. 그러나 이 또한 주몽만을 탓할 게 못 된다. 맨손의 사내가 뭐라도 붙잡아야 할 형편이었으니 말이다.

문제는 그다음이다. 고구려의 왕이 된 지 20여 년, 아비 없는 자식으로 자라던 예씨부인 소생의 유리가 주몽을 찾아왔다. 이 무렵의 상황을 『삼국사기』를 통해 정리해 보면 다음과 같다.

- 14년 : 동부여에 있던 어머니 유화가 죽음. 금와왕은 태후의 예를 갖추어 유화의 장례를 치르고 신묘를 세움. 주몽은 사신을 보냄.
- 19년 4월 : 부여에서 부인과 아들 유리가 도망쳐 옴. 태자로 세움.
- 19년 9월 : 서거. 누린 나이 40세.

왕이 된 지 14년째에 어머니를 여의었다. 주몽은 사신을 보내는 것으로 대신하는데, 직접 조문하지 못할 어떤 사정이 있었는지는 알 수 없다. 그리고 5년 뒤 부인과 아들이 찾아왔다. 『삼국사기』가 '도망쳐 왔다'고 기록한 이면을 모친상과 더불어 연결해 보면, 주몽의 운신(運身)이 두 일 모두에 그다지 여의치 않았다고 보아도 무방하지 않을까.

그런 와중에 주몽은 유리를 바로 태자에 책봉한다. 기록만으로는 주몽이 서거하기 불과 5개월 전의 일이다. 여기에도 뭔가 사정이 있다면? 주몽은 자신의 최후가 다가온 것을 알았고, 그래서 유리의 망명을 서둘렀다? 유리가 도망쳐 왔다기보다 주몽이 모자(母子)의 탈출을 기획했다고 볼 수 있다.

딱하고 곤란해지기로는 비류와 온조였다. 주몽의 의붓아들로서 그들에게 상황은 녹록하지 않았다. 주몽에게 불만도 있었다. 비류가

표 6_주몽 가계도

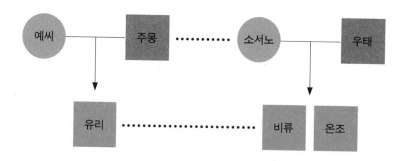

동생 온조에게 한 다음과 같은 말이 그것을 증명한다.

　처음에 대왕께서 부여에서의 환란을 피해 도망하여 이곳까지 왔을 때 우리 어머니가 집안의 재물을 쏟아 부어 나라의 창업을 도와 이루었으니, 어머니의 수고로움과 공로가 많았던 것이다. 그런데 대왕께서 세상을 뜨시자 국가가 유리에게 돌아가니, 우리들이 공연히 여기 있으면서 군더더기 혹처럼 암울하고 답답하게 지내느니보다는 차라리 어머니를 모시고 남쪽으로 가서 땅을 점쳐 따로 나라의 도읍을 세우는 것이 나으리라.

'어머니의 공'을 언급하면서 도리어 '군더더기 혹' 신세가 된 것을 은근히 억울해 하고 있다. 그러면서 '남쪽으로 가 나라를 세우자'고 제안한다. 주몽이 지나치게 유리만을 생각한 결과였다. 비류의 불만이야 얼마든지 나올 법하지 않은가.

　인간적인 배신감이란 이를 두고 하는 말이다. 빈털터리 신세일 때 주몽을 도운 부인과, 그를 아버지로 모신 의붓아들 둘은 그의 본처와 장자가 나타나자 헌신짝이 되고 말았다. 주몽의 건국에 어떤 위대한 뜻이 담겨 있는지 모르나, 세 모자에게 그것은 알 바 아니요, 남은 것은 배신의 쓰라린 눈물뿐이다. 그들은 결국 고향을 떠나 남쪽으로 내려간다.

영웅의 이면에는 더러 모질고 비정한 얼굴이 숨어 있기도 하다. 주몽이 소서노 모자에게 보인 이 모습이 그 한 예이다. 그러나 이는 주몽 또한 일개 사람임을 나타내는 방증인지 모른다. 영웅이 어디 사람 떠나 있겠는가.

1. 『삼국사기』, 「고구려본기」

2. 三品彰英, 『三國遺事考證』

3. 원문은 이렇다. 故知業緣命運定於冥兆 終然不改弗可與奪也 故知作善得福爲惡
受殃 業果不謬斯理皎然 如何封愚 抱迷不寤.

4. 三品彰英, 『三國遺事考證』

5. 남해와 분사도감에 대해서는 고운기, 『일연을 묻는다』, 현암사, 2006에서 자세
히 밝혔다.

6. 三品彰英, 『三國遺事考證』

7. 『삼국사기』, 「고구려본기」

제4장

혜통
－용맹정진의 표상

혜통에서 혜초로 이어지는 환상

미물로 이어진 극한 공간의 확대

신라 승려 혜통(惠通)의 출가담은 언제 읽어도 가슴을 친다. 『삼국유사』의 「신주」편에 실린 이야기다.

출신도 잘 알려지지 않은 혜통은 평범한 사람으로 지낼 때 경주 남산 서쪽 기슭의 은천동 어귀에 살았다. 하루는 자기 집 동쪽 시냇가에서 놀다가 수달 한 마리를 잡았다. 살을 발라내고 뼈는 동산에다 버렸다. 아침에 보니 그 뼈가 사라졌다. 의아한 생각이 든 혜통, 핏자국을 따라 찾아보자, 뼈가 제 굴로 돌아와 새끼 다섯 마리를 안고 쭈그린 채 있지 않은가.

이것이 설마 가능한 일은 아닐 것이다. 눈에 무엇이 비쳐 이런 모습이 보였는지 알 수 없으나, 멍하니 바라보고 오랫동안 놀라워하다가, 혜통은 문득 속세를 버리고 출가하리라 마음먹었다. 깊은 탄

남산 **삼릉골 입구** 혜통의 집이 남산 서쪽의 이 근처였을 것이다.

식의 끝이었다.

여기서 수달은 과연 어떤 존재의 표상인가? 잠시 다른 이야기 하나로 돌아가 보자.

영순(永淳) 2년은 계미년[683]인데, 재상 충원공(忠元公)이 장산국(莨山國)의 온천에 목욕을 갔다 집으로 돌아올 때였다.

굴정역(屈井驛)의 동지(桐旨) 들에 이르러 잠시 쉬었다. 문득 한 사람이 매를 날려 꿩을 쫓게 하는 것을 보았다. 꿩은 금악(金岳)으로 날아 지나가더니 아득히 자취가 없었다. 매의 방울 소리를 듣고 찾아갔다. 굴정현의 관청 북쪽에 있는 우물가에 이르자 매가 나무 위에 앉아 있고, 꿩은 우물 안에 있는데, 온통 핏빛이었다.

꿩은 두 날개를 펼쳐 두 마리 새끼를 감싸고 있었다. 매도 불쌍히 여기는지 잡지 않는 모양이었다.

『삼국유사』「탑상」편에 '영취사(靈鷲寺)'라는 제목으로 실려 있으므로 본디 이는 사찰 연기 설화이다. 신라 신문왕 때이고, 주인공인 충원공은 여기서만 등장하는 인물이다. 장산국은 지금 부산의 동래 지방이다. 이때부터 벌써 온천이 유명했던 모양이다. 굴정은 울산 근처인데, 영취사로 보이는 절터가 청량면 율리에 남아 있다.

나는 이 이야기를 '죽더라도 새끼들은 지키겠다는 어미 꿩'과 '한낱 짐승이지만 자비를 아는 매' 그리고 '깨우침의 무릎을 꿇을 줄 아는 사람'이 어우러진 '어떤 메커니즘'으로 해석한바 있다.[1] 영취사라는 절로 이 메커니즘이 형상화되었는데, 인도의 영취산은 옛날 석

가모니가 설법하던 곳인데 자비의 화신이 어느덧 신라 땅에 고요히 내려와 있는 모양새다.

그러나 여기서는 꿩에만 집중해 보자. 매에게 공격당해 피투성이가 된 몸으로도 새끼를 지키겠다는 저 가련한 몸짓은 미물이라도 본능이 있으므로 얼마든 가능하다. 그런데 앞서 혜통이 잡아먹은 수달은 어떤가. 이미 해체되어 뼈만 버려진 상태였다. 그 뼈를 움직여 새끼들 있는 곳으로 돌아갔다. 가당찮은 일이라 생각되는데, 혜통이 그런 모습을 보았다고 하니, 상상하자면 우연히 수달의 우리를 발견하고 순간 환영(幻影)으로 다가왔다고 말할 수밖에 없다. 혜통은 거기서 극한 공간을 본 것이다. 세속의 모든 판단이 끝나는 지점이다.

환상으로 오는 두 사람

출가담도 출가담이려니와 그런 혜통이었으니 수행 또한 남달랐다. 혜통은 당나라로 가서 무외(無畏) 삼장(三藏)을 뵙고 가르침을 청하였다. 무외 삼장은 선무외(善無畏) 삼장, 곧 중인도에서 태어나 716년에 당나라로 온 밀교의 시조 가운데 한 사람이다. 그러나 혜통이 당나라에서 귀국한 해가 665년이므로 앞뒤가 잘 맞지 않는다. 무외가 밀교의 대표적인 승려였으므로 후대의 기록자가 착각한 것으로 보인다.

문제는 이 스승이 혜통을 쉽게 받아주지 않았다는 것이다. 그러나 혜통은 가벼이 물러서지 않고 부지런히 3년을 수행했다. 그래도 허락하지 않았다. 이에 혜통은 뜨락 앞에 서서 머리에 화로를 이었다.

잠깐 사이에 이마가 터지는 소리가 벼락처럼 났다. 스승이 듣고 와서 이를 보더니, 화로를 치우고 손가락으로 찢어진 곳을 만지며 주문을 외웠다. 상처가 이전처럼 아물었는데, 왕(王) 자 무늬 같은 자국이 남았다. 그래서 호를 왕화상(王和尙)이라 했다. '왕 자 복근'이 아닌 '왕 자 이마'이다.

불화로 혜통이 스승의 가르침을 얻고자 행한 극한의 방법. 그림으로 그려져 몇 군데 절에 전해진다.

결코 흉내 내지 못할, 혜통의 정진(精進)이 목숨을 건 것이었음을 보여 주는 에피소드이다.

혜통이 이런 사람이었다면 또 한 사람 우리가 경의를 다하지 않을 수 없는 경우가 혜초(慧超, 704~787) 아닌가 한다. 혜초 또한 밀교를 연구하였고, 인도 여행기인 『왕오천축국전(往五天竺國傳)』을 남겼다. 719년 중국의 광주(廣州)에서 인도 승려 금강지(金剛智)에게 배웠고, 723년경 4년 정도 인도 여행을 한 뒤, 733년에 장안의 천복사에 거주하였으며, 780년에는 산서성의 오대산에서 거주하였다.

온 생애를 바친 정진, 나는 그런 혜초가 혜통의 어떤 연장선상에 있는 신라인의 기개로 여겨질 때가 많다.

가서 돌아오지 못한 순례자들

혜초에 대해서 나는 이미 앞선 책에서 간단히 적은 적이 있다. 이해를 위해 일부분 옮겨 오겠다.[2]

사실 혜초는 어느 기록에도 나타나지 않는다. 인도로 가는 그 길이 얼마나 험했는지, 오늘날 우리에게 가장 구체적으로 전해 주는 사람이 혜초인데 말이다. 오직 『왕오천축국전』으로 남아 있을 따름이다.

> 차디찬 눈은 얼음과 엉기어 붙었고
> 찬바람은 땅을 가르도록 매섭다
> 넓은 바다 얼어서 단을 이루고
> 강은 낭떠러지를 깎아만 간다

혜초가 쓴 시의 일부이다. 돈황석굴의 깊은 곳에 묻혔다가 세상의 빛을 다시 본 것이 지금으로부터 겨우 100여 년 전, 신라 출신이라는 사실 말고는 고향이며 죽은 곳도 알 길 없지만, 혜초가 719년 열다섯 살의 나이에 중국에 들어가 5년 동안 수학한 다음 결행한 4년간의 인도 여행을 『왕오천축국전』은 이렇듯 어렴풋이 전해 준다. 완본으로 남아 있지도 않다.

겨울날 투가라국에 있을 때 눈을 만나 그 느낌을 읊은 위의 시에서 우리는 무시무시한 고행의 한 단면을 읽을 뿐이다. 시는 다음과 같이 이어진다.

고비사막 끝없는 초원의 지평선에 풀을 뜯는 말의 무리뿐이다.   ⓒ강철수

용문(龍門)엔 폭포조차 끊기고 말았으며
정구(井口)엔 뱀이 서린 듯 얼음이 얼었다
불을 들고 땅 끝에 올라 노래 부르리
어떻게 저 파밀 고원 넘어가리오

　뱀이 서린 듯 얼어붙은 얼음길을 오르는 그의 가슴속에는 불같은
열정이 가득 차 있다는 뜻일까? 그럼에도 파밀 고원은 멀기만 하고
생사를 오가는 여행길은 불안하기 그지없었으리라. 그러나 그는 두
려운 마음을 때로 기도하며 때로 노래하며 풀어내고, 사막과 얼음 구

덩이로 발걸음을 옮겼다. 도대체 어디서 그런 용기가 생겼을까? 같은 길을 걸어왔던 전도자의 자취를 이제는 거슬러가는 용기.

나는 이런 의문에 대한 답으로 그의 진취적인 정신밖에 댈 것이 없다.

중국 정통 밀교의 법맥을 이은 혜초

혜초가 언제 어떤 연유로 중국을 가게 되었는지는 자세하지 않다. 앞서 말한바, 그가 중국 밀교의 초조(初祖) 금강지의 문하에 들어간 것이 그의 나이 열다섯 살일 때인 것으로 알려져 있다. 금강지는 인도 출신의 승려이다. 스승의 문하에서 5년을 수학한 혜초는 감연히 인도 여행을 떠난다. 갈 때는 해로를, 돌아올 때는 육로를 이용했으리라 추정하고 있다.

그가 남긴 『왕오천축국전』은 오늘날 우리에게 8세기경의 인도 풍경을 소략하게나마 전해 주는 유일한 기록이다. 물론 이 존재는 1908년 프랑스 탐험가 펠리오(P. Pelliot)가 돈황석굴을 발견한 이후, 1909년 중국인 나진옥(羅振玉)의 손을 거쳐 1915년 일본인 다카쿠스 준지로(高楠順次郎)의 노력으로 세상에 알려졌다. 천년 세월의 긴 잠을 잔 책이 바로 『왕오천축국전』이다.

그대 서번(西蕃)이 멀다 한숨 짓는가
나는 탄식하네, 동쪽 길 아득하여
길은 거칠고 설령(雪嶺) 높은데
험한 골짝 물가에 도적 떼 소리치네

새는 날아가다 벼랑 보고 놀라고

사람도 가다 길을 잃는 곳

한 생애 눈물 닦을 일 없더니

오늘은 천 갈래 쏟아지네

「서번 가는 사신을 만나」라는 제목의 시이다. 서번은 서쪽 오랑캐 나라인 토번이다. 지금은 서장(西藏)이라 부르는데, 이때는 인도와 중국 사이에서 두 나라의 문물을 교류하며 번성하였다. 시에 나오는 설령은 눈 쌓인 봉우리이지만, 여기서는 히말라야 산맥을 이른다.

한창 인도 여행이 무르익을 무렵, 혜초는 우연히 서번으로 가는 중국 사신을 만났다. 설령은 도적 떼가 출몰하는 계곡이었기에 대국의 사신답지 않게 코를 빼고 가고 있다. 처량한 모습이다. 그러나 하늘을 나는 새마저 놀라는 길을 사람이 무슨 재주로 편히 지날 수 있겠는가. 승려인 혜초마저 펑펑 눈물을 쏟는다.

그런 고행의 대가였을까, 혜초는 귀국하여 스승의 총애 아래 수행 정진하여, 중국 밀교의 정통으로 일컬어지는 금강지 불공(不空) 법맥을 잇는 제자로 우뚝 섰다.

일혜일혜의 변증법

혜통이 다소 설화적인 인물이라면 혜초는 매우 사실적인 인물이다. 『삼국유사』에 실린 혜통의 전기는 자세하고도 정교하게 짜였지만 기본적으로 구비전승을 바탕으로 하고 있음을 금방 알아챌 수 있다. 하지만 혜초는 『삼국유사』나 우리 기록에 보이지 않지만, 중국

쪽의 사료를 통해 성글어도 역사적 인물로 분명히 각인되어 있다.

일연은 혜통을 소개하면서 '어느 집안 출신인지 잘 모른다'고 했다. 이는 그의 신분이 미미했음을 뜻하는 동시에 그에 관한 정보가 대체적으로 구전(口傳)에 의지한 것이라는 표시이기도 하다. 물론 중국에서 배운 밀교로 신라에서 명성을 크게 떨쳤다거나, '천마산의 총지암(摠持嵓)과 무악산의 주석원(呪錫院)' 등이 그의 후예라는 정보는 사실에 값한다. 그런데 혜통을 존승각간(尊勝角干)이라고 한다든지, 승냥이를 쏴서 잡았다는 말은 모르겠다고 딱 잡아뗀다.

또 한 가지 문제가 되기로는 신문왕의 등창을 치료한 대목이다. 혜통은 주문을 외워 왕의 병을 고쳤다. 이런 일이 실제 있었는지는 차치하고, 치료를 마친 혜통이 왕에게, "전생에 착한 사람 신충(信忠)을 잘못 봐 노예로 만들어" 원망 많은 신충이 환생한 왕에게 보복한 것이라고 하였다. 불교의 윤회에 바탕을 둔 설명으로 볼 수 있지만 이미 설화적으로 흘렀고, 신충의 명복을 빌기 위해 지은 신충봉성사(信忠奉聖寺)도 지금은 그 존재가 전해지지 않는다. 절이 완성되자 공중에서, "왕이 절을 지어 주어 고통에서 벗어나 하늘에 태어났으니, 원망은 이제 풀어졌도다"라는 소리가 들려오고, 그 소리 때문에 거기에다 절원당(折怨堂)을 지었다는 이야기는 전형적인 사찰 연기 설화이다.

물론 일연은 절과 당이 지금도 있다고 명백히 기록하였다. 실제 『삼국사기』에도 봉성사 창건 소식이 있고,[3] 직관(職官)에 봉성사전(奉聖寺典)을 두었다고까지 하니,[4] 상당한 규모의 국가적 사찰이었던 모양이다. 절을 지은 해가 685년이므로 혜통의 귀국 연대인 665년

과도 어긋나지 않는다. 다만 신충봉성사와 봉성사가 같은 절인지는 확실하지 않다. 이것이 문제다.

설화로 다분히 겹쌓인 혜통이다. 그만큼 많은 사람의 입에 오르 내렸다는 증거이다. 굳이 사실의 역사가 아니어도 좋다. 맞은편에 혜초가 있다. 승려로서 활동한 다음 신라에서 살지 않았으므로 그에게는 혜통만 한 소문이 없다. 그런데 내가 보기에 두 사람은 왠지 한 사람으로 환상(幻相)되어 온다. 이는 설화와 사실의 변증에서 보이는 인물일까? 일혜(一惠)는 일혜(一慧)가 아니되 '이혜'로 합일하여 다가온다.

의사 승려로서 혜통의 활약

의사 승려의 전통

어느 종교에서나 선교의 선두에는 의사가 선다. 물론 그들은 본디 의사라기보다는 선교사로서 의술을 겸한 경우가 많다.

미국의 북장로회 의료 선교사 알렌(Horace N. Allen)은 1884년 우정국 사건(郵征局事件) 당시 중상을 입은 당대의 실력자 민영익(閔泳翊)을 살렸다. 서양 의술이 빛을 발하는 순간이었다. 이는 곧 서양식 국립병원 설립을 불러왔다. 1885년 2월 광혜원(House of Extended Grace)의 설치가 그것이다.

언더우드(Horace G. Underwood)는 선교 활동을 위해 1년간 의학 공부를 한 후 이해에 광혜원으로 와서 진료와 간호를 담당하였고, 산하 의학교에서 물리·화학을 가르쳤다. 이 의학교가 나중의 세브란스 의전(醫專)이요, 지금의 연세대 의대이다.

알렌과 언더우드는 오늘날 한국에서 가장 영향력 있는 대학 중 하나인 연세대학의 탄생을 낳았지만, 나아가 그들의 활약은 이 땅에서 기독교가 뿌리내리는 데 결정적인 역할을 했다.

그러나 우리에게 기독교만 그런 역사를 가진 것은 아니다. 훨씬 먼저 불교 또한 같은 행보를 보여 준 바 있다. 특히 불교에 완고하기 짝이 없었던 신라가 점차 마음을 내준 데는 의료 선교 승려의 활약이 큰 몫을 했다. 선교 초기에 두 명의 승려가 등장한다.

먼저 눌지왕(417~457) 때의 승려 묵호자(墨胡子)이다. 묵호자가 신라로 왔는데 때마침 왕의 딸이 병석에 눕자 그를 불렀다. 향을 태우며 빌자 딸의 병이 곧장 나았다. 왕이 기뻐하며 많은 상을 내리려 하는데, 잠깐 사이 어디로 갔는지 알 수 없었다.

그런데 이보다 훨씬 앞서 미추왕(262~283) 때 아도(阿道)가 왔었다. 역시 때마침 왕의 딸 성국공주가 병에 걸렸으나 무의(巫醫)가 고치질 못하자 사방으로 사신을 보내 의사를 찾았다. 아도는 스스럼없이 대궐로 나아가 그 병을 깨끗이 고쳐 냈다. 왕은 매우 기뻐하며 바라는 바가 무엇인지 물었다. 아도는 경주 한복판에 절을 지어 불교를 일으키고 싶다 말한다. 왕은 허락하였다.

주지하다시피 신라의 불교는 법흥왕(514~539) 때 공인되었다. 그러나 위의 두 이야기는 멀게는 250여 년 전에, 가까이는 100여 년 전에 불교 승려가 내방한 사실을 알려 준다. 여기서 일연은 묵호자와 아도를 같은 사람으로 보고, 그 시기는 묵호자 쪽이 맞을 것으로 비정(比定)하였다. 왕의 딸을 치료하는 내용상의 유사성이 둘이 아니라 하나로 보이게 한다.

핵심은 치료하는 의사로서의 선교자라는 점이다. 이후 그 전통은 면면하여 우리의 주인공 혜통에 이른다.

레지던트 혜통의 첫 수술

일연은 『삼국유사』에서 혜통의 전기를 상당한 분량으로 기록하였다. 승려가 된 계기와 전반적인 활동 사항은 앞서 정리한 대로이다. 밀교 승려로서의 활약뿐 아니라 치료하는 의사로서의 면면 또한 밝혔었다. 스승에게 받아들여지는 과정에서 이미 그의 스승이 의사인 것도 보았다. 이제 혜통 전기의 중심이 되는 부분을 정리해 그의 정체성을 보다 분명히 하고자 한다.

왕화상 혜통이 처음 그 실력을 발휘한 것은 유학 중 중국의 궁중에서였다. 병은 왜 하필 공주만 걸리는 것일까? 그래서 이야기는 우리 전통 속의 묵호자 혹은 아도의 것과 아주 흡사하다.

그때 당나라 황실에서 공주가 심한 병에 걸렸다. 고종은 삼장에게 낫게 해 달라고 부탁했다. 삼장은 혜통을 자기 대신 추천했다.

혜통이 지시를 받고 따로 자리를 잡았다. 흰 콩 한 말을 은 그릇에 넣어 주문을 외워, 흰 갑옷을 입은 신병(神兵)으로 만들고 쫓아내게 했으나 되지 않았다. 또 검은 콩 한 말을 금 그릇에 넣어 주문을 외워, 검은 갑옷을 입은 신병으로 만들고, 두 가지 색깔의 신병을 합쳐 쫓아내게 하였다. 그러자 이무기 한 마리가 빠져나왔다. 드디어 병도 나았다.

스승은 자신에게 온 청탁을 제자에게 물린다. 벌써 제자의 수준을

경주 소나무 숲 문잉림 같은 숲을 조성했던 전통일까, 경주에는 지금도 소나무 숲이 많다. 혜통에게 쫓겨난 이무기가 신라 땅 이 숲으로 도망 온다.

인정했다는 말이 된다. 머리통이 깨지도록 화롯불을 이고 있었던 독한 친구 아니던가.

여기서는 구체적인 치료법도 등장하였다. 먼저 흰 콩 한 말로 시도했는데 실패하자, 다음에는 검은 콩 한 말을 더해 협공하였다. 주문을 외워 만든 신병이 무엇을 말하는지 설명이 필요하겠으나, 일단 무속에서도 즐겨 쓰는 주술적 방법으로 볼 수밖에 없겠다. 그러나 그러고 말기에는 왠지 무책임하다. 거기서 빠져나온 이무기, 이 또한 손에 잡히는 설명을 기다려야겠다. 설명은 조금 뒤로 미룬다.

물론 병은 나았다. 공주가 걸린 병은 무엇이었을까? 귀신을 쫓아내는 주술사의 신통력이 분명한데, 정신과 계통의 심리치료라고 볼 수도, 아주 초보적인 외과 수술이라고 볼 수도 있겠다. 어쨌건 '레지던트' 혜통의 첫 수술이었다.

문제는 부작용이었다. 공주의 몸에서 병의 원인을 쫓아냈으나, 근본적인 치료에는 성공하지 못하였다. 용은 혜통이 자기를 쫓아낸 것을 원망하여, 신라의 문잉림(文仍林)으로 와서 사람을 해치며 지독하게 굴었다. 여기서 말하는 용이란 당나라 공주의 몸에서 빠져나온 그 이무기이다. 혜통이 병의 근원을 완전히 치료하지 못한 것이다. 병은 멀리 신라로 퍼지고 말았다.

이 와중에 중국까지 사신으로 온 정공(鄭恭)이라는 사람이 혜통을 만나서는, "스님이 쫓아낸 독한 용이 우리나라로 와서 피해가 심합니다. 빨리 가서 없애 주시오"라고 부탁하였다. 정공은 여기서만 등장하므로 사실 어떤 사람인지 자세히 알기 어렵다. 이 상황과 이후의 이야기 전개로 보아 두 사람이 긴밀한 사이였음을 짐작할 뿐이다.

혜통은 정공과 함께 인덕(麟德) 2년(665)에 본국으로 돌아와 용을 쫓아냈다. 부작용의 응급 처치였다.

지능적인 복수, 지루한 싸움

그러나 응급 처치는 응급으로 그치고 말았다. 용이 이번에는 정공에게 원망을 품었다. 또 다른 부작용이 발생했다.

용은 버드나무의 몸을 빌려 정씨 집안의 문 밖에서 자라났다. 대단히 지능적인 복수의 시작이었다. 정공은 아무 사정도 모른 채 버드나무 잎이 무성한 것만 즐기며 무척 아꼈다. 나무 안에 숨은 용의 계략이었다. 정공은 지나칠 정도로 나무를 좋아하였다. 마침 신문왕

경주 교동 오래된 기와집만큼이나 나이 먹은 나무가 마당마다 서 있다. 이무기는 이런 나무 안에 숨었을까.

이 죽고 효소왕이 즉위하였다. 왕릉을 만들려 장지까지 가는 길을 닦는데, 정공의 집 버드나무가 길을 막았다. 일을 맡은 관리가 베어 내려 하자, 정공이 성을 내며 말했다.

"차라리 내 목을 벨지언정 이 나무를 자르지 못한다."

이것은 병에 걸린 정공의 모습을 보여 준다. 제 목숨보다 나무를 아끼는 모습은 정공의 상태가 정상이 아니라는 말이다. 나무 안에 숨은 용이 부리는 조화다. 관리가 정공의 말을 그대로 아뢰니, 왕이 이를 듣고 크게 화를 내며 책임자에게 명령을 내렸다.

"정공이 왕화상의 신령스런 힘을 믿고, 불손한 짓을 꾀하며 왕명을 거스르려 드는구나. 제 목을 베라 했으니, 마땅히 바라는 대로 해

주어라."

이에 정공을 죽이고 그 집을 묻어 버렸다.

「노란 손수건」이라는 제목의 이야기가 있다. 빙고라는 한 남자가 플로리다로 가는 버스에 타고 있었다. "나는 죄를 짓고 4년 동안 뉴욕 형무소에서 감옥 생활을 했습니다. 바로 지금 형량 만기로 석방이 되어서 집으로 가는 길입니다. 지난 3년 동안 아내로부터 아무 소식도 없었습니다. 내 집은 브룬스위크라는 마을에 있는데, 입구에 큰 참나무가 하나 있습니다. 나는 아내에게 이렇게 편지를 썼습니다. 내가 이 차를 타고 지나갈 때, 만일에 당신이 나를 영접해 준다면 참나무에 노란 손수건을 하나 매달아 놓으라고, 그것이 나를 영접해 주는 표시인 줄 알고 집에 들어갈 것이라고 했습니다." 빙고는 그렇게 버스 옆자리의 사람에게 자신의 처지를 털어놓았다. 다른 승객도 모두 그 이야기를 들었다.

자, 과연 참나무에는 노란 손수건이 걸려 있을까? 사람들은 마치 자기 일인 양 초조해 하는데, 불현듯 차 안에서 함성이 터졌다. 그 큰 참나무가 온통 노랗게 꽃피어 있는 것이었다.

손수건이 하나뿐이면 혹시 못 볼까 봐 나무에 온통 노란 손수건을 묶어 놓았다는 이야기.[5]

나무에 정령이 있다면 이러한 기다림의 애처로운 사연을 입지만, 복수를 결심한 용은 자신의 술수로 사람을 끌어들이고 곤경에 빠뜨린다. 내용은 비극적인데 상황 설정은 절묘하다. 나무에 스며든 악룡, 「노란 손수건」 이야기와는 아주 반대되는 캐릭터다.

어쨌건 신라로 건너온 용은 뒤따라 온 혜통에게 쫓겨나지만, 다시 정공을 홀려 간접적으로 복수하는 데 성공한 셈이다.

변질된 싸움의 끝

사태의 전말이 제대로 알려지지 않은 채 상황은 미묘하게 흘러간다. 정공의 죽음을 놓고 조정에서는 뜻하지 않은 골칫거리를 안게 되었다.

"왕화상과 정공의 사이가 매우 두터우니, 분명 꺼림칙한 일이 있을 것이오. 먼저 해치워야겠소."

이런 구절을 놓고 혜통과 정공의 사이를 각별하게 보는 연구자도 있다. 그동안의 과정도 과정이려니와, 정공의 죽음 이후 '꺼림칙한 일'이 벌어지리라고 걱정한다는 것은 두 사람의 관계가 간단하지 않음을 단적으로 보여 준다. 일종의 정치적 도그마가 그려진다.

이에 조정에서는 군사를 모아 혜통을 잡으려고 했다. 혜통과 용의 싸움이 문득 혜통과 조정의 싸움으로 변질되었다. 혜통은 왕망사에 있다가 군사들이 오는 것을 보고, 지붕 위로 올라갔다. 사기병과 붉은 먹을 묻힌 붓을 들고 외쳤다.

"내가 하는 것을 보아라."

이내 병의 목에다 한 획을 그으며 말했다.

"너희들은 각자 자기 목을 쳐다보아라."

모두 목을 보니 붉은 획이 그어져 있었다. 서로 보며 놀라는데 혜통이 또 소리쳤다.

"만약 병목을 자르면 마땅히 너희 목도 잘릴 것이다. 어떠냐?"

군사들은 황급히 달아나, 붉은 획이 그어진 목을 그대로 한 채 왕에게 보였다. 왕은 "화상의 신통력을 어찌 사람의 힘으로 꺾을 수 있겠느냐"라며, 이내 그만두었다.

왕이 여기서 싸움을 그만둔 것은 다행이었다. 자칫 외부의 적 때문에 내부의 싸움으로 번질 수 있었기 때문이다. 그렇게 안에서 싸우면 언제나 외적에게 지는 법이다. 지능적인 용은 자신이 직접 혜통과 맞서서는 이기지 못할 것을 알았기 때문에, 싸움의 본질을 흐려 놓는 쪽으로 방법을 돌렸었다. 혜통과 직접 맞서지 않고, 같은 신라인끼리 싸우게 했던 것이다. 그래서 정공이 죽게 되었으니 일단 성공이었다. 여기서 싸움이 더 확대되었다면 아무리 신통력을 가진 혜통이라 해도 곤란한 처지로 몰리거나, 이기더라도 그다지 남을 것이 없다. 상처뿐인 영광이다. 그렇기에 왕이 싸움을 그만둔 조치는 다행이었다.

왕과 혜통은 잠시 조정 시간을 가졌다. 그리고 왜곡된 사이가 회복되는 데에 다시 혜통의 의술이 큰 몫을 한다. 이번에도 왕의 딸이 갑자기 병에 걸렸다.

혜통은 왕의 부름을 받고 궁으로 갔다. 공주는 혜통의 치료를 받고 곧 나았다. 왕은 매우 기뻐하였다. 그제야 혜통은 정공이 나쁜 용의 해코지를 입어 죽음을 당했다고 말해 주었다. 왕은 이를 듣고 마음속으로 후회하며, 노비가 된 정공의 처를 놓아주었다. 혜통을 임명하여 국사로 삼았다.

왜곡된 관계는 정상으로 돌아왔다. 이제 마무리만 남았다. 정공의 죽음으로 억울함을 풀었다고 생각한 용은 기장산(機張山)으로 들어갔다. 기장산은 지금의 부산 근처다. 거기서 용은 곰 신이 되었다. 용이 곰으로 변하는 이 일을 어떻게 해석해야 할지는 아쉬움이 남는다. 다만 처참한 해독은 계속되어 백성의 괴로움이 이만저만이 아니었다.

혜통이 산중에 이르렀다. 완전한 치료, 근인(根因)을 해결하지 않고는 해독이 그치지 않을 것이었다. 그렇다면 단순히 용을 쫓아내는 데 그치지 않고 원천적인 변화를 꾀해야 했다. 혜통은 승려이다. 승려 본연의 방법을 쓰기로 하였다. 그래서 용을 붙잡아 깨우치고 불살계(不殺戒)를 주었다. 그제야 용이 해치는 짓을 그쳤다.

의사 혜통의 완성

악룡과의 기나긴 싸움을 설명하느라 대부분의 지면을 바쳤지만, 의사로서 혜통의 활약은 그것대로 오롯하다. 혜통이 중국에서 막 귀국했을 때이다.

신문왕이 등창이 나서 혜통을 불러들였다. 혜통이 이르러 주문을 외워 살아나자 이에 말했다.

"폐하께서 전생에 재상의 신분이었을 때, 착한 사람 신충을 잘못 봐 노예로 만들었습니다. 신충이 원망하며 폐하가 환생하실 때마다 보복하는 것이지요. 이제 이 등창도 신충이 빌미가 된 것입니다. 신충을 위해 절을 짓고 명복을 빌어서 풀어 주십시오."

왕은 깊이 생각하여 그렇다 하고, 절을 지어 이름을 신충봉성사라 했다. 절이 완성되자 공중에서 소리가 들렸다.

"왕이 절을 지어 주어 고통에서 벗어나 하늘에 태어났으니, 원망은 이제 풀어졌도다."

그 소리 때문에 거기에다 절원당을 두었다. 절과 당은 지금도 있다.

신문왕은 김춘추의 손자이다. 삼국 통일의 대업이 완성된 다음, 절정의 신라를 다스렸던 왕이다. 그에게 찾아온 등창은 오늘날로 치면 암이나 마찬가지였을 것이다. 그러나 반드시 살려야 했다. 결론적으로 혜통은 이 병을 낫게 하거니와, 외과적 치료만이 아닌 근치(根治)의 모습을 보여 준다.

혜통이 진찰한 병의 원인(遠因)은 원한이었다. 현생도 아닌 전생에, 본디 착한 사람을 노예로 만들어 원한을 샀고, 비록 부지불식간의 실수라고 하지만 복수는 그에게 생을 달리하며 쫓아왔다. 이는 당연히 불교적 세계관에서의 설정이다. 그렇다면 보복은 한 번으로 끝날 일이 아니다. 원한을 끊어야 했다. 절을 짓고 명복을 비는 것 또한 불교적 방법이지만, 의사로서 보인 혜통의 완벽한 일 처리가 인상적이다. 원인을 찾아내 치료하고, 절을 지어 명복을 빈 다음 따로 당집까지 짓는다. 이름이 절원(折怨)인 것은 하나의 상징이다.

혜통의 신문왕 치료는 당나라 공주의 병을 고치는 것과 비교된다. 공주의 몸속에 들어온 나쁜 용을 쫓아냈으나 그것은 절반의 성공이었다. 용이 복수를 위해 신라까지 와서 행패를 부리게 놔뒀기 때문이다. 그런 실수를 되풀이하지 않기 위함일까, 신문왕의 병을 고칠 때는 근본적인 원인을 찾았다. 레지던트 수준에서 이제 능숙한 전문의 단계로 성장한 것이다. 의사 혜통의 완성이다.

물론 악룡을 끝까지 따라가 불살계를 받게 했으니 결말은 같다.

이런 경험을 통해 혜통은 완전한 의사로 나아간다. 그래서 이 이야기의 내용을 혜통의 의료 행위로 보고, 악룡의 동점(東漸)은 전염병으로 해석한 논문이 있다.[6] 재미있는 해석이다. 실제 논문에서는 신라와 중국 사이의 빈번한 교류와 이에 따라 중국에서 신라로 퍼진 전염병의 정황을 추정해 보는데, 혜통의 이야기는 이의 방증으로 삼을 수 있겠다.

의료 선교사로 왔던 언더우드는 전문학교 설립으로 그 행동 반경을 넓혔다. 1910년의 일제 강점기가 시작된 다음이었다. 조선총독부는 대학 설립에 관한 한 매우 까다로운 정책을 폈다. 정식 대학은 관립의 경성제국대학 외에 인정하지 않았다. 이는 일본 본토의 사정도 비슷했지만, 자국 내에서는 점차 사립대학의 설립을 인정해 간 데 비해, 식민 통치 지역의 조선에 대해서는 그런 변화가 없었다. 전문학교 수준의 사립대학만 용인하였다.

이런 상황에서 언더우드는 비록 정규 대학의 설립은 허가받지 못했지만, 대학으로의 승격을 목표로 한 학과 구성을 마쳤다. 연희 전문학교였다. 기독교인뿐만 아니라 비신자도 학생으로 받아들였고, 교수진을 구성하면서도 정인보, 최현배 같은 비신자를 등용하였다.[7] 그가 설립한 이 학교는 오늘날 우리나라 유수한 대학의 바탕이 되었다. 이 활동을 통해 그는 의료 선교사에서 교육가로 발전하였다. 혜통은 그런 면에서도 언더우드와 견주어진다.

이제 화상이 무외를 제대로 배워와 속세를 두루 돌며 사람을 구하고 세상을 교화시킴은 물론, 운명을 보는 밝음으로 절을 지어 원망을 씻어 주니, 밀교의 바람이 여기에서 크게 떨쳤다. 천마산의 총지암과 무악산의 주석원 등이 모두 그 후예들이다.

일연이 혜통의 생애를 요약한 부분이다. 구하고 교화하며 원망을 씻어 주었을 뿐만 아니라 후학을 키웠다. 총지암과 주석원이 오늘날의 대학과 비견된다면, 혜통의 활동은 오늘날의 언더우드가 했던 일과 같다.

신라와 중국을 왕복하는 국제적 모험

모험 스토리로서의 가능성

혜통은 중국과 신라를 오가는 거대한 스케일의 여로 속에 있다. 이는 앞서 거타지의 경우와 비슷하다. 다만 거타지 이야기에서는 정로(征路)에서 주요 사건이 벌어진 반면 혜통은 귀로(歸路)가 중심이다. 그러나 중국에서 일어난 일이 혜통 생애의 전반을 누비고, 이어서 신라로 무대를 옮겨 이야기가 전개된다. 한마디로 국제적 모험담이다.

이제 그 과정을 다시 한 번 정리해 보자. 크리스토퍼 보글러의 영웅의 여행 12단계[8]에서도 특징적인 탈일상-시험-시련-보상의 구조에 맞추어서 분석해 보았다.

어느 집안 출신인지 잘 모르고, 평범한 사람으로 지내다가 승려가 되었는데, 여로의 출발인 '출가'가 자의적이지 않았다는 점에 주목

표 7_4단계 모험 스토리 구조로 본 혜통 이야기

1. 탈일상	어미 수달의 새끼 사랑을 보고 속세를 버리고 출가			
2. 시험	당나라에서 삼장을 만나 우여곡절 끝에 가르침을 받음			
3. 시련	당나라 공주가 심한 병에 걸림. 삼장이 혜통을 추천	쫓겨난 용이 신라에서 사람을 해쳐 정공이 혜통에게 해결을 청함	용에게 홀려 죽음을 당한 정공 때문에 왕이 혜통을 죽이려 함	신문왕이 등창이 나서 혜통을 부름
해결 방법	법력으로 두 색의 신병을 합쳐 병을 쫓음	본국으로 돌아와 용을 쫓아냄	법력으로 군사들을 위협하여 물리침	법력으로 등창을 고침
4. 보상	이무기가 빠져나오고 공주의 병이 완치됨	정공이 용에게 홀려 죽음을 당함	왕이 혜통을 죽이려는 시도를 단념함	신충봉성사 건립

해 보자. 혜통이 출가를 결심하게 된 사건은 그 자체로 매우 감동적이다. 수달을 사냥해서 잡아먹고 남은 뼈를 버렸는데, 이 뼈가 새끼 있는 곳을 찾아 돌아가 있더라는 것이다. 수달이 출가의 소명을 혜통에게 부여한 셈이다.

그리고 혜통은 무외 삼장을 멘토로 삼았다. 무외를 찾아간 것은 혜통이었다. 그러나 3년 동안 수행해도 받아 주지 않았다. 그러자 머리에 화로를 이는 극단적인 행동을 스승 앞에서 보인다. 죽기 살기의 도전이다. 그로 인해 스승의 인정을 받았으니, 이는 첫 번째 시험 통과이다.

이어서 전개되는 시련과 보상의 구조가 이 이야기를 모험담으로 보기에 무리 없게 만든다. 특히 마지막의 '불살계'는 보글러가 보상의 최후로 설정한 영약에 해당한다.

약점일까 강점일까

그러나 혜통은 어디까지나 수행자이다. 모험을 즐기러 떠난 모험가가 아니다. 그러기에 모험담으로서는 다소 약점이 있다.

특히 이런 약점은 시련 과정에서 나온다. 혜통이 겪게 되는 네 가지 사건 모두 그가 자발적으로 나서서 해결하지 않았다. 첫째, 당나라 공주가 심한 병에 걸렸을 때는 무외 삼장이 혜통을 추천하였고 둘째, 쫓겨난 용이 신라에서 난동을 부릴 때는 정공이 혜통에게 도움을 청했으며 셋째, 자신을 잡으러 온 군사를 법력으로 물리친 일은 오해에서 비롯된 것이고 넷째, 신문왕의 등창을 고친 일도 왕의 요청에 따른 일이다. 이를 보면 혜통이 매우 수동적인 인물임을 알 수 있다.[9]

한마디로 혜통은 법력이라는 강력한 힘을 가지고도 자신이 나서서 사건을 해결하려는 적극적 인물이 아니다. 무외 삼장을 만나러 가는 자발적인 출발만이 예외이다. 이는 어디서 기인하는 것일까?

혜통은 자신이 겪은 시련에 비해 매우 약한 보상을 받는다. 보상은커녕 도리어 오해를 받아 위기에 몰리기까지 한다. 이것을 기록자인 일연의 어떤 의도로 보는 견해가 있다. 곧 법력은 강력한 힘이기는 하나 어려움을 극복하기 위한 수단이 아니며, 그에 대가가 따라서는 안 된다는 생각을 가지고 있었다는 것이다.[10] 같은 수행자로서 일연이 그런 생각을 했을 법하다. 그렇게 본다면 모험담으로서는 조금 약하다. 이야기 구조로는 모험담으로 충분히 해석될 여지가 있지만, 주인공인 혜통의 캐릭터성이 지나치게 약하다는 점, 그리고 시련에 대한 보상 구조가 미약하다는 점이 문제다.

이런 약점을 어떻게 보완할 수 있을까? 우리는 다시 보글러의 논의를 가져올 수 있다. 그는 전형적인 영웅상과 대조되는 비자발적이고 외적 힘에 의해서만 모험에 이끌리는 영웅상을 내세운다.[11] 이것은 매우 현대적인 모습의 영웅이다. 이를 앞의 프롤로그에서 전통적인 영웅의 해체라고 말했었다. 그 설명을 아래에 적어 본다.

우리 시대의 영웅은 영웅이 되고 싶지 않았으나, 전개 과정 속에서 영웅이 된다. 전통적인 영웅 이야기는 피로를 동반한다. 간접 체험과 대리 만족으로 영웅담은 사람의 눈길을 끌지만, 빗발처럼 화살 세례가 쏟아지고 그에 수많은 병사가 죽어 나가는데도, 주인공인 영웅은 끄떡없는 장면이 이제 도리어 보는 이에게 부담이 될 수 있다는 것이다. 가장 현실적인 영웅은 우리의 생활 속에서 자연스럽게 탄생한다.

혜통은 전통 속의 사람이지만 전통적인 영웅을 해체하고 나오는 캐릭터이다. 비자발적이고 외적인 힘에 의해서 움직이는, 영웅 아닌 영웅이다. 미약한 보상 구조도 마찬가지이다. 혜통이 수행자 캐릭터임을 감안할 필요가 있다. 모험담은 기실 세속적 욕망에 바탕을 두고 있다. 그런 욕망의 구조를 수행자에게 그대로 적용할 수는 없다. 앞서 소개한 거타지와 비교해 보면 그 차이점이 분명히 드러난다. 세속의 인물인 거타지는 용왕을 도와주고 그의 딸을 아내로 맞이하였다. 혜통에게 그런 보상은 아예 필요 없다. 차라리 화평한 세계의 구현이 보상이라면 사실 또 그렇게 큰 보상도 없다.

오히려 혜통 이야기의 국제성을 다시 강조하고 싶다. 우리는『삼국유사』안의 여러 이야기 가운데 이만한 스케일이 없음을 말했었다. 혜통 이야기를 살릴 매우 매력적인 요소이다.

파각의 생애가 부럽지만

공부가 뭐기에 이마가 깨질 줄도 모르고 머리에 불화로를 이거나, 무엇을 보고 오겠다고 하늘 나는 새도 놀라는 벼랑을 넘어가는 고행을 마다하지 않았는지, 나는 그 깊은 마음을 헤아리기 어렵다. 그래서 그저 놀랄 뿐이지만, 나에게도 마음속의 작은 불이 일어 공부를 하기로 결심한 뒤, 언제나 마음에 새겨 잊지 않는 것이 일혜일혜(一惠一慧)의 이야기이다.

무외 삼장의 인증을 받고 정식 제자가 되었으며, 나아가 스승을 대신해 당나라 공주의 몸속에 들어간 악룡을 쫓아내기까지 하는데, 공주의 병은 나았지만 혜통은 악룡과 기나긴 적대 관계를 맺고 만다. 쫓겨난 악룡은 신라의 문잉림으로 와서 사람들을 해친다. 신라 사신에게 이 소식을 들은 혜통은 급거 귀국해 다시 악룡을 쫓아내지만, 악룡은 버드나무 속에 숨어 끈질기게 혜통을 괴롭히고, 끝내 기장산으로 들어가 곰 신이 된다. 혜통이 산중에 이르러 불살계를 주고 깨우친 다음에야 드디어 긴 이야기는 대단원의 막을 내린다.

신라에서 당나라로, 다시 당나라에서 신라로 이어지는 스케일 큰 이 이야기를 요컨대 혜통의 의료 행위라고 보는 견해도 있었다. 악룡의 동점이 중국에서 신라로 퍼진 전염병을 가리킨다는 것이다.

일연은『삼국유사』의 이 이야기 끝에, "이제 화상이 무외를 제대로 배워 와 속세를 두루 돌며 사람을 구하고 세상을 교화시킴은 물론, 운명을 보는 밝음으로 절을 지어 원망을 씻어 주니, 밀교의 바람이 여기에서 크게 떨쳤다"라고 결론지었다. 우리 밀교사의 큰 족적이 아닐 수 없다. 일연은 마지막으로 이런 시를 부쳤다.

산 복숭아 시냇가 살구는 울타리에 비치고
오솔길에 봄이 깊어 양쪽 언덕으로 꽃이 피네
그대는 어쩌다 수달 잡았던 인연으로
나쁜 용을 서울 밖으로 멀리 쫓게 되었네

나는 이 시에 대해, "뼈만 남은 수달이 제 새끼 있는 곳으로 가 있는 것을 보고 출가한 혜통의 인생에 불교가 어떻게 심어져 있는지 보여 주고, 살구꽃 같은 그의 생애의 아름다움을 마음껏 찬미하고 있다"[12]라고 해석한 바 있다. 그런데 이제 이를 약간 수정해야겠다.

혜통이 살던 곳이 '남산 서쪽 기슭의 은천동'이고 '집 동쪽 시냇가'에서 수달을 잡아먹었다. 시의 첫 줄에서 '산 복숭아'와 '살구' 꽃이 만발한 '시냇가'는 수달 잡은 곳을 가리키는 것이고, 봄 깊은 '오솔길'은 그가 살았던 '남산 서쪽 기슭'을 가리킨다. 정녕 그가 세속의 즐거움과 한가함 속에서 살고 말았다면, 시냇가와 양쪽 언덕으로 만발한 복사꽃 살구꽃 피는 봄만 즐겼을 뿐이리라. 세속적인 삶의 극한이다.

그런데 그의 생애에 파각(破却)이 온다. 수달을 잡아먹은 사건이 초래한 결과였다. 그 일로 세속을 떠났고, 고행 끝에 이타(利他)의 무량한 공덕을 쌓았다. 일연의 넉 줄 시는 혜통의 삶을 그렇게 그리는 것으로 보인다.

그러나 복사꽃 살구꽃 속에 호사를 누리는 삶이 누군들 싫을까. 나 같은 평범한 사람에게 그것은 도리어 평생의 소망이다. 파각의 깨달음까지 바라지 않을 터이니 수달 따위도 나와는 거리가 멀기를······.

1. 고운기, 『우리가 정말 알아야 할 삼국유사』, 현암사, 2006, pp. 470~471.

2. 위의 책, pp. 572~573.

3. 『삼국사기』권제8, 신문왕 5년.

4. 『삼국사기』권제38, 「직관」

5. 오천석 편, 『노란 손수건』, 샘터사, 1977.

6. 노중국, 「삼국유사 惠通降龍 조의 검토-질병 치료의 관점에서」,《신라문화제학술발표논문집》32, 동국대 신라문화연구소, 2011.

7. 이준식, 「연희 전문학교와 근대 학문의 수용 및 발전」, 연세대국학연구원 편, 『근대학문의 형성과 연희전문』, 연세대학교출판부, 2005.

8. 크리스토퍼 보글러, 함춘성 역, 『신화, 영웅 그리고 시나리오 쓰기』, 비즈앤비즈, 2013, p. 53. 보글러는 영웅의 여행을 '일상세계-모험에의 소명-소명의 거부-정신적 스승과의 만남-첫 관문의 통과-시험 협력자, 적대자-동굴 깊은 곳으로의 접근-시련-보상-귀환의 길-부활-영약을 가지고 부활'이라는 12단계로 나누었다.

9. 박인희, 「삼국유사 신주 편 연구」, 『石堂論叢』, 東亞大學校附設石堂傳統文化硏究院, 2012, p. 27. 여기서 박인희는 「신주」 편에 있는 세 이야기 모두 중심인물인 승려가 타인의 요청으로 자신과 직접적인 관련이 없는 어려움을 불법을 사용해 극복하였다고 그 특징을 밝혔다.

10. 박인희, 앞의 논문, p. 28.

11. 크리스토퍼 보글러, 앞의 책, p. 85.

12. 고운기, 앞의 책, p. 617.

제5장

『삼국유사』의 모험 주인공들

탈해

탈해 이야기

먼저 「기이」편 '제4대 탈해왕' 조의 탈해 이야기를 읽어 보자. 내용에 따라 여섯 대목으로 나눌 수 있다.

〔A〕가락국으로 간 탈해

남해왕 때였다. 가락국의 바다 가운데 어떤 배가 떠와서 정박하려 하였다. 그 나라의 수로왕과 신하들이 북을 두드리며 맞이하고 머물게 하고자 하는데, 배는 도리어 급히 달아나 버렸다.

〔B〕아진포에 이른 탈해

계림의 동쪽 하서지촌에 있는 아진포에 이르렀다. 마침 포구 가에 아진의선(阿珍義先)이라는 노파가 살았는데, 혁거세왕의 고기잡이 어미

탈해 탄강비 탈해가 도착했다는 경주시 영남면에 세운 비석.

였다. 노파는 배를 바라보면서, "이 바다에 바위가 없었거늘 웬 까닭으로 까치가 모여 우는가"라고 하며, 날랜 배를 보내 살펴보게 하였다. 까치는 한 배 위에 모여 있었다. 배 안에 궤짝 하나가 실렸는데, 길이가 20자요 너비가 13자였다. 그 배를 끌어다 수풀 한 귀퉁이에 두었지만, 그것이 좋은 징조인지 아닌지를 몰랐다. 하늘을 향해 맹서를 하자 곧 열렸다. 그 안에 단정하게 생긴 사내아이와 일곱 가지 보물 그리고 노비들이 가득 담겨 있었다. 7일 동안 먹여 주었더니 그제야 말을 하는 것이었다.

〔C〕탈해의 출신

"우리는 본디 용성국(龍城國)의 사람들입니다. 우리나라에서 일찍이 28용(龍)이 사람으로 태어나 5~6세부터 왕위에 이어 올라 만백성들이 성명(性命)을 바르게 닦도록 하였습니다. 여덟 단계의 성골(姓骨)을 가졌는데, 차별을 두지 않고 모두 왕위에 올랐지요. 마침 우리 아버지 임금 함달바(含達婆)가 적녀국(積女國) 왕의 딸에게 장가들어 왕비를 삼았으나, 자리를 이을 아들이 없었습니다. 자식을 얻고자 기도 드리기 7년 뒤 큰 알 하나를 낳았지요. 이에 왕께서 여러 신하들을 모아 의논한 결과, 사람이면서 알을 낳는 것은 예전에 없던 일이라 상서롭지 못하다 하였습니다. 그래서 궤짝을 만들어 나를 비롯한 일곱 가지 보물 그리고 노비들을 넣고 배에 실어 바다로 띄우면서, '인연이 닿는 땅에 이르러 나라를 세우고 집안을 일으켜라'라고 빌었습니다. 문득 붉은 용이 나타나 배를 지켜 주어 이곳에 이르렀습니다."

〔D〕 호공의 집을 차지하다

말을 마치자 그 아이는 지팡이를 잡고 노비 둘을 이끌고서, 토함산 위로 올라가 돌무덤을 쌓고 7일 동안 머물렀다. 성안에서 있을 만한 곳을 찾기 위해서였다. 한 봉우리를 보니 마치 초승달과 같아 오래 머물 만한 형세였는데, 내려가 살펴보니 호공(瓠公)의 집이었다.

간사스럽지만 꾀를 내기로 하였다. 집 곁에다 숫돌과 숯을 몰래 묻었다. 다음 날 아침 그 집에 가 짐짓 꾸짖는 투로 말했다.

"이곳은 우리 선조 때 집이오."

호공은, "아니다"라고 하였다. 말다툼이 일었으나 해결을 보지 못하자 관아에 아뢰었다. 관리가 물었다.

"무엇으로 네 집임을 증명하겠느냐."

"우리 집이 본디 대장간을 했는데, 잠시 다른 지방에 가 있는 사이 남이 들어와 산 것입니다. 땅을 파서 조사해 보시기 바랍니다."

이 말을 따라 해 보니 과연 숫돌과 숯이 나왔다. 탈해는 이 집을 차지해 살게 되었다. 그때 남해왕은 탈해가 지혜로운 사람임을 알아보았다. 그래서 큰 공주를 아내로 삼게 했는데, 이 사람이 아니부인(阿尼夫人)이다.

〔E〕하인에게 보인 위용

탈해가 동악(東岳)에 올라 돌아볼 때였다. 하인에게 마실 물을 찾아보게 하였다. 하인이 물을 길어 오던 길에 먼저 입맛을 보고 바치려 하자, 그 물 잔이 입에 붙어 떨어지지를 않았다. 이를 보고 꾸짖자 하인은, "이제부터는 멀건 가깝건 감히 먼저 입맛을 보지 않겠습니다"라고 맹서하였다. 그러자 떨어졌다.

이때부터 하인은 완연히 복종하고 감히 속이려 하지 않았다. 지금 동악에 우물 하나가 있어, 흔히 요내정(遙乃井)이라 부르는데, 바로 그곳이다.

〔F〕탈해의 즉위와 죽음

노례왕이 죽은 광무제(光武帝) 중원(中元) 6년은 정사년[67]인데, 6월에 왕위에 올랐다. '석(昔), 곧 옛날 이곳이 내 집'이라 하여 남의 집을 제 것으로 만들었기에 성을 석씨로 하였다.

어떤 이는 이렇게도 말한다.

"작(鵲), 곧 까치가 울어 궤짝을 열었으므로 조(鳥) 자를 떼어 내고 성을 석씨로 하고, 궤짝을 해(解), 곧 열어, 알을 탈(脫), 곧 꺼내어 태어났으므로 이름을 탈해라 하였다."

23년간 왕위에 있다가 건초(建初) 4년 기묘년[79]에 죽어 소천(疏川)

의 언덕바지에 장사 지냈다. 뒤에 신령으로 나타나, "내 뼈를 매장하지 말라"라고 하므로 열어 보았더니, 해골의 둘레가 석 자 두 치요, 신장이 아홉 자 일곱 치였으며, 이가 엉겨 하나인 것처럼 가지런하였다. 뼈 마디마디가 이어져 있었으니 천하무적의 힘센 장사의 뼈라 할 만했다. 부수어 소상(塑像)을 만들고 대궐 안에 봉안하였다.

신령이 다시 나타나, "내 뼈를 동악에 두라"라고 일러 주었다. 그대로 따라 안치하였다.

동악의 신이 된 탈해

나는 탈해의 이야기를 건국신화의 하나로 보고, 탈해의 리더십에 대해 쓴 바 있다.[1] 핵심적인 내용을 간추리면 다음과 같다.

탈해는 인내하는 기다림의 미학을 보여 주었다. 일연은 주석을 달아 탈해의 출신지 용성국에 대해, "또한 정명국(正明國)이라고도 하고, 어떤 이는 완하국(琓夏國)이라고도 한다. 완하는 화하국(花廈國)이라고도 하는데, 용성은 일본 동북쪽 1천 리 정도에 있다"라고 하였다. 지금 그곳을 정확히 알 수 없지만, 먼 섬 출신인 것은 분명하다. 그런 탈해가 경주에 와서 신라 제2대 남해왕의 사위가 되고, 급기야 장인으로부터 왕위를 물려받으라는 언질을 받았다. 그런 그가 치아의 수효를 가지고 처남인 노례왕에게 양보한 사건은 잘 알려져 있다.[2] 이런 어처구니없는 내기를 해서 노례가 죽고 난 다음에야 왕위에 올랐던 탈해이다. 이것은 탈해의 기다림이 낳은 미학이었다.

물론 이런 과정에는 사실 정치적인 함수가 복잡하게 끼어들어 있다. 굴러온 돌이 박힌 돌을 빼는 노련한 술수이기도 했다.

탈해 왕릉 지금 경주시 동천동에 있다.

또한 탈해는 신라 정치체제의 설계자였다. 우리나라 역대 왕조 가운데 여러 성씨가 번갈아 왕위에 오르는 시스템은 신라에 유일하다. 아니, 세계사적으로도 유례를 찾기 어렵다. 이런 시스템을 처음 고안한 사람이 탈해인지 모른다. [C]에 보면, 탈해의 고향인 용성국에서는 "28용이 사람으로 태어나 5~6세부터 왕위에 이어 올라" 나라를 다스렸다고 했다. 박·석·김 세 성씨가 번갈아 왕위에 오른 신라를 연상하게 한다. 나아가 '여덟 단계의 성골'을 나눈 것은 골품제와 닮았다. 용성국의 존재 여부를 떠나 탈해에게 이 같은 정치적 구상이 있었음을 짐작하게 하는 대목이다.

그런 탈해는 신의 경지에 이르렀다. [F]의 탈해의 시신을 '동악에 안치'하는 사건 밑에 일연은 다음과 같은 주석을 붙였다.

이런 말도 있다. 왕이 돌아가시고 27세인 문무왕대의 조로(調露) 2년
은 경신년[680]인데, 3월 15일 신유일에 꿈에서 태종을 만나 뵈었다. 한
노인이 모습은 매우 위엄찬데, "나는 탈해왕이다. 내 뼈를 소천의 언덕
에서 파내 흉상을 만들어 토함산에 안치하거라"라고 하였다. 왕이 그
말을 따랐으므로 이제까지 나라에서 제사 드리기를 끊이지 않고 있다.
곧 동악신이다.

동악은 토함산이다. 신라로서는 가장 성스러운 산이다. 표훈이 경
덕왕의 청탁을 받고 하늘님을 만나러 가는 곳도 토함산이었다.[3] 그런
산에 묻혀 탈해는 신성(神聖)을 갖춘 신으로 추앙받게 되는 것이다.

건국신화의 관점에서 본다면 탈해는 버림받은 돌이었다. (C)에
보면, 탈해는 일곱 가지 보물 그리고 노비들과 함께 배에 실려 바다
로 떠워졌다. 거창한 행차 같지만 기실 부모에게 버림받은 데 지나지
않는다. 그런 그가 신중함과 치밀함으로 무장했기에 신라의 왕이 될
수 있었다. 버려진 돌이 모퉁이 돌로 쓰인 대표적인 예이다.

한 나라의 지도자로서 탈해에 대해 나는 이런 생각을 했었다. 그
리고 그를 '모퉁이 돌 리더십'의 소유자라고 명명하였다.

영웅에서 모험의 주인공으로

그런데 이제 여기서 우리는 탈해를 모험의 생애를 산 사람으로 다
시 보게 된다. 영웅이니까 모험을 했겠지, 그렇게만 생각하고 말 일

이 아니다. 왕이나 영웅이기에 그의 생애를 모험이라 규정하는 것이 아니라, 아주 인간적인 면모의 순수한 탈해를 다시 만나야 한다. 탈해의 생애를 다음과 같이 정리해 보자.

❶ 알로 태어난 탈해는 상서롭지 못한 일이라는 이유로 궤짝에 실려 제 나라를 떠난다.
❷ 가락국에 이르자 그 나라의 수로왕이 맞이하려 하나 달아난다.
❸ 아진포의 아진의선이 배에 탄 탈해와 일행을 거둬들인다.
❹ 호공의 집을 꾀로 빼앗는다.
❺ 지혜로운 사람임을 알아본 남해왕은 탈해를 사위로 삼는다.

위에서 정리한 화소의 ❶은 원문에서는 ❸ 뒤에 놓여 있다. 여기서는 사건이 일어난 시간의 순서대로 재정리한 것이다. ❷와 ❸을 먼저 보이고, 처음으로 돌아가 ❶을 말하는, 이야기를 극적으로 만드는 일연의 스토리텔링 솜씨가 잘 발휘되어 있다. 곧 현재→과거→현재′→현재″의 구성이다.

②과거 ← ①현재   ③현재′ → ④현재″

이 이야기가 어떻게 모험으로 읽히는가. 기이한 탄생을 상서롭지 못하게 여기는 사람들에 의해 탈해 또한 일상으로부터 벗어난 여로에 올랐다. 바다 남쪽 천 리 떨어진 용성국에서 함께 배를 탄 사람들이 협력자라면, 수로왕 같은 대적자를 바로 만나기도 한다. 여로의 중간 기착지에 만난 아진의선은 박혁거세를 길러내기도 한 탈해의 멘토에 해당한다.[4] 탈해의 여로는 토함산을 넘어 경주까지 이어졌다. 기지와 인내로 왕의 사위가 되고 끝내 왕이 되었다.

비자발적인 여로에 노출되는 탈해—. 왕이라는 거창한 결말을 상정하지 않는다면, 탈해 또한 해체된 영웅의 시대에 어울리는 영웅이다. 영웅 아닌 모험의 주인공인 것이다.

무왕

무왕 이야기

백제 무왕은 법왕의 아들이고 의자왕의 아버지이다. 그러니까 백제의 마지막에서 두 번째 왕인 셈이다. 족보가 명확한데,『삼국유사』에 실린 무왕의 이야기는 설화를 동반한다. 실존 인물에 붙은 설화는 과장으로 해석하면 대충 통하지만, 무왕의 경우는 꼭 그렇지만도 않다. 일연조차 이 같은 점에 대해, "『삼국사』에서는 이 왕이 법왕의 아들이라 하나 이 전기에서는 과부의 아들이라 하니, 잘 알지 못하겠다"라는 주석을 달아 의문의 여지를 남겨 놓았다. 먼저 전체 내용부터 정리해 보자.

〔A〕 무왕의 출신

제30대 무왕(武王)의 이름은 장(璋)이다. 어머니는 과부였는데, 서울

궁남지 백제 당시의 모습은 아니겠지만, 서동의 집은 이 '서울의 남쪽 연못가'였을 것이다.

의 남쪽 연못가에 집을 짓고 살다 그 못의 용과 정을 통해 그를 낳았다. 어려서 이름은 서동(薯童)인데, 재주와 도량이 헤아리기 어려웠다. 늘 마[薯]를 캐서 팔아다 생활했으므로, 이곳 사람들이 이름을 그렇게 부른 것이다.

〔B〕선화를 꾀어내다

어느 날 신라 진평왕의 셋째 공주인 선화(善花)가 세상에서 둘도 없이 아름답다는 소문을 들었다. 그는 머리를 깎고 신라의 서울로 갔다. 동네 여러 아이들에게 마를 나눠 주었더니, 아이들이 그에게 가까이 붙었다. 그래서 노래를 짓고는 아이들을 꾀어 부르게 했다.

선화공주님은

남모르게 짝지어 놓고

서동 서방을

밤에 알을 품고 간다

노래는 서울에 쫙 퍼지고 대궐에까지 들리게 되었다. 모든 신하들이
강력히 요청해, 공주를 먼 곳으로 유배 보내게 되었다. 결국 떠나게 되
자 왕후가 순금 한 말을 여비로 주었다.

공주가 유배지에 도착할 즈음이었다. 서동이 길 위로 나타나 절하고
는 모시고 가려 했다. 공주는 그가 어디서 온 사람인지 몰랐지만, 우연
이라 믿고 기뻐하였다. 그래서 서동이 공주를 따라가게 되고 몰래 정도
통하였다. 그런 후에야 공주는 서동이라는 이름을 알게 되고, 노래대로
이루어지는 기묘한 체험에 흠칫했다.

〔C〕 금의 가치를 알아 왕위에 오른 서동

그들은 함께 백제로 갔다. 어머니가 준 금을 꺼내어 살아갈 길을 의
논하려 하자, 서동은 크게 웃고 말았다.

"이게 무슨 물건이오?"

"이건 금인데, 100년은 부자로 살아갈 수 있습니다."

"내가 어려서부터 마를 캐던 곳에는 이런 것이 흙처럼 쌓여 있소."

공주는 그 말을 듣고 크게 놀랐다.

"이것은 세상에서 가장 큰 보물이랍니다. 당신이 지금 금이 있는 곳
을 아신다면, 그 보물을 우리 부모님이 계신 궁궐로 실어 보내는 것이

어떻는지요?"

서동은 그러자 했다. 그래서 그 금을 모아 산더미처럼 쌓아 놓고는, 용화산(龍華山)의 사자사(師子寺)에 있는 지명법사(知命法師)에게 가서 금을 나를 방법을 물었다.

"내가 신통력으로 보낼 수 있으니 금을 가져오시오."

공주가 편지를 써서 금과 함께 사자사 앞에 가져다 놓았다. 법사는 신통력으로 하룻밤에 신라 궁궐로 실어 보냈다. 진평왕은 신통한 조화를 기이하게 여기고 높이 받들어 주면서, 자주 편지를 보내 안부를 물었다. 서동이 이로 말미암아 인심을 얻어 왕위에 올랐다.

〔D〕미륵사의 창건

하루는 왕이 부인과 함께 사자사로 거동하는 길에 용화산 밑에 있는 큰 연못가에 이르렀다. 마침 미륵삼존이 나타나자 수레를 멈추고 절했다. 부인이 왕에게 말했다.

"이곳에 큰 가람을 세우는 것이 제 소원입니다."

왕이 허락하였다. 지명법사에게 가서 못을 메울 일에 대해 묻자, 신통력을 써서 하룻밤 사이에 산을 무너뜨려 못을 메우고 평지로 만들었다. 그리고 미륵상 셋과 회전(會殿), 탑, 낭무(廊廡)를 각기 세 군데에 세운 다음 미륵사라는 편액을 달았다. 진평왕이 온갖 기술자들을 보내 도왔는데, 지금도 그 절이 남아 있다.

뒤바뀐 미륵사 창건의 주인공

사실『삼국유사』가운데서도 널리 알려진 이 이야기가 최근 한 번 요동을 쳤다. (D)의 미륵사 창건 때문이다.

여기서 창건의 주역은 왕비가 된 다음의 선화공주이다. 그런데 미륵사에 유일하게 남아 있던 서탑을 해체하는 과정에 움직일 수 없는 증거가 하나 나왔다. 탑 또는 절의 시주자가 무왕의 왕비이되, 왕비는 선화공주가 아니라 '사탁적덕의 따님'이라는 기록이다. 이에 대해서는 앞서 자세히 적은 적이 있다.[5]

그렇잖아도 선화공주의 실존 여부에 대한 의심이 있던 차에, 명백히 실존했던 무왕의 왕비가 등장하니, 설화는 설화로 끝날 처지에 놓였다. 그럼에도 불구하고 선화공주를 쉬 버리지 못할 까닭이 두 가지 있다.

첫째, 사탁적덕의 따님이 무왕의 첫 번째 왕비가 아니었으리라는 점이다. 기록에 따르면 이 왕비가 시주를 한 것이 무왕 40년이다. 40년이라는 세월이나『삼국유사』의 이야기에 신빙성을 부여한다면, 무왕은 즉위를 전후해 벌써 한 번 결혼했을 수 있다. 다만 첫 번째 결혼 상대자가 선화공주라는 증거를 대기 어려울 따름이다.

둘째, 기록이 서탑에서 나왔다는 점이다. 중앙탑과 동탑은 그 흔적을 찾을 수 없고, 어떤 유물마저 남기지 않았다. 그런데 절의 전체적인 공사가 사탁적덕의 따님인 두 번째 왕비의 시주로 이루어졌다면, 기록을 왜 중앙이 아닌 서쪽 탑 아래 묻었단 말인가.

이 두 가지 점을 가지고 추정해 보면, 선화공주가 무왕의 첫 부인이고, 미륵사 창건의 첫 삽을 뜬 사람으로 볼 수 있다. 특히 미륵사만 한 거대한 규모의 공사가 한 두 해 만에 이루어지기 어려우므로, 오랜 기간에 걸쳐 여러 사람의 원력(願力)을 받아 완공되었으리라 보는 것이 타당하기 때문이다.

여기에 아주 흥미로운 자료가 제시되었다. 2016년 새해 벽두, 국립전주박물관이 발표한 익산 쌍릉의 발굴 조사 결과 보고가

서탑에서 나온 사리함 미륵사지 서탑을 해체하는 과정에서 나온 사리와 그 기록은 창건의 주역을 바꿔 놓았다.

그것이다. 익산 쌍릉은 미륵사지에서 가까운 곳에 있다. 1917년 일본인 학자 야쓰이 세이치(谷井濟一)가 수습 조사한 이후 아주 간략한 보고만 이루어졌었다. 쌍릉 곧 대왕묘와 소왕묘 모두 백제의 수도인 부여에 있는 왕릉과 동일한 굴식돌방무덤이며, 이후 학계에서는 무덤의 주인공을 무왕과 왕비로 추정해 왔다.

전주박물관은 여기서 출토된 유물에 대한 정리 작업을 진행하다가 대왕묘 목관(木棺) 내부에서 성인 여성의 것으로 보이는 치아 네 점을 찾았다고 밝혔다. 상태가 양호한 송곳니와 어금니는 20~40세 성인 여성의 것으로 추정되었다. 물론 이것만으로 이 치아의 주인공을 선화공주라고 할 수는 없다. 문제는 목관 앞에서 출토된 적갈색의 연질토기 한 점이었다. 토기는 바닥이 둥글고 물레를 이용해 표면을 마무리한 특징이 있었다. 이는 바닥이 편평하고 회색 계통의 백제 유형의 그릇과는 매우 다르고, 오히려 경주 방내리 고분

서탑 복원 미륵사지 서탑의 기단부가 다시 놓이고 있다.

군 등 신라 지역에서 주로 나오는 7세기 전반 무렵의 토기와 비슷했다. 그렇다면 이 여성은 신라계? 비록 설화 속의 인물이지만 하필 이 무렵 백제로 왔다는 선화공주를 떠올리지 않을 수 없다. 선화는 그렇게 근근이 살아 있다.

서동과 선화공주의 모험담

설화 속으로 영원히 사라질 뻔했던 선화공주는 아직 최종 판결을 기다리고 있다. 그러나 선화가 역사상 실존 인물이냐 아니냐, 우리에게 그것은 그다지 문제 되지 않는다. 인물이 여럿 겹칠수록 우리의 이야기는 더욱 풍부해지는 까닭이다. 앞서 소개한 서동과 선화의 이야기를 간추려 정리해 보자.

❶ 어머니가 서울의 남쪽 연못가에서 용과 정을 통해 서동을 낳았다.
❷ 진평왕의 딸 선화가 아름답다는 소문을 듣고 서동은 신라의 서울로 간다.
❸ 아이들을 꾀어 노래로 선화를 위기에 빠뜨리고 결국 자신의 부인으로 삼는다.
❹ 서동은 선화를 통해 금의 가치를 알게 된다.

❺ 금을 잘 써서 인심을 얻고 왕위에 오른다.

이야기의 중심 줄거리만 정리해 보았다. 서동이 선화를 차지하기 위해 길을 떠났다가 돌아오는 내용이 핵심이다. 기지로 선화를 자신의 부인이 되게 한 것은 첫 번째 보상이지만, 진정한 보상은 그가 멘토인 부인을 통해 금의 가치를 알고, 이를 선용하여 왕이 된 데 있다. 전형적인 서동의 모험담이다.

특히 건국신화에서 뽑은 이야기는 4단계의 모험 스토리 구조를 그대로 가지고 있었다. 화소 정리에서 탄생담인 ❶만 제외하면 더욱 그렇다. 서동 이야기는 엄밀히 따져 왕위 등극담이므로 건국신화적인 틀과 다른 바가 있다. 그러므로 ❶을 제외해도 무방하다. 나아가 다른 에피소드가 붙을 여지는 많다.

서동 이야기는 무거운 정치 드라마가 아닌 영웅의 모험담으로 시각을 바꾸어 접근했을 때 보다 다양하고 재미있는 스토리가 탄생할 가능성이 높은 것이다. 그런데 이 이야기에서 주인공을 선화공주로 바꿔 놓으면 어떻게 될까?

대체적으로 모험담의 주인공은 그 캐릭터가 강해서 처음부터 끝까지 이야기의 중심에 있다. 그러나 서동 이야기는 일방적으로 주인공이 서동이라고 말하기 어렵다. 서동을 주인공으로 본 이야기는 기이한 탄생부터 시작한 탈일상-시험-시련-보상의 모험 이야기 구조에 적합한데, 선화공주를 주인공으로 놓았을 때 또한 그렇다. 둘은 교차하는 주인공이다. 아니면 마치 뫼비우스의 띠처럼 연결된다.

더욱이 선화공주 시점의 이야기는 서동 시점의 이야기보다 매력

표 8_주인공으로서의 서동과 선화공주 비교

	서동			선화공주		
탄생	용과 과부의 아들			진평왕의 셋째 공주		
능력	재주와 도량을 헤아리기 힘듦			둘도 없이 아름다움		
탈일상	선화공주를 얻기 위해 신라로 떠남			서동요 때문에 유배를 떠나게 됨		
협력자	선화공주, 지명법사			서동, 지명법사		
시련	선화공주와 결혼하고 싶음	백제에서 살아갈 방법이 없음	금을 신라에 보낼 방법이 없음	유배를 떠났는데 몸을 위탁할 사람이 없음	금을 신라에 보낼 방법이 없음	미륵사를 창건하고 싶음
해결 방법	서동요를 지어 부르게 함	선화공주가 금을 내놓음	지명법사의 신통력	서동이 나타남	지명법사의 신통력	지명법사의 신통력
보상	선화공주와 결혼	마 캐던 곳에 있던 많은 금	인심을 얻어 왕이 됨	서동과 결혼	진평왕의 재신임	미륵사 창건

적인 요소가 많다. 먼저 서동은 선화공주를 얻기 위해 자발적으로 떠난 것이 탈일상의 원인이지만, 선화공주는 서동이 퍼뜨린 동요 때문에 문란하다는 오해를 받고 비자발적으로 유배를 떠나게 된다. 현대적 모험담의 구조에 더 맞는다.

또한 선화공주 시점에서 서동은 위기를 초래한 적대자일 뿐이었는데, 그런 적대자와 협력하게 되고 결국 반려자가 된다. 극적 반전이 더욱 강하다. 서동 시점의 이야기는 전반적으로 탈일상, 시련 등이 자발적인 동시에 본인이 원하는 바가 순조롭게 이루어지는 구조를 가진 반면, 선화공주 시점의 이야기는 비자발적인 탈일상으로 시작하여 적대자와 협력하는 등, 이야기의 구조가 훨씬 극적이다.

선화공주는 매우 인간적이기까지 하다. 본문의 〔C〕를 보자. 서동이 금덩어리가 쌓인 산을 말하자, "이것은 세상에서 가장 큰 보물이랍니다. 당신이 지금 금이 있는 곳을 아신다면, 그 보물을 우리 부모님이 계신 궁궐로 실어 보내는 것이 어떨는지요?"라고 제안한다. 억울한 처지를 알아주기는커녕 자신을 내쫓은 부모가 아니던가. 그럼에도 불구하고 부모 생각부터 한다.

서동 이야기는 이제부터 선화공주 이야기로 다시 읽어야겠다.

보양

보양 이야기

보양(寶壤)은 승려로서 크게 알려진 인물은 아닌 듯하다. 전기에서조차 출신지와 집안 내력이 실려 있지 않다. 그런데도 일연은 이 인물에 큰 관심을 가지고 있다. 청도군의 관청 자료, 운문산 선원 장승표탑 공문, 진양부첩(晉陽府貼), 군중고적비보기(郡中古籍裨補記) 등의 자료를 열람하며, 보양과 그 주변에 대해 자세히 적었다. 그 내용은 다음과 같다.

〔A〕보양이 귀국길에 용궁에 가다

보양이 중국에서 불법을 전수받고 돌아오던 때였다. 서해 바닷속 용이 용궁으로 맞아들였다. 스님이 경을 외우자 용은 금빛 비단 가사 한 벌을 시주하였다. 아울러 이목(璃目)이라는 아들을 바쳐 시봉(侍奉)으로

작갑의 유물 청도의 운문사 안에 보관된 옛 유물. ⓒ양진

딸려 보내면서 부탁하는 것이었다.

"저번에 세 나라가 시끄러이 싸울 때는 불교에 귀의하는 왕이 없었소. 내 아들과 함께 그대 나라의 작갑에 가서 절을 세우고 지내시오. 그러면 도적을 피할 수 있을 뿐만 아니라 몇 년 지나지 않아 반드시 불교를 지키는 현명한 왕이 나와 세 나라를 평정할 것이오."

말을 마치자 서로 헤어져 돌아왔다.

(B) 작갑에 운문사를 일으킨 보양

이 골짜기에 이르니 문득 스스로 원광이라 하는 노스님이 궤짝을 안고 나타나 주더니 사라졌다. 이에 보양 스님은 무너진 절을 세우려 북쪽 마루에 올라가 살펴보았다. 뜰에 누런빛의 5층탑이 보여 내려와 찾아보니 자취가 없었다. 다시 올라가 보자 여러 마리 까치가 땅을 쪼고 있었다. 문득 바다의 용이 '까치 허구리[鵲岬]'라고 한 말이 떠올랐다. 찾아가 파 보았더니 과연 남겨진 벽돌이 셀 수 없이 나왔다. 모아서 하나하나 맞춰보자 탑이 되는데, 남는 벽돌이 없어 비로소 앞 시대의 절터였음을 알았다. 절을 다 짓고 살면서 이름을 작갑사라 했다.

얼마 지나 태조가 세 나라를 통일하였다. 스님이 이곳에 와서 절을 짓고 산다는 말을 듣고 곧 오갑의 밭을 합쳐 500결을 절에 바쳤다. 청태(淸泰) 4년은 정유년[937]인데, 왕이 '운문선사(雲門禪寺)'라는 현판을 내려주고, 가사의 신령스런 음덕을 받들었다.

〔C〕 보양의 조력자 이목

이목은 늘 절 옆의 작은 연못에 있으면서 조용히 포교를 거들었다. 그러던 어느 해 가뭄이 들어 밭의 채소들이 메말라 갔다. 보양은 이목에게 비를 내리게 하라 했다. 단번에 흡족하게 내렸다. 하늘님은 제 할일이 아닌데 했다 해서 죽이려고 하였다. 이목은 급히 보양에게 알렸다. 보양은 침상 밑에 숨겼다. 잠깐 사이에 하늘에서 사자가 뜰에 내려와 이목을 내놓으라고 했다. 법사가 뜰 앞의 배나무[梨木]를 가리켰더니 벼락을 치고는 하늘로 올라갔다. 배나무는 말라 비틀어졌다. 용이 이를 어루만지자 살아났다.

이 나무는 얼마 전 땅에 엎어져 어떤 사람이 빗장 몽치를 만들어 선법당(善法堂)과 식당에 들여놓았다. 그 몽치 자루에는 글씨를 새겨 놓았다.

〔D〕왕건을 도운 보양

처음에 법사가 당나라에 들어갔다 돌아와서 먼저 밀양의 봉성사(奉聖寺)에 머물러 있었다. 태조가 동쪽을 정벌할 때 청도에 이르렀는데, 산적들이 견성(犬城)에 모여들어 교만을 떨며 버티었다. 태조가 산의 아래에 이르러 법사에게 쉽게 제압할 방법을 물었다. 법사가 대답하였다.

"무릇 개라는 짐승은 밤을 타서 움직이지 낮을 틈타지 않고, 앞만 지키면서 뒤를 잊어버립니다. 마땅히 낮에 뒤쪽을 치소서."

태조가 이 말을 따랐더니, 과연 산적들이 패해 항복했다. 태조는 신령스런 방책을 높이 사서 해마다 가까운 현의 세금 50석을 바쳐 향불을 피우는 데 쓰게 했다. 이 때문에 절에는 두 분 성인의 초상을 걸어두어 이름을 봉성사라 했다. 뒤에 작갑으로 옮겨와 절을 크게 짓고 죽었다.

모험 이야기의 또 다른 전형

자세한 전기도 남아 있지 않은 보양에게 그나마 사람의 입에 오른 이야기는 위와 같은 것이었다. 전형적인 모험담이면서, 바다의 용이 등장하는 등 규모가 큰 구성이다. 사실 일연이 보양의 전기를 이토록 애써 이룩한 데는 까닭이 있다.

첫째, 운문사를 중창한 사람이기 때문이다. 절의 중창을 두고 일연은 다음과 같은 주석을 달았다.

원광을 살펴보자. 진나라 말기에 중국에 들어갔다 개황(開皇) 연간에 자기 나라로 돌아와 가서갑[嘉栖岬]에서 살다 황룡사에서 죽었으니, 청태(淸泰)의 초기까지 무려 300년이다. 이제 여러 갑의 절들이 모두 부서진 것을 슬퍼하다가 보양이 와서 일으켜 세우려는 것을 보고, 기뻐하여 그것을 알린 것뿐이다.

앞서 본문 [B]에서 원광이 나타난 일을 두고 보충하여 설명한 것이다. 기뻐한 것은 원광이지만, 그 못지않게 기뻐한 사람이 일연이었다. 운문사는 일연 당대에 그가 속한 가지산문(迦智山門)의 주요 사찰이었고, 자신 또한 71세 되던 해에 와서 5년 가까이 거처했었다.
둘째, 운문사의 사적(事蹟)과 관련하여 세상에 잘못 알려진 일을 바로잡으려 하였기 때문이다. 글의 마지막에 이렇게 적었다.

뒷사람이 『신라이전(新羅異傳)』을 고쳐 지으면서, 까치탑과 이목의 일을 원광 법사 전기 가운데 잘못 적었고, 견성의 일을 비허(備虛)의 전기에 이어 붙였다. 매우 잘못된 것이다. 또 『해동승전(海東僧傳)』을 지은 이는 그대로 따라서 문장을 만들어 보양을 전해 주지 못해 뒷사람들의 의문이 커졌다. 잘못됨이 얼마나 큰지.

『신라이전』은 『수이전(殊異傳)』을 말함일 것이다. '까치탑과 이목의 일'이란 위의 본문에서 [B]와 [C]를, '견성의 일'은 [D]를 각각 가리킨다. 비허는 보양과 같은 시기에 활약한 동문이거나 형제로 추정된다. 그런데 『수이전』의 전본(傳本)이 없으므로 해당한 이야기가 이렇게 실려 있는지 확인할 길이 없다. 도리어 이 기록을 통해 『수이전』의 내용을 확인할 뿐이다.

『해동승전』은『해동고승전(海東高僧傳)』을 말함일 것이다. 지금 전해지는 이 책에는 일연이 지적한 대로 나와 있다. 운문사를 창건한 일, 배나무가 벼락을 맞은 일이다. 다만 이목을 서해의 용녀라고 쓴 대목은 다르다. 『해동고승전』은『수이전』을 그대로 따랐다고 했으니 이 내용을 확인해야 한다. 그러나 일연은 아주 단호하게 이것이 잘못이라 하였다. 분명한 소신 없이는 그렇게 쓸 수 없었으리라.

일연 덕분에 제자리를 찾은 보양의 이야기는 그대로 하나의 모험담이다. 그 요소를 본문에서 추출해 보자.

❶ 보양이 중국에서 돌아오는 길에 서해 바닷속의 용궁을 간다.
❷ 이목이라는 용의 아들과 돌아온다.
❸ 보양은 고려 태조의 도움으로 운문사를 중창하고, 이목은 보양의 포교를 거든다.
❹ 가뭄이 들자 이목은 비를 내리고, 하늘님은 이목이 권한을 남용했다며 죽이려 한다.
❺ 보양이 하늘의 사자에게 배나무를 가리키자, 사자가 벼락을 치고 돌아간다.[6]

보양 설화는 앞서 살펴본 혜통보다 더 강화된 귀로(歸路)의 이야기이다. 서해 용이 멘토 역할을 한다면 이목은 조력자이다. 용궁 체험은 전형적인 모험 스토리의 요소이지만, 이목이 주제넘게 도와주었다가 하늘로부터 재앙을 받게 되는데, 보양의 기지로 화를 면하는 끝부분이 이색적이다. 여기서 배나무가 제물로서 화를 면하게

해 주는 역설적인 보상의 역할을 하기 때문이다. 이 부분은 모험 이
야기의 또 다른 전형을 보여 준다.

더불어 보양 이야기에는 여러 에피소드가 이미 배치되어 있으며,
유사한 이야기를 끌어들여 끼울 여지가 많다.

앞뒤를 두루 살펴보라―수전망후

보양의 이야기에서 의미 있는 사자성어를 하나 찾을 수 있다. 원문
에 보이는 수전망후(守前忘後)이다. 앞만 지키다 뒤를 잊어버린다?
근시안적 태도나 깊고 넓은 생각이 없을 때 쓰면 좋을 말이겠다.

이 말은 앞의 본문 [D]에서 나온다. 전후맥락의 이해를 위해 다
시 한 번 정리해 보자.

보양은 신라 말 중국에 유학 갔다 돌아오면서 서해 바닷속의 용궁
으로 간다. 거기서 이목이라는 용의 아들과 함께 돌아온다. 고려 태
조 왕건의 도움으로 운문사를 중창하고, 그때마다 이목은 보양의 포
교를 거든다. 그런 이목이 뜻밖의 위기를 맞았다. [C]에서 나온다.

어느 해 가뭄이 들어 밭의 채소들이 메말라 갔다. 보양은 이목에게
비를 내리게 하라 했다. 단번에 흡족하게 내렸다. 하늘님은 제 할 일이
아닌데 했다 해서 죽이려고 하였다. 이목은 급히 보양에게 알렸다. 보
양은 침상 밑에 숨겼다. 잠깐 사이에 하늘에서 사자가 뜰에 내려와 이
목을 내놓으라고 했다. 법사가 뜰 앞의 배나무를 가리켰더니 벼락을 치
고는 하늘로 올라갔다. 배나무는 말라 비틀어졌다. 용이 이를 어루만지
자 살아났다.

운문사 호거산은 물을 바라보고 깎아지른 듯 서 있다는 일연의 표현대로이다. ⓒ양진

가뭄이 들자 이목은 비를 내리고, 하늘님은 이목이 권한을 남용했다며 죽이려 한다. 위기의 순간에 보양이 기지를 발휘한다. 하늘의 사자에게 배나무를 가리키자, 사자가 벼락을 치고 돌아간다는 내용이다.

이목은 아무래도 이무기의 다른 말로 보인다. 비를 내리는 재주는 그에게 있었을 것이다. 그러나 그것은 어디까지나 하늘님과의 소통 속에 해야 할 일, 이목은 잠시 본분을 잃고 말았다. 이목(璃目)을 이목(梨木)과 교환 시킨 대목이 재미있다.

이와 함께 실린 또 다른 에피소드가 사자성어의 출처이다. 〔D〕이다.

장소는 경북 청도군의 견성이다. 왕건이 견훤의 군대를 물리치고 경주 일대를 장악할 수 있었던 중요한 싸움이 여기서 벌어졌다. 보양은 처음에 밀양의 봉성사에 머물러 있었다. 왕건이 동쪽을 정벌할 때 청도에 이르렀는데, 산적들이 견성에 모여들어 교만을 떨며 버티었다. 왕건이 산의 아래에 이르러 보양에게 쉽게 제압할 방법을 물었다. 보양은 이렇게 답한다.

"무릇 개라는 짐승은 밤을 타서 움직이지 낮을 틈타지 않고, '앞만 지키면서 뒤를 잊어버립니다(守前忘後).' 마땅히 낮에 뒤쪽을 치소서."

왕건은 이 말을 따랐다.

견성은 개 모양을 한 성이었을 것이다. 일연은 주석을 붙여, "산봉우리가 물을 바라보고 깎아지른 듯 서 있다. 지금 세상에서 그 이름을 나쁘게 고쳐 견성이라 한다"라고 하였다. 그 바람에 성안의 견훤과 그의 군대가 개가 되고 말았다. 조금은 망측하다. 그러나 '앞만 지키면서 뒤를 잊어버린다'는 개의 속성은 견훤 군대의 속성으로 파악되고 말았다.

눈앞의 일에 매달려 깊고 넓은 생각에 미치지 못하는 경우가 많다. 위기는 뒤에서 다가오는데 앞만 보고 있다. 수전망후라는 말을 쓸 수 있는 경우가 아닌가 한다.

비형랑과 장춘

비형랑 이야기

제25대 사륜왕(舍輪王)은 시호가 진지대왕(眞智大王)이다. 성은 김씨이고, 왕비는 기오공(起烏公)의 딸 지도부인(知刀夫人)이다. 대건(大建) 8년 병신년[576]에 즉위하여 4년간 나라를 다스렸는데, 정치가 어지럽고 음탕함에 빠져 나라 사람들이 폐위시켰다.

이보다 앞서 사량부에 사는 백성의 딸이 자태가 요염하고 얼굴이 예뻐, 도화랑(桃花娘)이라 불리고 있었다. 왕이 듣고 궁중으로 불러들여 관계를 가지려 했다. 여자가 말했다.

"여자가 지켜야 할 바는 두 지아비를 섬기지 않는 것입니다. 지아비가 있으면서 다른 마음을 갖게 하는 것은 비록 황제의 위력으로도 끝내 빼앗지 못합니다."

"죽인다면 어쩔 테냐?"

"차라리 저잣거리에서 참수를 당할지언정 달리 바라지 않습니다."

왕이 희롱조로 말했다.

"지아비가 없으면 되겠느냐?"

"그렇습니다."

왕은 놓아 보냈다. 왕이 폐위되고 죽은 것이 그해였다. 2년 뒤 여자의 남편도 죽었는데, 열흘쯤 지나 홀연히 밤중에 왕이 옛날 모습을 하고 여자의 방에 찾아와 말했다.

"네가 옛날 응낙한 바 있지? 네 남편이 없으니 이제 되겠느냐?"

여자는 가벼이 응낙하지 않고 부모에게 아뢰었다.

"군왕의 뜻이니 어찌 이를 피하겠느냐."

여자의 부모는 딸을 방으로 들어가게 했다. 왕은 7일간 머물렀다. 늘 다섯 빛깔의 구름이 집을 덮고, 향기가 방에 가득했다. 7일이 지난 다음 왕은 홀연 자취를 감추고, 여자는 그로 인해 태기가 있었다. 달이 차서 출산을 하려 할 때 천지가 진동하였다. 남자아이 하나를 낳아 이름을 비형(鼻荊)이라 하였다.

진평대왕은 그가 매우 특이하다는 말을 듣고 궁중으로 불러들여 길렀다. 나이가 열다섯에 이르자 집사에 임명하였다.

비형랑은 날마다 밤에 멀리 나가 놀다 돌아왔다. 왕은 날쌘 군사 50명을 시켜 지키게 하였는데, 늘 월성을 훌쩍 뛰어넘어 황천(荒川)의 언덕 위로 가 귀신들을 이끌고 놀았다. 용사들이 수풀 속에 엎드려 엿보았다. 귀신들은 여러 절에서 새벽 종소리가 들리자 각기 흩어졌고, 비형랑도 돌아갔다. 군사들이 이 일을 왕에게 알리자, 왕은 비형랑을 불러

황천 경주의 귀신들이 모여 놀았다는 언덕에서 바라본 황천의 물결은 곱기만 하다.

물었다.

"네가 귀신들과 논다는데 정말이냐?"

"그렇습니다."

"그렇다면 네가 귀신들을 시켜 신원사(神元寺) 북쪽 고랑에 다리를 만들어 보아라."

비형랑은 왕의 명령을 받들어 그 무리들에게 하룻밤에 돌을 다듬어 다리를 만들게 했다. 그래서 다리 이름이 귀교(鬼橋)이다. 왕은 또 물었다.

"귀신들 가운데 세상에 나와서 조정을 도울 만한 이가 있겠느냐?"

"길달(吉達)이라는 자가 국정을 도울 만합니다."

"함께 와 보라."

256

다음 날 비형랑이 데려와 보이니 집사를 내려주었는데, 과연 충직함이 견줄 데 없었다. 그때 각간 임종(林宗)이 아들이 없어, 왕은 양아들로 삼게 해 주었다. 임종이 길달에게 흥륜사(興輪寺) 남쪽에 정자를 짓게 했다. 매일 밤 그 문 위에 가서 자므로 길달문이라 했다.

하루는 길달이 여우로 변해 숨어 달아났다. 비형랑은 귀신을 시켜 잡아 와 죽였으므로, 그 무리들이 비형의 이름을 듣고 두려워하며 달아났다. 그때 사람들이 노래를 지어 불렀다.

귀하신 왕의 혼으로 아들을 낳으니
비형랑 그 사람의 방이 여기네
날고 뛰는 가지가지 귀신들아
이곳에 머물지는 말아라

사람들 사이에서 이 노래를 붙여 귀신을 쫓는 습속이 생겼다.

모험의 주인공으로서 비형랑

사실 이 조는 비형의 탄생 전까지는 그의 어머니 도화녀가 주인공이다. 이야기 전체의 절반을 차지하고, 정치적인 함의(含意)까지 복합적이어서 여러 논란이 있다. 그러나 이것을 주인공의 기이한 탄생으로 본다면 주제는 후반부에 집약된다. 그리고 거기서 모험 스토리의 틀을 짤 수 있다.

❶ 비형은 혼령인 아버지(진지왕)와 사람인 어머니(도화) 사이에서

태어났다.

❷ 반인반귀(半人半鬼)의 형태인 비형은 밤에는 귀신과 낮에는 사람과 어울려 산다.

❸ 진평왕이 비형의 능력을 인정하여 집사에 임명한다.

❸′ 하룻밤 만에 귀교를 만든다.

❸″ 귀신 가운데서 길달을 데려온다.

❸‴ 길달이 흥륜사 남쪽에 정자를 짓는다.

❹ 길달이 배신하여 도망하자 잡아다 죽인다.

❺ 사람들 사이에 비형을 찬미한 시로 귀신을 쫓는 풍속이 생겨난다.

비형의 이야기에는 여로가 나타나지 않는다. 시련/보상의 구조도 약하다. 진지왕과 진평왕의 애매한 왕위 계승에 따른 정치적 알레고리가 비형의 존재에 숨어 있다'는 해석이 설득력을 얻고 있다. 그러나 반인반귀라는 비형의 특이한 캐릭터를 감안하고, 귀신을 부리는 에피소드의 중층에는 도깨비 이야기까지 끼어들 여지가 있다는 것을 생각하면, 『삼국유사』만의 독특한 모험담 유형으로 정의해 볼수 있다. ❸에 속한 여러 에피소드(❸′, ❸″, ❸‴)가 이를 뒷받침한다고 본다.

장춘 이야기

우금리에 가난하게 사는
보개(寶開)에게 장춘(長春)이
라는 이름의 아들이 있었다.
바다로 다니는 상인을 따라
나갔다가 오래도록 소식이
없었다. 어머니가 민장사(敏
藏寺)의 관음보살 앞에 가서
7일 동안 힘껏 기도를 드렸
더니, 장춘이 홀연히 이르
렀다. 그간의 일들을 묻자
말했다.

대왕암 하염없는 바다를 향해 기도하는 이는 어
쩐지 보개를 떠올리게 한다.

"바다 한가운데서 큰 바
람을 만났지요. 배가 깨져 같이 탄 사람들이 모두 빠져나오지 못했는데,
나는 작은 판때기를 타고서 오(吳)나라 해변에 이르렀습니다. 오나라 사
람들이 저를 데려다 들판에서 밭을 갈게 했지요. 그런데 우리 마을에서
온 것 같은 이상스런 스님이 나타나 위로해 주시더니 나를 데리고 같이
갔습니다. 앞에 깊은 도랑이 나오자 스님은 나를 옆구리에 끼고 건너뛰
었고요. 어둑어둑한 사이에 우리 마을 말씨와 우는 소리 같은 것이 들렸
습니다. 살펴보았더니 벌써 이곳에 도착하였어요."

해가 질 때 오나라를 떠났는데 이곳에 이른 것이 겨우 밤 7시쯤이었
다. 천보(天寶) 4년 곧 을유년[745] 4월 8일의 일이다. 경덕왕이 이를 듣

고 절에 밭을 시주하고 또 돈과 폐물을 바쳤다.

이 같은 장춘의 이야기는 다음과 같은 틀로 정리될 수 있다.

❶ 가난하게 사는 보개의 아들 장춘이 상인을 따라 나갔다가 실
  종된다.
❷ 난파한 배에서 겨우 살아난 장춘은 오나라 해변에 이르러 그
  곳 사람과 생활한다.
❸ 신라에서 온 것 같은 스님이 같이 돌아가자 한다.
  ❸´ 깊은 도랑이 나오자 스님은 장춘을 옆구리에 끼고 건너뛴다.
❹ 얼마 있지 않아 신라 말씨와 우는 소리가 들려 살펴보니 장춘
  의 동네이다.
❺ 어머니가 민장사의 관음보살 앞에 기도 드렸더니, 장춘이 홀
  연히 이르렀던 것이다.[8]

  원문에서는 ❺가 ❶ 다음에 놓였다. 역시 일연의 스토리텔링 솜씨
가 엿보이는 대목이다. 여기서는 시간 순서대로 재정리한 것이다.
  장춘의 모험은 일상으로부터의 일탈이 가장 비자의적이다. 그러
므로 모험의 소명 같은 것은 없다. 승려가 주인공은 아니지만, 민장
사 관음보살의 도움으로 잃어버린 아들을 찾았다는 데서, 「탑상」 편
에 실린 넓은 범주의 불교 설화로 본다. 이 사건이 일어난 날도 '천
보 4년 곧 을유년 4월 8일'이다. 사건 발생일을 석가탄신일로 설정
한 것은 자의적이지 않을 것이다. 이런 점에서는 모험 스토리의 구

성 요소가 약하다.

그러나 불의의 여로에 몸을 싣게 되는 주인공, 난파 끝의 극적인 구조, 조력자를 만나 생환하는 결말 등, 뼈대는 갖추고 있는 것으로 보인다. 특히 ❸´의 신비한 에피소드나, '해가 질 때 오나라를 떠났는데 이곳에 이른 것이 겨우 밤 7시쯤'[9]이라는 환상적 시공간의 구사 등이 이를 강화시킨다.

이렇듯 불교 설화는 건국신화만큼이나 강력한 성격을 가지고 있으나, 관점을 이동하면 승려가 주인공인 모험 스토리로 해석할 수 있는 가능성이 높아진다. 특히 혜통의 이야기에서처럼, 「신주」 편에 나오는 신통력, 주력(呪力) 등은 환상적인 에피소드를 발굴하는 데 큰 도움을 준다. 사람에 대한 불보살(佛菩薩)의 가피(加被)는 언제나 초월적이기에 이 또한 한몫한다.

1. 고운기, 『신화 리더십을 말하다』, 현암사, 2012.

2. 이 이야기는 앞선 '제3대 노례왕' 조에 나온다.

3. 『삼국유사』, 「기이」, '경덕왕과 충담사 그리고 표훈대덕'

4. 원문에서는 아진의선이 혁거세의 '고기잡이 어미(海尺之母)'라고 하였다. 이에 대해서는 고운기, 앞의 책, pp. 194~196 참조.

5. 고운기, 『삼국유사 길 위에서 만나다』, 현암사, 2013.

6. 이 이야기는 《한국구비문학대계》 8-7, p. 134, p. 341과 8-8, p. 510에도 채록되어 있다.

7. 신종원, 『삼국유사 새로 읽기(2)』, 일지사, 2011, pp. 20~23.

8. 『삼국유사』, 「탑상」, '민장사'.

9. 위와 같음.

제6장

『쿠쉬나메』
– 있었을 법한 진기하고 국제적인 모험 스토리

『쿠쉬나메』의 출현

신라가 무대인 페르시아의 서사시

신라와 관련된 내용을 담은 페르시아 고대 서사시 『쿠쉬나메』의 출현은 학계의 비상한 관심을 끌기에 족했다. '쿠쉬의 책'이라 불리는 이 시를 국내 학계에 처음으로 소개한 이는 이희수 교수였다. 그는 지금까지 다음과 같은 두 편의 주요한 논문을 발표하였다.

- 「고대 페르시아 서사시 쿠쉬나메의 발굴과 신라 관련 내용」[1]
- 「페르시아의 대표 서사시 샤나메(Shah-nameh) 구조에서 본 쿠쉬나메 등장인물 분석」[2]

이를 통해 우리는 11세기에 집필된 『쿠쉬나메』에 7세기 중반 무렵의 페르시아와 신라를 잇는 내용이 포함되었음을 확인하였다. 페르시아가 아랍 이슬람 국가에 의해 멸망하자 왕자는 중국으로 망명하고, 거기서도 신변의 위협을 받아 신라에 이른다. 신라의 공주와 결혼한 다음 2세를 낳아 함께 페르시아 회복을 꿈꾸며 귀국한다. 이런 이야기의 중심 무대가 신라라는 사실 하나만으로도 우리에게 충격을 주기에 충분했다.

이희수 교수의 지적대로 『쿠쉬나메』는 '사산조 페르시아와 신라와의 관계는 물론 신라에 대한 가장 방대한 자료를 담고 있는 한반도 바깥의 귀중한 사료'[3]임이 틀림없다. 산발적으로 제기되어 왔던 두 지역의 교류 양상을 본격적으로 다뤄 볼 기회라고도 본다. 아직 시작 단계이므로 논의의 다채로운 결과는 다소 뒤로 미뤄 놓고, 여기서는 우선 다음과 같은 사안을 소개하고자 한다.

첫째, 『쿠쉬나메』가 발견되고 국내에 소개된 과정
둘째, 그동안 논의된 신라와 페르시아 사이의 교류 양상
셋째, 『쿠쉬나메』에 그려진 신라 풍속의 정합성(整合性) 여부

특히 셋째 부분에 치중하겠는데, 『삼국유사』를 중심으로 신라의 고대 풍속을 재구성할 수 있는 자료와 비교하기로 하겠다. 『쿠쉬나메』에 나타난 신라의 풍경이 과연 신라-페르시아 간 직접적인 교류의 결과인지 따져 보기 위해서이다.[4]

처음 『쿠쉬나메』가 언급되기 시작한 것은 1998년이다. 이란의 관련 전공자 마티니(Matini), 다르유시 아크바르자데(Daryoosh Akbarzadeh) 등이 관련 편찬물과 논문을 발표하였다. 이것이 국내에

이희수 교수 연구실 이희수 교수는 『쿠쉬나메』를 찾아 국내에 소개하고, 이를 바탕으로 만든 뮤지컬 〈바실라〉의 기획에도 참여하였다.

알려진 것은 앞서 소개한 이희수 교수의 논문을 통해서였는데, 편찬자는 11세기경의 이란샤 이븐 압달 하이르(Iran-shah Ibn Abdal Khayr)이며, 총 1만여 절의 분량이고, 필사로 된 원본은 14세기에 모하메드 사이드 이븐 압달라 알까다리(Mohammed Ibn Said Ibn Abdullah al Qadari)가 복사한 판본으로, 현재 영국도서관에 소장되어 있다는 사실 등을 전했다.[5] 마티니 편찬본을 기준으로 총 1만 129절 중 2,011절에서 5,295절 사이에 신라 관련 내용이 나온다.

페르시아 서사시의 전통과『쿠쉬나메』

『쿠쉬나메』는 페르시아 서사시의 전통 위에서 탄생할 수 있었다. 가장 주목받는 피르다우시(Firdusi)의『샤나메』는 11세기에 나온 서사시로 이룩한 페르시아의 역사이다. '왕의 책'이라는 제목답게, 신화의 시대로부터 7세기 중반 아랍에 정복당하기까지 페르시아 왕의 영웅적인 투쟁을 그리고 있다.[6]『쿠쉬나메』는 이런『샤나메』의 집필 전통을 충실히 따른다.[7]

주인공인 쿠쉬는 페르시아를 정복한 아랍 왕의 계보 가운데 한 사람이다. 물론 실존 인물이 아니라 구전상의 영웅이다.

역사적으로 이란은 637년 사산조 페르시아가 카디시야 전투에서 아랍군에 패배한 이후 불과 7년 사이에 주요 거점을 다 내주고 말았다. 이로부터 이란의 이슬람 시대가 시작된 것이다. 이란의 전통 종교 조로아스터교도 이슬람교로 바뀌고 말았다.[8] 이 무렵의 바그다드에 거점을 둔 왕 쿠쉬가『쿠쉬나메』의 주인공이다. 이와 함께 중국과 그 주변 지역국을 다스리는 왕으로 동생 쿠쉬도 나온다.

그렇다면『쿠쉬나메』는 이란인이 쓴 아랍인 쿠쉬의 이야기이다. 이미 아랍의 정복 아래 들어갔으므로 이란의 서사시인이 아랍 왕의 이야기를 쓰는 데 거부감을 가지고 있지 않았으리라 보인다.

그런데 여기에는 하나의 트릭이 숨어 있다. 표면적으로는 아랍인 왕에 대해 쓰면서 내적으로는 페르시아 영웅을 슬쩍 집어넣었다.『쿠쉬나메』후반부에 등장하는 페르시아인 잠쉬드(Jamshid)의 후손 이야기가 그것이다. 그 후손이 바로 아비틴(Abtin)이다.

아비틴은 페르시아 난민을 이끌고 중국으로 망명하여 살고 있다.

이것은 역사적으로도 실재했던 일이다. 사산조 페르시아 황제 야즈데기르드(Yazdegird) 3세의 왕자 피루즈(Firuz)는 이란을 떠나 아시아 내륙 그리고 중국으로 망명하여 투쟁을 계속하였다.[9] 피루즈가 아비틴의 모델이 된 셈이다. 한편 동생 쿠쉬가 한 여인과의 사이에서 아들을 얻는데, 생긴 모습이 너무 흉측했다. 그래서 이 아이를 숲속에 버렸는데, 아비틴이 사냥을 나갔다가 이 아이를 발견하여 데려와 키웠다. 이 아이 또한 쿠쉬라 불렀다. 쿠쉬는 이란인과 섞여 매우 영웅적인 행보를 보여 준다. 그는 동생 쿠쉬의 또 다른 아들인 니바스프, 곧 그의 동생을 죽이기로 한다. 이란인의 영웅이 된 쿠쉬가 자기 아들임을 안 동생 쿠쉬는 밀사를 보내 회유하여 데려온다. 이란인으로서는 최후의 보루를 잃어버린 셈이다.

새로운 희망의 땅 신라로

위기에 처한 아비틴에게 하나의 희망이 나타났다. 아비틴은 그 시점에 새로운 거주지를 찾아야 했다. 지나가던 마친(Machin)[10]의 상인에게 주변 정세를 듣고, 더불어 마친의 왕에게 구원을 요청하였다. 마친의 왕은 아랍의 왕 쿠쉬와 동생 쿠쉬가 두려워 직접 돕지는 못하고, 신라의 왕 태후르(Tayhur)에게 찾아가라는 대책을 제시한다. 아비틴이 신라와 맺어지는 계기이다.

이란인들은 아비틴의 인솔 아래 마친에 도착하였고 마친 왕의 따뜻한 영접과 선물을 받고 배를 타고 신라로 향했다. 신라로 향하는 모든 배는 마친 왕이 마련해 주었다. 험한 파도를 헤치고 신라에 도착한 이란인들은 먼저 그곳 관리를 통해 마친 왕의 편지를 신라 왕에게 전달하도록 했다. 신라 왕은 크게 기뻐하며 이란인들을 극진히 환영하고 그들을 맞을 준비를 했다. 신라 왕은 그의 두 아들을 이란인들이 도착하는 항구로 보내 아비틴과 이란인들을 영접하게 했다.[11]

중국에서 신라로 이르는 과정을 『쿠쉬나메』를 통해 요약하면 위와 같다. 그들은 신라가 섬이라고 알고 있었으며, 배를 이용해 입국하였다. 마친의 주선이 주효했던지 신라는 이들을 환영하였다.

아비틴은 태후르와 돈독한 관계를 유지하고, 마침내 왕의 딸 프라랑(Frarang)과 결혼에 이르며, 둘 사이에 낳은 아들 파리둔(Faridun)은 페르시아를 재건할 새로운 영웅으로 떠오른다. 이러한 이야기가 『쿠쉬나메』의 2,011절에서 5,295절 사이에 쓰여 있다. 전체의 3분의 1에 해당하는 방대한 분량이다.

여기서부터 우리의 관심은 신라가 무대로 등장하는 『쿠쉬나메』의 내용을 확인하는 일과, 이것이 얼마만큼 당대 사실과 부합하는지 따지는 일로 모아질 것이다. 이를 위해 먼저 신라 이래 신라와 페르시아 사이의 교린 관계를 살펴볼 필요가 있겠다. 그런 다음 『쿠쉬나메』에 나오는 여러 에피소드의 사실성 문제를 확인해 본다. 물론 여기서 『쿠쉬나메』의 저자가 신라에 직접 다녀간 적이 있는가는 중요하지 않다. 그가 신라에 대한 정보를 충분히 취득하여 묘사한 것만으로도 자료에 가치를 부여할 수 있기 때문이다. 그러므로 "『쿠쉬나메』 서사시의 신라 관련 내용에 전적으로 역사적 정당성을 주기는 어렵다. …… 다만 기존의 고고학, 민속학, 역사학의 한계를 극복할 수 있는 유용한 해석의 길잡이임에는 분명하다"[12]라는 선행 연구자의 입장을 지키고자 한다. 이만한 수준에서나마 신라의 풍속을 재구성할 자료가 없기 때문이다.

 나아가 허구라 할지라도 문학적인 측면에서는 일정한 의미를 지닌다. 페르시아의 서사시는 외국인을 여자 주인공으로 설정하는 경우가 많은데,[13] 『쿠쉬나메』는 다른 서사시와의 변별성을 갖추기 위해 이제껏 등장하지 않은 신라의 여성을 주인공으로 내세워 작품의 독특성을 창조하려 했을 것이다. 신라의 여성을 택했다는 사실만으로도 우리로서는 다뤄 볼 가치가 있다. 그러나 문학적인 해석은 뒤로 미루자. 우선 역사적 사실을 확인하는 데 충실하려 한다. 나아가 모험 스토리의 새로운 소재가 될 가능성을 검토해 보기로 한다.

신라인의 페르시아 인식

혜초와 페르시아

혜초의 구법여행(求法旅行)은 스승 금강지의 권유가 그 직접적인 계기
가 된 듯하다. 금강지를 만난 것이 719년, 그로부터 4년 뒤인 723년
광주를 떠나 무려 4년에 걸친 장정을 가졌다. 그러나 그의 구법여행
은 앞선 다른 승려와는 달랐다. 구법보다 여행의 비중이 더 컸다.[14]

혜초는 토화라(吐火羅, Tokharistan)를 거쳐 파사(波斯, Persia)에 이르
렀다. 기록으로 남은, 신라인 최초의 페르시아 입국자였다. 그 내용을
『왕오천축국전』의 '파사국' 부분을 통해 확인해 보면 다음과 같다.

다시 토화라국에서 서쪽으로 한 달을 가면 파사국에 이른다. 이 나
라 왕은 전에 대식(大息, 아랍)을 지배했었다. 그리하여 대식은 파사 왕
의 낙타나 방목하는 신세였으나 후일 반란을 일으켜 파사 왕을 시해하

고 자립하여 주인이 되었다. 그래서 이 나라는 지금 도리어 대식에게 병합되어 버렸다. 의상은 예부터 헐렁한 모직 상의를 입었고, 수염과 머리를 깎으며 빵과 고기만 먹는다. 비록 쌀이 있더라도 갈아서 빵만 만들어 먹는다. 이 땅에서는 낙타와 노새, 양과 말이 나며 키가 크고 덩치도 큰 당나귀와 모직 천 그리고 보물들이 난다. 언어는 각별하여 다른 나라들과 같지 않다.

이 고장 사람들의 성품은 교역을 좋아해서 늘 서해에서 배를 타고 남해로 들어간다. 그리고 사자국(師子國, 스리랑카)에 가서 여러 가지 보물을 가져온다. 그러다 보니 그 나라에서 보물이 나온다고들 한다. 곤륜국에 가서는 금을 가져오기도 한다. 또한 배를 타고 중국 땅에도 가는데, 곧바로 광주까지 가서 능(綾, 얇은 비단), 비단, 생사, 면 같은 것을 가져온다. 이 땅에서는 가늘고 질 좋은 모직물이 난다. 이 나라 사람들은 살생을 좋아하며 하늘을 섬기고 불법(佛法)을 알지 못한다.[15]

혜초의 여행에서 페르시아는 가장 서쪽에 해당한다. 위의 내용이 견문을 기록한 전부지만 경로, 역사적 사건, 의식주의 특징, 교역, 생산물 등이 적확하며 유용하다. 아랍이 페르시아 왕을 죽이고 주인이 되었다, 헐렁한 모직 상의를 입는다, 빵과 고기만 먹는다, 낙타와 노새 그리고 양 같은 동물, 많은 보물이 나고 그들만의 말을 쓴다는 등의 정보가 그렇다. 특히 아랍의 이슬람 세력에게 사산조 페르시아가 멸망한 상황이 정확히 기록되어 있다. 이런 나라에 혜초가 이르러 멀리 8세기의 페르시아 사정을 전해 준다는 점에 일단 주목해 보기로 하자.

혜초는 정말 페르시아까지 갔을까

비록 『왕오천축국전』에 파사국에 대한 기사가 실려 있지만, 진정 혜초는 페르시아에 직접 이르러 이 같은 견문을 기록한 것일까? 이에 대해서는 사실로 보는 견해가 지배적이다. 나아가 그가 전한 페르시아 소식은 당시 중국으로서는 최신 정보에 속하는 귀한 것이었다. 이는 다음과 같은 문장 분석을 통해 증명된다.

혜초의 기록은 답사지(踏査地)와 전문지(傳聞地)로 나뉜다. 전자는 자신의 답사를 통해 얻은 정보를 직접 기술한 곳이고, 후자는 다른 사람이 전한 바를 듣고 기술한 곳이다. 이 둘은 문장의 기술 방법에서 차이가 난다.

답사지는 처음 문장이 "종(從) …… 행(行) …… 일(日) …… 지(至)"로 시작한다. 곧 "……에서 ……를 가면 ……에 이른다"는 방식이다.[16]

앞서 나온 인용문에서 첫 문장을 보자.

"(토화라국)에서 서쪽으로 (한 달)을 가면 (파사국)에 이른다."

이것이 답사지를 기록하는 방식이다. 지금까지 전하는 『왕오천축국전』의 방문지는 40군데 정도다. 이 가운데 분명하게 그의 행로에 들어간 답사지는 위와 같은 문장으로 시작하였다. 파사국은 이 방식대로 기술되어 있다.

혜초가 다섯 천축국을 둘러보고 기록한 이 책의 중요성은 여기서 새삼 언급할 필요가 없겠다. 우리는 지금 신라에서 출발한 그의 발걸음이 페르시아에까지 이르렀다는 사실에 주목하고 있다. 그와 같은 여행자를 통해 페르시아가 신라의 존재를 전달받았을 것이기 때문이다. 물론 혜초에게는 다음과 같은 한계가 있다.

하지만 그는 고향 땅을 떠난 후 남부 중국에서 동남아를 거쳐 인도, 이란 및 중앙아시아를 방문하고 다시 중국에 돌아와 여생을 보냈다. 혜초는 동서 문화 교류에는 커다란 공헌을 했지만 다시는 신라로 귀국하지 않았다. …… 세계적 안목을 넓히는 데 이바지한 역사적 공헌도는 높이 평가하기에는 아쉽다.[17]

이 같은 지적에 따르자면, 혜초는 신라의 사정을 페르시아에 전했지만 신라 사람들에게 페르시아를 전했을 가능성은 희박하다. 신라 사람들은 혜초를 통해 세계적 안목을 넓힐 기회를 부여받지 못했다. 그가 신라로 돌아오지 않았기 때문이다.[18] 그 점은 아쉬움으로 남는다 해도, 페르시아에 전한 신라의 사정은 엄연하다 할 것이다. 여기에 『쿠쉬나메』의 존재 의의를 규정해 나갈 틈이 엿보인다.

중국의 맨 끝 신라

중세에 간행된 중동 지역의 문헌을 통해 신라가 어떤 식으로 비춰졌는지 살피는 작업은 일찍이 성과를 낸 적이 있다.[19] 이제 이 성과를 오늘의 논점에 맞추어 다시 한 번 검토해 보기로 하자. 9세기와 10세기 그리고 13세기, 페르시아인에 의해 편찬된 세 권의 책을 주목하고자 한다.

먼저 이븐 쿠르다드비(Ibn Khurdādbih)이다. 그는 페르시아인이며 사마라(Samara) 지역의 우편 관리인이었다. 우편 관리인은 도로 사정에 밝아 정보 수집과 세금 징수의 역할도 했다고 한다. 846년 초간, 885년 중간한 그의『여러 도로 및 여러 왕국 안내서(Kitāb al-masālik wa'l-mamālik)』에는 다음과 같은 기록이 실려 있다.

〔A〕"칸수(Qānsu)의 맞은편 중국의 맨 끝에 신라라는 산이 많은 나라가 있다. 그 나라는 영주국들로 갈라져 있다. 그곳에는 금이 풍부하다. 이 나라에 와서 영구 정착한 이슬람교도들은 그곳의 여러 가지 이점 때문에 그렇게 하였다고 한다. 그러나 그 나라 너머 무엇이 있는지는 아무도 모른다."

〔B〕"중국의 맨 끝에 신라라는 나라가 있는데 금이 풍부하다. 이슬람교도들이 이 나라에 상륙하면 그곳의 아름다움에 끌려서 영구히 정착하고 떠나려 하지 않는다."[20]

〔A〕의 칸수는 중국의 광동(廣東) 일대를 지칭하는 것으로 보인다. 여기서 '맞은편 중국의 맨 끝'이 신라이다. '산이 많은 나라', '금', '영구 정착한 이슬람교도'라는 세 가지 핵심 사항이 신라를 대표하고 있다. 산은 그렇다 쳐도 금이 많은 나라라고 말한 데에는 비교 우위적인 측면을 고려해야 하리라고 본다. 페르시아에 비하면 그렇다는 것이다. 신라를 금성(金城)이라 부른 데서 오는 다소 막연한 정보일 수도 있다.

〔B〕의 내용은 〔A〕의 반복이다. 두 군데 모두 '영구 정착'했다는 '이슬람교도'가 나오는데, 〔A〕에서는 '여러 가지 이점'이라 하고 〔B〕

에서는 '그곳의 아름다움'이라 하여, 정착의 이유를 다소 다르게 표현하였다. 이 차이는 무엇을 의미하는 것일까. 그리고 과연 그렇게 정착한 이슬람교도가 정말 있는 것일까.

신라라는 섬

다음은 술라이만(Sulaimān)이다. 그는 무역상이었다. 무역상으로서 『중국과 인도 안내서(Akhbār al-ṣīn wal-Hind)』를 냈는데, 사람들은 931년에야 이 책의 존재를 알았다. 만들어진 시기는 사실상 쿠르다드비의 책과 비슷했다 할 것이다.[21]

〔C〕"(중국의) 해안에 신라라는 섬들이 있다. 그곳의 주민들은 피부가 희다. 그들은 중국 황제에게 선물을 보내고 있다. 만약에 그렇게 하지 않으면 하늘은 그들에게 비를 내려 주지 않을 것이라고 그들은 말한다. 우리 동료 가운데 아무도 그곳에 가 보지 않았기 때문에 그들에 관한 소식을 들을 수 없다. 그들은 또한 흰 매를 가지고 있다 한다."[22]

〔C〕에서는 '섬', '흰 피부', '조공', '흰 매'라는 네 핵심 사항이 신라를 대표하고 있다. 〔A〕, 〔B〕와는 완연히 다른 정보이다. 역시 상대적으로 피부가 흰 신라인에 대한 묘사였을 것이고, 중국에 조공을 한다는 정보 또한 사실에서 어긋나지 않는다. 신라인이 매사냥을 즐겼음은 널리 알려진 바이다.[23]

문제는 '섬'이다. 이때까지 신라가 페르시아인에게 섬으로 인식되고 있었음을 보여 주는 소중한 기록이다. 서방 세계에서 나온 최

오르텔리우스의 지도 『세계의 무대』 1570년에 제작된 이 지도에서 우리나라는 섬으로 표시된다.
오르텔리우스는 벨기에 태생의 지도학자로, 『세계의 무대』는 유럽 최초의 세계지도이다.

초의 한반도 지도인 이드리시(Idrīsī Abū Abd allāh Muhammad al-)의
지도(1154년)에도 섬으로 나타난다.[24] 사실 서양에 알려진 한반도
는 16세기까지 섬이었다. 1570년에 제작된 오르텔리우스(Abraham
Ortelius)의 지도 『세계의 무대(Theatrum Orbis Terrarum)』에는 그렇
게 표시된다.[25] 1655년 네덜란드 출신의 지도 제작자 블라외(Willem
Blaeu)가 만든 지도에 와서야 반도로 그려져 있다(위 사진 참조).[26]

뒤에 다시 거론하겠지만, 『쿠쉬나메』에서 신라가 섬으로 그려진
것과 일치하는 대목이다. 페르시아인은 처음에 신라를 섬으로 인식
하였다.

블라외 지도 네덜란드 출신의 지도 제작자 블라외가 1655년에 만든 지도. 이 시기에 와서야 우리나라가 섬이 아닌 반도로 그려진다.

매우 유쾌한 나라

마지막으로 자카리야 카즈위니(Zakarijā Qazwīnī, 1203~1283)이다. 13세기를 살다 간 그는 페르시아인 계통이었으며, 이때는 몽골의 바그다드 점령 시기였다. 몽골 강점기 아래 일연의 『삼국유사』가 편찬된 시점이었다.

그가 신라에 관해 기록한 두 가지 가운데 하나는 술라이만의 기록과 거의 일치한다. 다음과 같은 두 번째 기록은 주목할 만하다.

〔D〕"신라는 중국의 맨 끝에 있는 매우 유쾌한 나라이다. 공기가 순수하고 물이 맑고 토질이 비옥해서 병을 볼 수 없는 곳이다. 그 주민들은

세계에서 가장 아름다운 얼굴을 가지고 있고 또 가장 건강하다. 만약에 그들이 집에 물을 뿌리면 호박의 향기가 난다고 말한다. 전염병과 다른 병도 그곳에는 드물고 또 파리와 날짐승들도 거의 없다. 다른 섬의 어떤 환자가 신라에 오면 완치된다고 한다. 무함마드 빈 자카리야 알-라지(Muhammad bin Zakarijā al-Razi, 865~925)는 '누구나 이 섬에 들어가면 그 나라가 살기 좋으므로 정착해서 떠나려 하지 않는다'고 말했다. 그곳에는 이로운 점이 많고 금이 풍부하다. 하느님만이 그 진실을 안다.'[27]

무함마드 빈 자카리야 알-라지가 한 말이나 금이 많다는 점은 앞선 기록과 같다. 그러나 이 [D]의 기록은 훨씬 구체적이며, 신라에 관한 새로운 사실을 알려 준다. 신라의 뛰어난 자연 조건과 신체에 대한 묘사가 특히 그렇다. '아름다운 얼굴'과 '건강한' 신체를 말한 대목이며, 심지어 '다른 섬'의 환자가 여기 와서 치료를 받는다는 대목은 인상적이다. 신라를 한마디로 '유쾌한 나라'라고 규정한다.

시기가 13세기까지 내려왔으니 신라에 대한 더 구체적인 정보를 얻었으리라 추정된다. 다만 이 같은 기술이 미심쩍은 구석이 있으니, "이 구체화 현상은 중동인의 신라에 관한 지식의 심화라고 인정할 수는 없는 것이다. 오히려 그들의 상상력의 발전"[28]이라는 논자의 견해를 무시할 수는 없다.

13세기는 이미 고려시대고, 신라가 멸망한 지 400여 년이나 지난 시점이다. 그러므로 '상상력의 발전'만이 아니라 누적된 정보의 총화라고 볼 수도 있으리라.

'유쾌한 나라' 신라는 두고두고 서역인의 가슴에 아름다운 동쪽으로 기억되고 회자되었을 것이다. 비록 카즈위니보다 조금 앞선 시대이지만 『쿠쉬나메』의 저자는 상상력이건 정보의 총화건 신라에 관한 지식을 다채롭게 받아들였을 것이다.

페르시아 관련 유물

일찍이 신라와 서역의 교류 양상을 제시하는 여러 가지 물증이 있었다. 우선 서역의 악기, 문양, 놀이나 동식물 등이 그것이다.

비파가 서역의 악기라는 사실은 『삼국사기』를 통해서도 확인되지만,[29] 바르바트(barbat)라는 고대 이란 악기에서 유래하였다[30]고 한다. 만(卍, Swastiska) 문양도 고대 페르시아 제국의 그림이나 건축 무늬에서 흔히 보인다. 사산조 페르시아의 수도 크테시폰에서 발굴된 건축 양식 또한 이 무늬를 자주 썼다.[31] 이는 원만, 영원불멸, 은혜 등을 도상한 것[32]이라 한다. 의미가 불교의 그것과 서로 통하기에 자연스럽게 이입되었을 것이다. 또한 서기전 500년경 이란의 다리우스(Darius) 대왕의 통치기에 격구를 했다는 기록이 있다.[33] 식물 가운데는 특히 포도가 주목되는데, 이란어 계통의 소그드어(Sogdian language)에서 보도(Bodow)라 부른 것을 한자로 음역한 것이다.[34]

이 같은 악기와 문양 그리고 운동, 식물 등은 중국을 통해 신라까지 전해졌다. 이러한 시각은 문명 교류의 일반적인 양식에 따라 받아들여도 무리가 없으리라 본다. 또한 이것이 직접 교류의 증거일 수도 있다. 신라인은 페르시아의 존재를 가시권 안에 둘 수 있었다.

이보다 더 구체적인 증거도 있다. 왕릉의 부장품이다. 가장 주목할 만한 것은 경주 계림로 14호분[35]이다. 부장품 가운데 〈금제감장보검〉은 홍마노 등의 유색 보석으로 감장되고 누금 기법으로 장식되었다. 이 재료와 기법은 페르시아 문화의 전래를 말해 준다. 그런데 검집 측면에 P자형과 D자형의 장식 판이 달린 점을 보다 확실한 증거로 삼는 견해[36]가 발표되었다. 이 두 개의 장식 판은 칼을 30도 기울기로 허리에 차기 위해 고안[37]된 것이다. 사산조 페르시아에서 제작된 이 검이 고구려에 전해지고, 고구려와 통교하던 무렵 신라 왕이 선물로 받았을 것이라 추정[38]하고 있다.

다음은 유리 용기이다. 오직 신라 특히 경주 지역에서만 20여 점 이상의 유리 용기가 출토되었다.[39] 황남대총 북분에서 출토된 유리배(琉璃杯)는 로만 글라스(Roman glass), 혹은 사산조 페르시아의 커트글라스로 보는 견해가 양립[40]하고 있으나, 커트글라스 쪽이 보다 지지를 받고 있다. 이 유리배는 신라에서는 유리가 최상의 물품으로 대접받고 있었음[41]을 알려 주는 증거이다. 다만 이 유리가 페르시아와의 직접 교류에 의한 결과인지는 아직 자세하지 않다. 중국을 통한 전래일 가능성에 대해 우리는 다음과 같은 기록을 주목할 필요가 있다.

저번에 신라 승 효충(孝忠)이 금 9푼을 가져다주면서, '이는 의상 스님께서 보낸 것입니다'라고 하였습니다. 비록 편지는 받지 못했지만 은혜가 크기만 합니다. 이제 인도 사람들이 쓰는 물병과 대야를 하나씩 부쳐서 작은 정성이나마 표시하려 합니다. 받아주시면 다행이겠습니다.

『삼국유사』, 「의해」, '승전촉루' 조에서

이 글은 중국 화엄종의 현수(賢首)가 동학인 신라의 의상(義湘)에게 보낸 편지의 일부이다. 의상이 귀국한 이후 현수는 중국에 온 신라 승려를 통해 자신의 저서 등을 의상에게 보냈는데, 의상으로부터 '금 9푼'을 받은 데 대한 답례로 인도의 물병과 대야를 보낸다는 내용이다. 대체로 이 같은 방식의 교류가 신라에 서역 물건을 남긴 것으로 보인다.

그러나 고구려 또는 중국이 중계한 물품이라 해도 이를 통해 신라인이 페르시아의 존재를 확인하였음은 분명하다. 신라에 페르시아는, 그리고 페르시아에 신라는 낯선 나라가 아니었다.

『쿠쉬나메』에 보이는 신라의 풍속과 풍경

신라로 가는 길

『쿠쉬나메』의 중요 부분이 신라를 배경으로 하고 있지만, 과연 작가가 어느 정도나 신라를 알고 작품 속에 반영했는가는 의문이다. 그래서 『쿠쉬나메』에 그려진 신라의 풍경과 풍속을 하나하나 살펴볼 필요가 있다. 이를 통해 작품의 분석뿐 아니라 당대 신라와 페르시아의 교린 관계를 파악하는 데도 도움을 받을 수 있다.

특히 『쿠쉬나메』의 핵심 소재인 아비틴의 결혼과 관련하여 당대의 생활 풍속이나 풍습을 『삼국유사』에서 찾아 비교해 보고자 한다. 이로써 『쿠쉬나메』의 작가가 신라를 얼마나 알고 작품 속에 반영했는지 그 의문을 어느 정도 풀 수 있을 것이다.

『쿠쉬나메』에서 신라로 가는 방법과 기본적인 정보는 다음과 같이 묘사되었다.

이 땅에는 두 개의 마친이 있으며, 아비틴 왕은 과인의 마친을 거쳐 또 다른 마친에 도달해야 합니다. 그곳에 도달하기 위해 그대는 한 달 동안 해로로 이동해야 합니다.

한 달 후에 그대는 광활하고 경이로운 섬을 보게 될 것입니다. 섬의 일부는 바다에 접해 있습니다. 섬의 길이는 대략 20파라상(Parasang)[42]이며, 길이와 넓이가 같습니다. 매우 아름다운 80여 개의 도시가 있고, 각 도시들은 중국이나 마친보다 더 아름답습니다. 도시마다 수천 개의 농장과 정원이 있으며, 훌륭한 왕이 그 섬을 통치하고 있습니다. 왕의 이름은 '태후르'이며, 아주 현명하고 친절합니다. 왕은 신에게 기도하며, 결코 죄를 짓지 않습니다.

그 섬으로 들어가는 유일한 입구는 매우 좁아서, 두 사람조차도 함께 통과할 수 없습니다.

'아비틴에게 보내는 바하크의 서신과 답신'[43] 중에서

『쿠쉬나메』에서는 신라를 두 개의 마친 가운데 다른 하나요, 섬이라고 하였다. 앞서 설명한 것처럼 반도인 신라가 고대인에게는 섬처럼 보였을 수 있다. "유일한 입구는 매우 좁아서, 두 사람조차도 함께 통과할 수 없다"라는 묘사가 그렇다. "다른 한 곳에 도달하려면, 일곱 달 동안 항해해야 한다"[44]라는 구절도 있는데, 이는 페르시아인에게도 알려져 있었을 일본에 대한 설명인 것 같다.

왕의 이름을 태후르라 하였다. 사산조 페르시아가 멸망한 연대가 651년이고, 그 유민이 중국을 거쳐 신라까지 온 때를 작품의 배경으로 삼는다면, 신라가 삼국을 통일하는 시기에 해당한다. 김춘추를

태종 무열왕이라 불렀던 것을 음상(音相)으로 비교하면 태후르가 이에 가까울까. 그러나 이는 추정일 뿐이고 굳이 태종이 아니어도 상관없다.

흡사한 거리의 풍경

거리의 풍경을 묘사하는 데서 우리는 조금 더 구체적인 증빙 자료를 찾아볼 수 있다.『쿠쉬나메』는 서사시이므로 풍경에 대한 묘사가 풍부하다. 아비틴이 처음 태후르의 아들들을 만나는 장면을 보면, 해안의 풍경과 접대하는 모습이 간명하면서도 여실하게 묘사되어 있다.

아비틴 왕은 육지에 도착했을 때, 해안이 군대로 가득한 것을 보았다. 태후르의 두 아들이 군대 옆에 서 있었는데, 그들은 말에서 내려 모든 예를 갖추었다. 아비틴과 태후르의 아들들은 서로 따뜻하게 포옹하고는 말을 타고 떠났다.

'아비틴과 태후르의 만남'[45] 중에서

이런 솜씨로 그린 신라의 거리 풍경은 어땠을까.

정원은 재스민으로 풍성하였고, 향기로운 튤립과 히아신스로 가득했다. 모든 길과 장터는 잘 단장되어 있었다. 돌로 만들어진 성벽은 정교하게 쌓여 있어 축대(築臺) 사이로 아무것도 지나갈 수 없었다. 성벽은 너무나 높아서 민첩하게 나는 매조차 하루 종일 날아도 성벽을 넘을 수 없었다. 성벽 뒤에는 배수로가 있었으며, 마치 콜좀(Qolzom, 홍해) 바다에서 흐르는 물이 이곳으로 흘러들어 가듯 물이 가득하였다. 바실라의 물과 배가 콜좀보다 많았다.

성문 보초병이 문을 열자 그곳은 낙원처럼 보였다. 도시의 냄새가 너무나 향기로워서 사람의 넋을 잃게 하였다.

'바실라 도시에 대한 묘사'[46] 중에서

물론 당시 경주에 튤립이 있었을 리 없다. 경주에 있는 꽃을 재스민이나 히아신스 등 페르시아 식으로 바꾸었다고 보면 될 듯하다. 매조차 하루 종일 날아도 넘을 수 없는 성벽 같은 과장을 참고해 보라.

다만 잘 단장된 거리, 낙원처럼 보이는 성문 안에서 향기로운 냄새가 퍼지는 광경을 주목할 필요가 있다. 이는 낙원 같은 풍경의 의례적인 묘사라 할 수 있지만, 『삼국유사』에 보이는 신라의 풍경 묘사와 매우 흡사하기에 주목을 요한다.

제49대 헌강왕(憲康王) 때였다. 서울부터 전국에 이르기까지 지붕과 담이 즐비하게 이어지고, 초가집이란 한 채도 없었다. 거리에는 연주와 노래 소리 끊이지 않고, 사시사철 맑은 바람이 불고, 비는 적당히 내려주었다.

『삼국유사』, 「기이」, '처용랑 망해사' 조에서

『삼국유사』에서 이 같은 풍경 묘사는 극히 이례적이다. 헌강왕 당시의 다소 사치스러운 신라 분위기를 말하고자 들어간 대목인데,

경주 왕경 신라시대 전성기의 경주를 재현했다. 왼쪽 위가 월성, 오른쪽 가운데가 황룡사이다.

이때가 신라 하대의 기울어 가는 시기였음을 감안하면, '병든 도시 문화'[47]의 다른 표현이기는 하다. 이런 때에 중동 지역과의 교류가 확대되는 증거는 여러 군데서 찾아볼 수 있다.[48] 신라는 페르시아를 비롯한 중동 여러 지역에 '알려진 나라'였다.

　여기에다 "배수로가 있었으며, 콜좀 바다에서 흐르는 물이 이곳으로 흘러들어 가듯" 한다는 대목은 경주의 거주 지역 발굴 조사 보고

서에 나오는 왕경(王京)의 거리와 흡사하다. 황룡사를 중심에 둔 신라 왕경 경주는 바둑판 모양으로 구획 정리가 되어 있고, 귀족의 집이 그 위세에 따라 크고 작은 터를 차지하였다. 집에서 쓰고 버린 물을 모아 내보내는 하수구가 정연하였음이 고스란히 발굴되었다.[49]

폴로 경기

아비틴과 태후르가 폴로 경기를 벌이는 대목 또한 주목된다. 이것은 나중에 왕이 된 김춘추가 그의 강력한 후원자 김유신과 축국(蹴鞠)을 하였다는 기록과 연결된다. 결혼으로 이어지는 계기이다.

다음 날 아침, 아비틴 왕은 애타는 마음으로 왕실에 갔다. 아비틴이 태후르에게 고하였다.

"전하, 전하께서 윤허하신다면 내일 폴로 경기를 하고 싶사옵니다."

태후르가 대답하였다.

"그대의 말은 일리가 있으니 항상 그대의 청을 윤허하노라."

아침이 되자 아비틴은 폴로 경기를 준비할 것을 군대에 명하였다. 시종들이 일어나자, 아비틴은 들판으로 가서 먼지가 일지 않도록 물을 뿌릴 것을 명하였다.

연륜이 깊은 태후르와 아비틴은 들판으로 행차하였다. 들판은 우주만큼 광활했으며, 쾌적하였다. 그리고 궁궐과도 연결되어 있었다.

아비틴은 턱수염에 기름을 바르고, 터키석과 루비가 박힌 왕관을 썼다. 그리고 향나무와 같은 말에 올라앉아 이리저리 거닐고 있었다.

궁녀들은 폴로 경기를 보기 위해 발코니로 올라갔다.

궁녀들은 손가락으로 서로에게 저마다의 신호를 보내며, 곧 밝아 올 세상의 빛을 예고하는 듯했다. 들판은 아비틴의 얼굴로 인해 하늘이 별과 같이 환해졌다.

'아비틴과 태후르가 폴로 경기를 하다'[50] 중에서

아비틴이 태후르에게 폴로 경기를 제안한 것은 신라 공주 프라랑과의 결혼을 결심하고 난 다음이었다. 아비틴은 이미 프라랑에게 마음을 빼앗긴 상태다. 그래서 애타는 마음으로 궁궐로 향하는 것이다. 신라 왕과 폴로 경기를 하며 기회를 노리겠다는 심산이다. 수염에 기름을 바르고 왕관을 쓴 채 말 위에서 한껏 뽐낸다. 그 장면을 궁녀들이 보고 있다고 했거니와 거기에는 프라랑 공주의 눈길도 있을 것이다. 신라의 왕 또한 그런 아비틴의 마음을 알아차린 듯하다.

김춘추와 김유신의 축국 경기는 이를 닮아 있다. 두 남자의 수작(酬酌)이라는 점에서 더욱 그렇다.

열흘쯤 지난 다음이었다. 김유신이 김춘추와 정월의 오기일(午忌日)에 유신의 집 앞에서 축국을 하였다. 춘추의 치마가 밟혀 옷깃 여민 곳이 찢어지자 유신이, "우리 집에 들어가 꿰매자"라고 하였다.

『삼국유사』, 「기이」, '태종 춘추공' 조에서

지금의 폴로와 옛날의 축국을 똑같은 경기라고 할 수 없지만, 유사한 경기를 서로 달리 기록하였다고 볼 수 있다. 일연은 주석을 붙여, "신라 사람들은 축국을 구슬을 가지고 노는 놀이라고 하였다"라

고 설명하였다. 춘추의 옷이 밟혀 찢어지자 유신이 자신의 집으로
데려가 여동생을 시켜 꿰매 준다. 사실은 김춘추와 엮어 주려는 속
셈이었다.

　이것이 성공을 거두어 두 사람은 결혼한다. 폴로 경기 후 아비틴
이 태후르의 딸과 결혼을 결심하는 『쿠쉬나메』의 전개와 닮았다.

국제결혼과 결혼 풍속

일연의 『삼국유사』에는 다양한 형태의 국제결혼담이 실려 있다.[51]
이 같은 결혼담은 전승하는 설화를 그대로 채록하는 과정에서 자연
스럽게 들어갔다 하겠으나, 시대적 분위기를 반영한 것이라고 확대
해석해 볼 수도 있다. 곧, 빈번한 국제결혼이 그다지 큰 거부감 없이
받아들여지던 시대였다는 것이다. 여기서 말하는 시대란 사건 당대
일 수도 있고, 『삼국유사』가 편찬되던 13세기일 수도 있다. 이를 다
음의 세 가지 유형으로 나누어 볼 수 있다.

　① 이류(異類) 결혼 : 사람과 동물 간의 결혼
　② 국내국제형 결혼 : 삼국(혹은 가야를 포함한 사국) 간의 결혼
　③ 국제결혼 : 이국인과의 결혼

　①은 설화적인 구성이고, 여기서 거론할 수 있는 것은 ②와 ③이
다. ②의 경우는 백제 무왕이 청년 시절 신라 공주 선화와 결혼하는
이야기가 대표적이다. 이 또한 일정 부분 설화적인 요소가 포함되
어 있는데, 신라와 백제의 왕실 간 결혼이 전혀 없지는 않았다. 아직

그 진위 여부의 논쟁이 남았지만, 『화랑세기』에는, "법흥대왕이 국공(國公)으로 백제에 들어가 보과공주(寶果公主)와 더불어 사통했다. 후에 보과가 도망을 하여 입궁하여 남모와 모랑을 낳았다"[52]라는 기록이 있다.

본격적인 국제결혼담은 ③의 경우이다. 가장 이른 결혼담은 김수로와 허황옥이다. 수로는 신하들이 자신들의 딸 가운데 골라 결혼할 것을 권했으나, '짐을 도와 왕후가 되는 것 또한 하늘의 명'이라며 물리친다. 그러고 나서 결혼한 상대가 인도 출신의 허황옥이었다.

왕은 곧 유천간에게 명해 잽싼 배와 좋은 말을 끌고 망산도(望山島)에 가서 기다리게 하였다. 또 신귀간에게는 승점(乘岾)까지 가서 있게 했다. 그때였다. 바다 서남쪽으로부터 붉은 돛을 달고 붉은 깃발을 휘날리는 배가 북쪽을 향해 왔다. 유천간 등이 먼저 섬 위에서 횃불을 들자, 사람들이 다퉈 건너와 땅에 내렸다. 그들이 달려오자, 신귀간이 바라보고 대궐로 달려가 아뢰었다. 왕이 그 이야기를 듣고 기뻐하며 9간 등을 보내, 난꽃으로 꾸민 노며 계수나무로 만든 노를 저어 그들을 맞아들이게 했다.

『삼국유사』, 「기이」, '가락국기' 조에서

장엄한 결혼식 장면이다. 붉은 돛을 달고 붉은 깃발을 휘날리는 배에 신부가 타고 있고, 난꽃으로 꾸민 노며 계수나무로 만든 노를 저어 맞으러 간다.

허황옥이 인도 출신임은 이 설화에 명기되어 있지만 사실성을 뒷받침하는 연구 결과도 많이 있다. 최근에는 "약 2,000년 전 가야 시대 왕족의 것으로 추정되는 유골을 분석한 결과 인도 등 남방계와 비슷한 유전 정보를 갖고 있었다"[53]라는 보고까지 나왔다.

김수로와 비슷한 시기에 이루어진 국제결혼이 있으니, 탈해와 남해왕의 딸이 그 주인공이다. 신라에 온 탈해는 자신이 '용성국 사람'이라고 말한다.[54] 일연은 여기에 주석을 달아, 용성국은 "정명국이라고도 하고, 어떤 이는 완하국이라고도 한다. 완하는 화하국이라고도 하는데, 용성은 일본 동북쪽 1천 리 정도에 있다"[55]라고 하였다. 탈해는 외국인이었다. "그때 남해왕은 탈해가 지혜로운 사람임을 알아보았다. 그래서 큰 공주를 아내로 삼게 했는데, 이 사람이 아니부인이다"[56]라는 상황으로 발전하는데, 그렇다면 이 경우는 외국인 남자와 내국인 여자의 결혼이다. 『쿠쉬나메』의 그것과 같다.

외국에서 온 쪽이 부인인 경우와 남편인 경우, 두 가지를 위에서 확인하였다. 그러나 『쿠쉬나메』와 관련하여 가장 주목할 국제결혼은 역시 처용(處容)의 결혼이다.

동해 용은 기뻐하며, 일곱 아들을 데리고 왕의 가마 앞에 나타나 덕을 칭송하면서 춤추고 음악을 타며 바쳤다. 그 아들 하나는 왕을 따라 서울로 들어가 왕정을 보좌하였는데, 처용이라 불렀다. 왕은 아름다운 여자를 아내로 삼게 하면서, 그의 마음을 붙잡아 두고자 했다.

『삼국유사』, 「기이」, '처용랑 망해사' 조에서

헌강왕이 동해 순행 중에 만나 데려온 '용의 아들' 처용은 신라 여인을 맞아 결혼하였다. '용의 아들'에 대한 해석은 다양하지만, 그 가운데 바다 건너온 외국인이라는 해석이 있다.

일찍이 동해 용의 아들 처용을 '아랍상(商)의 일원'[57]이라고 주장 했을 때 학계에서조차 고개를 갸우뚱했었다. 그러나 신라와 중동이 서로에 대해 상당한 정보를 가지고 있었다는 주장은 이제 낯설지 않다.

아울러 첨부할 것은 일연의 당대, 곧 고려가 원나라에 항복한 다음, 충렬왕부터 고려의 왕은 원의 부마가 되었다. 정치적 견제를 위한 정략결혼이었지만 국제결혼의 예는 일연 당대에도 나온다. 『삼국유사』를 기술하는 이 시대의 사람으로서 일연에게 국제결혼은 낯설지 않았을 것이다.

신부를 선택하는 방법

이에 따라 결혼 풍속을 나타내는 기록 또한 눈여겨볼 만하다. 경문왕이 아직 등극하기 이전, 곧 응렴이라는 이름으로 국선에 있을 때 헌안왕의 눈에 들어 부마가 되었다. 결혼 과정에서 왕은 응렴에게 다음과 같이 제안한다.

왕은 그 말을 듣고 그의 어진 성품을 알았다. 눈물이 떨어지는지도 모른 채 일렀다.

"내게 딸이 둘 있거니와 그들이 수발을 들도록 하겠노라."

응렴은 자리를 벗어나 절하고, 머리를 조아리며 물러 나와 부모에게 아뢰었다. 부모는 놀라 기뻐하며, 자제들을 모아 놓고 의논하였다.

"큰 공주는 얼굴이 매우 못생겼고, 둘째 공주는 매우 아름다우니 그를 맞아들이면 좋겠다."

『삼국유사』, 「기이」, '48대 경문왕' 조에서

응렴의 어진 성품을 알아본 헌안왕이 사위로 삼으려 할 때였다. 두 딸을 두고 응렴에게 선택하도록 했다. 이런 풍속이 널리 퍼져 있었는지, 이 자료 하나만으로 확정할 수는 없다. 그러나 이러한 예가 『쿠쉬나메』 속의 결혼 과정과 유사한 점에 주목하게 된다.

아비틴과 프라랑이 결혼에 이르게 되는 과정을 정리해 보자. 먼저 아비틴의 뜻을 전하는 신하와 태후르 사이에 갈등이 드러나는 부분이다.

I-① 전하의 치세에 소인은 덕망을 얻었사옵니다. 만약 소인을 전하의 가족의 일원으로 받아 주신다면, 소인은 더욱 존경받을 것이옵니다. 여러 공주님 중에서 한 분을 소인에게 주신다면, 소인은 부마의 자리에 오를 것이옵니다.[58]

I-② 태후르 왕은 전갈을 들은 후 화가 나서 그의 손가락을 꽉 쥐었다.[59]

I-③ 허나 귀족들은 나쁜 평판과 불화를 막고자 외국인에게 딸을 주지 않는다네. 아비틴이 왕이 될 수도 있다는 말은 옳으나, 그는 물 밖에 떨어져 곧 죽을 물고기와 같은 신세라네.[60]

Ⅰ-④ 아비틴 왕께서 자신의 운명으로 인해 곤경에 처해 있으나, 곧 고결함과 보물을 되찾을 것이옵니다. 시들어 버린 꽃을 본 적이 있습니까? 가을에는 가시만 남아 있지만, 봄에는 다시 피옵니다.[61]

Ⅰ-⑤ 아비틴은 자랑스러운 젊은이이며, 박학다식하도다. 허나 짐은 그의 꿈이 실현되어 결국 왕실을 떠날까 두렵소.[62]

아비틴의 신하는 아비틴을 중매하며 그의 장점을 한껏 치켜세우지만(Ⅰ-①), 신라의 왕은 '나쁜 평판'과 '귀족과의 불화'를 이유로 외국인에게 딸을 주지 않는다며 거절하고(Ⅰ-③), 신하는 아비틴이 자신의 운명 때문에 어려운 처지에 있으나, 곧 "고결함과 보물을 되찾을 것"(Ⅰ-④)이라고 안심시킨다. 나쁜 평판이란 반드시 부와 권력만을 말하는 것은 아닐 것이다. 왕의 걱정이나 불만은 "물 밖에 떨어져 곧 죽을 물고기와 같은 신세"(Ⅰ-③)보다는 "결국 왕실을 떠날까 봐"(Ⅰ-⑤) 두려워하는 데 있었다. 경문왕이 어진 사위를 맞이하기 바라는 바와 비슷하다.

다음 단계는 아비틴이 프라랑과 만나는 과정이다. 여기서 앞에 소개한 경문왕의 고사가 다시 연상된다.

Ⅱ-① 전하께서 윤허하신다면, 아비틴 왕께서 모든 공주님을 뵈러 갈 것입니다. 그리하여 아비틴 왕께서 사랑으로 한 분을 선택하신다면, 그분을 떠나지 않을 것입니다. 전하께서 신붓감을 스스로 선택하신다면, 의심할 여지없이 부인을 눈에 넣어도 안 아플 정도로 아끼실 것입

니다.[63]

Ⅱ-② 프라랑을 선택하기 위해 어떤 묘책을 써야 하오?[64]

Ⅱ-③ 프라랑 공주님께서는 가장 소박한 옷을 입고 계시옵니다.[65]

Ⅱ-③ 아비틴은 파라에게 혼인 전통과 관습, 무엇을 해야 할지에 대해 질문하였다.

"두 사람은 서로 만남을 가진 후에 사랑에 빠져야 합니다. 그러고 나서 남자는 겨울에 구할 수 있는 길고 푸른 바질(basil)을 가져와야 합니다. 봄과 가을에도 이 식물을 구할 수 있사오며, 사람들은 1년 내내 잔치에 이 식물을 사용하옵니다. 진귀한 보석으로 장식된 황금색 유자에 바질을 묶어야 합니다. 신랑은 바질로 묶은 황금색 유자를 유모에게 건네고, 유모는 신부에게 전해 줍니다. 만일 신부가 거절한다면, 유자를 받지 않고 남자에게 되돌려 줍니다. 허나 신부가 허락한다면, 유자와 바질을 받아 입을 맞추고 간직합니다."[66]

Ⅱ-④ 전하께서는 과인에게 선택권을 주셨소.[67]

Ⅱ-⑤ 유모가 대답하였다.

"오, 위대한 전하! 그것은 선의였습니다. 신이 도우시는 분에게 술책은 통할 수가 없나이다. 사자(아비틴)가 양 떼(공주님들의 무리)에게 와서는 다른 공주님들 틈에서 오직 프라랑 공주님을 선택하였습니다. 소인은 프라랑 공주님을 아주 추하게 꾸몄습니다. 허나 신의 뜻은 달랐습니다."[68]

태후르는 아비틴에게 자신의 딸들 가운데 한 명을 택하도록 했다. Ⅱ-④에 보이는 "전하께서는 과인에게 선택권을 주셨소"라는 대목이다. 아비틴이 프라랑을 선택한 과정을 지켜본 유모가 말했다. 바로 우리가 주목할 대목인데, Ⅱ-⑤의 기록에서, "다른 공주님들 틈에서 오직 프라랑 공주님을 선택하였습니다. 소인은 프라랑 공주님을 아주 추하게 꾸몄습니다. 허나 신의 뜻은 달랐습니다"를 경문왕, 곧 응렴이 두 공주 가운데 한 사람을 택하는 과정과 견주어 볼 필요가 있다.

응렴도 처음에는 아름다운 얼굴만 보고 둘째딸을 택하려 했으나, 마음을 고쳐먹고 큰딸과 결혼하여 왕까지 된다. 프라랑이 추하게 꾸며져 있었으나 아비틴이 제대로 알아본 것과 이야기가 닮았다.

Ⅱ-③에 나오는 혼인 전통과 관습은, 아래 허황옥의 경우와 유사하기까지 하다.

왕후는 산 바깥쪽에 있는 별포(別浦) 나루에 배를 매어 두고, 육지에 올라 높은 언덕에서 쉬고 있었다. 거기서 입고 있던 비단 바지를 벗어 산신령께 예물로 드렸다.

『삼국유사』, 「기이」, '가락국기' 조에서

남자에게 받은 바질로 묶은 유자에 입을 맞추는 행위는 입고 있

298

던 바지를 벗어 예물로 바치는 행위와 흥미로운 비교가 가능하다. 어떤 성적(性的) 모티프로도 읽힌다.

물론 『쿠쉬나메』의 결혼 광경은 이란의 다른 서사시나 문학적 전통 속에서 비슷한 사례를 찾아 비교해 볼 수도 있다.[69] 그것은 그것 대로 의미가 있지만 하필 서사시의 무대를 신라라는 먼 곳으로 설정한 작가의 의도나, 거기에 신라가 선택된 역사적 의미에 대해서 논하는 것은 별개의 문제다. 이런 갈등이 세밀하게 묘사되는 위와 같은 대목은 매우 매력적이다.

계귀의 나라 신라

앞서 인용한 자료 〔B〕에서는 신라를 "그곳의 아름다움"으로 보여 주었다. 〔D〕에서는 "신라는 중국의 맨 끝에 있는 매우 유쾌한 나라" 라 하였다. 신라는 이런 말을 듣기에 충분한 나라였던가? 『삼국유사』에는 다음과 같은 말이 나온다.

천축 사람들은 해동 사람들을 구구탁예설라(矩矩吒暋說羅)라 불렀다. 구구탁은 닭[雞]이라는 말이고, 예설라는 귀(貴)라는 말이다. 저들 나라 에서, '그 나라는 닭의 신을 경배해 존귀하게 여기기 때문에 깃을 머리 에 꽂고 장식을 한다'라고 전한다."

『삼국유사』, 「의해」, '인도로 간 여러 스님' 조에서

신라 출신으로 인도에 구법여행을 떠난 승려들을 기리는 글의 끝 부분이다. 일연이 시를 통해 "외로운 배 달빛 타고 몇 번이나 떠나

갔건만/이제껏 구름 따라 한 석장(錫杖) 돌아옴을 보지 못했네"[70]라
고 노래한 것처럼, 살아 돌아온 승려 하나 없었다. 그런 곳을 찾아
용맹 정진한 승려들의 출신지가 신라이다.

닭은 알지(金閼智)의 탄생 신화에도 등장하거니와, 금이 많은 나라
의 왕이 가진 성은 김(金)이 되었다. 계귀(鷄貴)는 곧 귀한 금의 나라
인 것이다. 그렇게 신라는 아름답고 유쾌한 나라로 알려졌다.

뜻밖에 등장한 『쿠쉬나메』는 이 같은 신라에 대한 소문의 전화(轉
化)이다. 첫 부분을 다시 보기로 하자.

> 태후르 왕이 대답하였다.
> "현명한 왕인 그대는 그대가 원하는 것을 과인에게 말했으니, 이제
> 과인의 말을 들어보시오. …… 우리 선조들은 위대한 왕들이며 아무도
> 그들과 감히 대적하지 못하였소. 중국과 마친을 두려워하지도 않소. 우
> 리 왕국은 자주적인 섬이기에, 과인은 중국의 제후가 아니오. 이 산에
> 는 이 길을 제외한 다른 길이 없다는 걸 그대도 알고 있지 않소? 우리
> 왕국은 세상을 둘러싼 바다로부터 가장 큰 창조물 중 하나로 알려져
> 있소. 또한 양면이 육지를 둘러싸고 있어 어떤 배도 (우리를) 공격할
> 수 없소."
>
> '아비틴이 태후르를 깨우치다'[71] 중에서

태후르 왕의 발언은 신라라는 나라를 다시 생각하게 한다. 왕은
자신의 선조들이 위대한 왕이었으니, 아무도 대적하지 못할 자주적
인 나라라고 말한다. 이런 신라는 아비틴의 재충전을 기대하는 페

계귀 신라는 아름답고 유쾌한 나라로 알려졌을 것이다.

르시아인의 소망이 투영된 결과이지만, 전혀 근거 없는 상상의 나라만은 아니었기에 가능한 설정이었으리라 본다. 나아가 신라는 "중국과 마친을 두려워하지도 않"는다고 하였다. 더욱이 "자주적인 섬"이며, 왕 자신은 "중국의 제후가 아니"라고까지 말하지 않는가. 이것은 사실일까? 오늘날 우리의 상식을 뛰어넘지만, 신라는 정말 그런 나라가 아니었을까 다시 생각하게 한다.

이 같은 신라에 의지하여 그들은 다음과 같은 행복한 결말을 꿈꾼다.

> 밤이 되자 아비틴은 행복하게 잠이 들었다. 아비틴은 꿈을 꾸었는데, 꿈에 쿠쉬에게 살해당한 그의 아들 소바르가 찾아왔다. 그리고 아비틴에게 마른 나뭇가지를 주었는데, 그 나뭇가지에서 새싹이 나고 향기가 났다. 아비틴은 그것을 산에 심었다. 나뭇가지는 수많은 나뭇가지를 가진 튼튼한 나무가 되어 커다란 그늘을 드리웠다. 나무는 높이 자라서 하늘에 닿았고, 드디어 하늘을 뚫고 올라갔다. 그리하여 온 세상은 그 커다란 초록색 나무 그림자의 아래에 놓이게 되었다. 그때 시원한 산들바람이 불어와 나뭇잎이 이리저리 날렸다. 나뭇잎들이 세상으로 흩어져 온 천지의 산과 들이 나뭇잎으로 풍성하였다. 모든 이들이 빛으로 행복하였으며, 비탄과 슬픔이 끝났다고 말하였다.
>
> '아비틴이 꿈을 꾸다'[72] 중에서

마른 나뭇가지에서 새싹이 나고 향기가 났다. 산에 심은 나뭇가지는 튼튼한 나무가 되어 그늘을 드리운다. 하늘에 닿았고 하늘을 뚫고 올라간다. 매우 아름다운 꿈이다. 비탄과 슬픔을 끝낼 희망의 나무가 자라 거대한 숲을 이루는 희망이다. '유쾌한 나라' 신라가 저들에게 이처럼 풍성하게 각인되어 있었음은 후세의 우리로서도 행복한 일이다.

『쿠쉬나메』는 우리에게 무엇인가

『쿠쉬나메』는 정말로 특이한 자료다. 사실 『쿠쉬나메』에 보이는 신라의 풍속과 풍경이 얼마나 사실에 가까운지는 좀 더 많은 자료를 통해 살펴볼 필요가 있다. 그러면 신라와 페르시아의 교류사가 구체적인 모습을 드러낼 수 있을 것이다.

나아가 문학을 통해 그려진 '상상된 신라'가 나름의 근거를 가지고 어떤 의미 맥락을 형성하는지 분석해 볼 필요가 있다. '피난처로서의 신라'는 이슬람권의 기록을 통해 확인되는 바이지만, 새로운 힘을 주는 생명의 발신처(發信處)로 인식되었다는 사실을 놓쳐서는 안 될 것이다.

지금까지 살펴본 바로는 『쿠쉬나메』에 이전에 없던 신라에 관한 정보가 다수 포함되어 있지만, 확인된 사실이 다소 범박하다는 혐의를 저버릴 수 없다. 묘사가 자세하지 않고 사실과의 정합성에서 의구심이 남기도 한다. 이것은 당연하다. 도리어 그렇기에 우리는 이에 더 주목해야 할 의무가 있다. 시간과 공간의 현격한 유리(遊離)를 가진 자료가 지나치게 자세하다든지 들어맞는다면 그것이 도리어 의심받을 일이 아닐까.

실제 연구자 사이에는 '금이 많이 나는 아름다운 섬나라는 반드시 신라라기보다는, 페르시아인들의 이상향이 아닌가 싶다'는 의견이 있다. 동감한다. 다만 그 이상향을 왜 하필 신라로 잡았는지, 그리고 신라에 대한 정보는 얼마나 가지고 있었는지는 확인해야 한다.

그러나 『쿠쉬나메』의 내용이 『삼국유사』 같은 책에 기록되지 않은 점은 이와 차원이 다르다고 본다. 『삼국유사』가 모든 것을 포괄할 수 없고, 특히 『쿠쉬나메』가 창작성이 두드러진 작품이라면, 동시대인 13세기에 이를 일연이 접했을 리 없기 때문이다. 연결하기에는 아슬아슬한 조건이 많기에 잃어버린 고대문화사의 한 장면을 재구성했다는 의견에 신빙성이 있다고 생각한다.

여기에다 한 가지 더 특기할 사항이 있다.

일연이 『삼국유사』를 편찬할 무렵인 13세기에는 세계를 지배했던 몽골의 영향이 고려에도 강하게 끼쳐졌다. 『쿠쉬나메』 또한 13세기 작품이다. 13세기에 정리한 신라의 역사가 『삼국유사』라면 『쿠쉬나메』와는 운명적인 태생의 인연이 있다. 세계가 요동치는 시점에 나온 서사물과 서사시에는 자칫 잊힐 뻔한 세계가 자리 잡았다.

다소 거칠게나마 결론을 내자면 우리에게 『쿠쉬나메』는 작품으로서뿐만 아니라 역사의 중계자로서 의미 또한 가지고 있다.

1. 《한국이슬람학회논총》 제20-3집, 한국이슬람학회, 2010. (A)

2. 《한국이슬람학회논총》 제22-1집, 한국이슬람학회, 2012. (B)

3. 이희수(B), 「페르시아의 대표 서사시 『샤나메』 구조에서 본 『쿠쉬나메』 등장인물 분석」, 《한국이슬람학회논총》 제22-1집, 한국이슬람학회, 2012, p. 65.

4. 그러나 『쿠쉬나메』 연구는 지금 단계에서는 어느 정도 한계를 지닐 수밖에 없다. 고대 페르시아어로 된 『쿠쉬나메』의 원본을 얼마만큼 정확하게 해독하느냐하는 문제가 있기 때문이다. 현재 상당한 진척이 있어 신라 관련 부분은 한국어번역까지 이뤄진 상태지만, 이에 대한 관련 학계의 연구 상황에 따라 여기서의논의 또한 수정이 불가피할 것이다. 여기서 쓰는 텍스트는 고대 페르시아어→현대 이란어→한국어의 번역 과정을 거친 것이다. 영어로 번역된 것을 이용하기도 하였다. 이희수·다르유시 아크바르자데, 『쿠쉬나메』, 청아출판사, 2014.

5. 이희수(A), 「고대 페르시아 서사시 『쿠쉬나메』의 발굴과 신라 관련 내용」, 《한국이슬람학회논총》 제20-3집, 한국이슬람학회, 2010. 이하 『쿠쉬나메』의 개략적인 내용은 이 논문에 의지하였다.

6. 岡田惠美子 외 편, 『イランを知るための65章』, 明石書店, 2004, p. 18. 저본이되는 텍스트는 7세기 중반에 성립된 「화다이 나마크」라고 한다.

7. 전통을 지키는 수준을 넘어 구성, 인물 배치, 캐릭터 설정 등에서 『쿠쉬나메』는 『샤나메』와 많이 닮아 있다. 이희수(B), 앞의 논문, pp. 76~80.

8. 岡田惠美子 외 편, 前揭書, p. 196. 이희수(A), 앞의 논문, p. 103.

9. 이희수(B), 앞의 논문, p. 64.

10. 마친은 『쿠쉬나메』에서 중국의 일부로 설정되어 있다.

11. 『쿠쉬나메』 2,262~2,614절의 요약. 이희수, 『이희수 교수의 이슬람』, 청아출판

사, 2011, p. 386 재인용.

12. 이희수, 앞의 책, p. 388.

13. 이희수(B), 앞의 논문, p. 80.

14. 정수일은 『왕오천축국전』이 불교에 대한 연구의 기록이 아니며, 천축에 체류한 기간이 본격 연구 승려들과 비교하면 아주 짧은 3년에 불과하다는 점 등으로 이같이 판단하였다. 정수일 역주, 『혜초의 왕오천축국전』, 학고재, 2004, pp. 88~89 참조.

15. 위의 책, p. 341.

16. 위의 책, pp. 81~84 참조.

17. 김정위, 「고려 이전의 배달겨레와 중앙아시아 간의 문화교류」, 『문명교류연구』 1, 한국문명교류연구소, 2009, pp. 56~57. (A)

18. 일연이 『삼국유사』에 기록한 천축 여행자들 가운데 단 한 사람도 신라까지 돌아온 이를 볼 수가 없다. 일연은 「의해(義解)」 편의 '귀축제사(歸竺諸師)' 조에, "어떤 이는 오는 길에 죽고, 어떤 이는 살아 그곳 절에서 지냈지만, 끝내 다시 계귀(雞貴)나 당나라로 돌아오지 못했다"라고 썼다. 계귀는 신라를 가리키는 것으로 본다.

19. 김정위, 「중세 중동문헌에 비친 한국상」, 《한국사연구》 16, 한국사연구회, 1977. (B)

20. 위의 논문 p. 35 재인용.

21. 정수일은 851년으로 비정하였다. 정수일, 『이슬람문명』, 창비, 2002, p. 330.

22. 김정위, 앞의 논문 p. 35 재인용.

23. 일연, 『삼국유사』, '이혜동진(二惠同塵)'과 '영취사' 조 참조.

24. 제러미 하우드(Jeremy Harwood) 지음, 이상일 옮김, 『지구 끝까지』, 푸른길, 2014, p. 46.

25. 위의 책, p. 83.

26. 위의 책, p. 91.

27. 김정위, 앞의 논문, p. 40 재인용.

28. 위의 논문, p. 48.

29. 김부식, 『삼국사기』 권32, 「악(樂)」.

30. 김정위(B), 앞의 논문, p. 67.

31. 위의 논문, p. 74.

32. 정수일은 인더스와 고대 크레타 문명에서 기원하는 것으로 보고 있다. 정수일, 『한국과 페르시아의 만남, 황금의 페르시아전』, 국립중앙박물관, 2008. p. 13.

33. 김정위(B), 앞의 논문, p. 74.

34. 위의 논문, p. 77.

35. 미추왕릉 지구 정화 사업을 하던 1973년에 발굴되었다. 적석목곽분. 작은 규모의 무덤이지만 상당한 양의 부장품이 나왔다.

36. 이송란, 「신라 계림로 14호분 〈금제감장보검〉의 제작지와 수용 경로」, 《미술사학연구》 258, 한국미술사학회, 2008.

37. 위의 논문, pp. 81~82 참조.

38. 위의 논문, p. 96 참조.

39. 이한상, 「신라 분묘 속 서역계 문물의 현황과 해석」, 《한국고대사연구》 45, 한국고대사학회, 2007, p. 145.

40. 위의 논문, p. 149.

41. 위의 논문, p. 155.

42. 고대 페르시아의 거리 단위로 1파라상은 약 6킬로미터다.

43. 이희수·다르유시 아크바르자데, 앞의 책, pp. 56~57.

44. 위의 책, p. 78.

45. 위의 책, p. 66.

46. 위의 책, pp. 67~68.

47. 이는 처용설화를 분석하면서 쓴 이우성의 표현이다. 이우성, 『한국의 역사상』, 창작과비평사, 1982 참조.

48. 이용범, 『한만교류사연구』, 동화출판공사, 1989, pp. 38~46.

49. 국립경주문화재연구소 편, 『신라왕경 : 皇龍寺地 東便 SIE1地區 發掘調査報告

書』, 경상북도, 2002 참조.

50. 이희수·다르유시 아크바르자데, 앞의 책, pp. 162~163.

51. 이에 대해서는 고운기, 「삼국유사에 나타난 국제결혼의 양상」, 《제6회 『쿠쉬나메』 연구 국제 세미나 : 페르시아 서사시 전통에서 본 역사와 신화의 경계》, 한양대 박물관, 2013. 1에서 설명하였다. 여기서는 그 가운데 중요한 대목만 소개한다.

52. 김대문 지음, 이종욱 역주해, 『화랑세기』, 소나무, 2005, p. 33.

53. 서정선, 김종일 교수가 2004년 8월 18일 춘천시에서 열린 한국유전체학회에서 보고한 것이다.

54. 일연, 『삼국유사』, 「기이」, '제4탈해왕'

55. 위와 같은 부분.

56. 위와 같은 부분.

57. 이용범, 앞의 책, p. 48.

58. 이희수·다르유시 아크바르자데, 앞의 책, p. 174.

59. 위의 책, p. 174.

60. 위의 책, p. 175.

61. 위의 책, p. 176.

62. 위의 책, p. 177.

63. 위의 책, p. 177.

64. 위의 책, p. 178.

65. 위의 책, p. 179.

66. 위의 책, pp. 179~180.

67. 위의 책, p. 182.

68. 위의 책, p. 185.

69. 페르시아의 신화나 서사시에 등장하는 여성은 외국인인 경우가 많다. 게다가 프라랑이 『샤나메』에 나오는 페리둔의 어머니 'Firanek', 'Fargis', 'Faranak'의 음역으로 보인다든지, 태후르라는 이름 또한 『샤나메』에 등장한다는 주장이 나

왔다. 이희수(B), 앞의 논문, pp. 80~81.

70. 원문은 이렇다. 幾回月送孤帆去/未見雲隨一杖還
71. 이희수·다르유시 아크바르자데, 앞의 책, p. 74.
72. 위의 책, p. 195.

에필로그

모험 스토리는 어떻게 활용될 것인가

『삼국유사』에서 뽑은 아홉 개의 모험 스토리

앞서 『삼국유사』 안의 아홉 개 설화를 추출해 그것이 모험 스토리로 전용될 가능성을 살펴보았다. 보글러의 12단계 영웅 서사 요소를 원용하여 4단계의 틀로 만들어 썼다. 아홉 개의 예를 통해 그 가능성을 보았으리라 여겨진다.

건국신화나 영웅 설화 그리고 불교 설화의 틀을 벗어나 모험 스토리로 전환해 본 목적은 이 이야기의 활용도를 높이기 위해서이다. 설화를 가볍게 만들어 흥미를 진작하는 쪽으로만 의도한 것은 아니다. 한눈에 볼 수 있도록 정리해 보면 다음 페이지 〔표 9〕와 같다.

이상 『삼국유사』에서 선정한 아홉 개의 설화는 모두 여정, 멘토, 시련/보상의 요소를 가지고 있다. 순서가 조금 달라지기도 하고, 여정의 길이에서도 차이가 있지만, 새로운 모험 스토리가 갖추어야

표 9_『삼국유사』에서 추출한 아홉 가지 모험 스토리

분류		1단계(탈일상의 여정)	2단계(제1관문)	3단계(제2관문)	4단계(제3관문)	비고
건국신화류	주몽	고국을 떠남	금와 아들/유화	엄수/물고기와 자라	졸본주/3인의 친구 (즉위)	1과 2의 순서 바뀜, 목적지 불명
	탈해	고국을 떠남	가락국/아진의선	경주/호공의 집 차지	궁중/남해왕의 사위	목적지 불명
	서동	백제→경주→백제	가난한 과부의 아들/선화	뒷산/금의 발견	인심/즉위	
일반설화류	수로	강릉으로 떠남	벼랑/꽃(노인)	납치/용궁 체험	산과 연못/신물과의 만남	
	거타지	신라→중국→신라	풍랑/서해용	섬 잔류/서해용	늙은 여우/용녀	서해용은 멘토이자 보상의 역할
	비형랑	궁중→황천→궁중	반인반귀/진평왕	황천/귀교	길달과 귀신/부적	여로 축소
불교설화류	혜통	신라→중국→신라	공주의 악룡/삼장	문잉림의 악룡/축출	기장산의 악룡/불살계	
	보양	중국→신라	용궁/서해 용	가뭄/이목	하늘의 정죄/배나무	용궁 방문이 시련 아님, 배나무는 희생 제물
	장춘	신라→중국→신라	난파/(구출)	깊은 도랑/스님	기도/귀환	민장사의 관음보살이 멘토였음

할 요소가 충분하다. 나아가 모험 스토리의 시각에서 다시 본다면,
이야기를 새롭게 해석하고 폭넓게 활용할 수 있는 가능성이 분명히
존재한다.

영웅이며 영웅이 아닌 존재

이제 소재를 의의 있게 활용하려면 어떻게 방향을 설정해야 하는지를 말해야 할 차례이다. 조동일은 일찍이, "영웅소설의 한계를 극복하는 문학사의 움직임은 두 가지 각도에서 나타났는데, 그 하나는 평민적 영웅상에 의한 극복이고 또 하나는 평민 소설에 의한 극복이었다"라고 말했다. 그가 제시한 '두 가지 각도'의 공통점은 '평민'이라는 단어에 있다.

이야기를 통해 평민적 영웅이 만들어지고, 이것이 소설로 정착하기도 한다. 모험 스토리는 여기에 기댈 만하다.

근대 이전의 서사물 속 영웅은 오늘날에 와서 변신하지 않으면 안 된다. 향유자의 소구(遡求)가 시대와 함께 달라졌기 때문이다. 심지어 "기본적으로 한 유형을 구현하는 캐릭터는—영웅, 변신 자재자, 장난꾸러기, 심지어 악한마저도—영웅에게 무엇인가를 가르치거나 전해 주기 위해 일시적으로 정신적 스승의 얼굴을 할 때가 있다"² 한다. 장난꾸러기나 악한까지도? 이런 지적에서 우리가 주목할 바는 무엇인가.

그것은 일방적이며 절대적으로 군림하는 영웅이 아닌 제3의 유형이다. 제3의 유형은 영웅이며 영웅이 아닌 존재, 영웅이 아니면서 영웅이나 조력자의 역할을 수행하는 존재이다. 이것을 앞서 해체된 영웅으로 보았거니와, 개방된 캐릭터라고 할 수도 있겠다.

중국의 『서유기』를 예로 들어보자. 안창현은 『서유기』를 모험 여정 구조와 대결 구조³로 보았는데, 〈날아라 슈퍼보드〉는 모험 여정을 활용한 콘텐츠로, 〈드래곤볼〉은 대결 구조를 활용한 콘텐츠로 각각 해석하였다.[4] 여기에 완전무결한 캐릭터는 등장하지 않는다. 본디 『서유기』에서 부여한 속성을 가진 한편, 그들은 불완전하고 변덕스러운 성격을 지녔고 기나긴 모험의 고단한 여정 속에서 강력한 힘을 지닌 적대자와 싸워 나간다. 생동감과 현실감을 지닌, 새롭게 창조된 인물이다.

또 하나의 예가 마크 트웨인의 『허클베리 핀의 모험』이다. 이 작품의 무대가 되는 미시시피 강의 물은 세례, 정화, 재생 외에도 자연의 수용이라는 원형으로 나타난다.[5] 이것은 전형적인 원형 상징이다. 그런데 이 세례, 정화, 재생은 구체적으로 흑인문제를 다루면서 형상화된다. 집을 나가 모험에 나선 핀이 미시시피 강 가운데 섬에서 흑인 짐을 만난다. 핀은 짐과 동행이 된다. 짐에게 잘못을 저지른 핀은 이 흑인 노예에게 심지어 용서를 빌기도 한다. 이 같은 행동은 "화해라는 형식을 통해 평등에 다다르는 현실 이상의 시제성을 지닌다"[6]라고 평가받는다. 핀에게 인종이나 피부색은 더 이상 인간을 구분하는 척도가 아니었다. 『허클베리 핀의 모험』은 그러므로 집을 떠나 세상을 탐험하는 모험이자, 인간의 가치를 찾아가는 모험이다. 모험의 의의가 확대되었다.

결론은 다시 처음으로 돌아간다. 모험 스토리는 가볍게 만들어 흥미를 진작하는 이야기만이 아니다. 가볍고 흥미로우면서 시대적인 의의를 드러내는 힘을 지니고 있다.

전략은 미시 콘텐츠의 활성화

이제 『삼국유사』 속의 설화로 돌아와 우리의 방향성을 잡아 보자. 박기수 교수는 원천 소스로 개발될 수 있는 기본 조건을 다음 네 가지로 들었다.

- 규모의 경제가 가능한 보편적 정서와 원형적 요소의 내재화
- 지역적인 특수성이 반영된 문화 정체성 함유
- 원천 콘텐츠로서 개발이 용이
- 다양한 콘텐츠로 확장 가능[7]

나아가 박기수 교수는 『삼국유사』의 설화가 이러한 조건을 충분히 만족시킨다고 보았는데, 콘텐츠로서 개발과 확장이 가능하자면 현재적 적합성이 고려된 전략[8]이 필요하다고 하였다. 이 같은 지적은 이 책에서 제시한 모험 스토리와 아홉 개의 예를 적용하면 해답이 나올 것이다.

평민적 영웅상과 평민 소설의 실현 아래 문학사적 흐름이 놓여 있고, 해체된 영웅이나 개방된 캐릭터의 창조가 가능한 쪽으로 가자면, 앞서 소개한 『삼국유사』 속의 아홉 가지 설화를 모험 스토리로서 적극 개발할 필요가 있다. 이미 13세기의 봉건적 사회 분위기 속에서도 일연은 이 같은 터전을 마련해 놓았다. 모험이 두려운 일의 경험에 그치지 않고, 시대의 한계를 뛰어넘는 어느 지점에 목표를 둔다는 점에서도, 『삼국유사』 속의 설화 가운데 모험 스토리는 이 같은 가치 실현에 적합하다. 설화의 본의에서 벗어나 전혀 다른

맥락의 재구성만 피한다면 말이다.

여기 제시한『삼국유사』의 아홉 가지 설화는 원천 소스로서 존재한다. 보글러의 12단계를 4단계로 집약하여 분석해 본 것도 이 같은 까닭에서였다. 여기에 보다 풍부한 에피소드의 첨가가 필요하다.

『삼국유사』의 설화가 구체적인 묘사나 상황 설정보다는 포괄적인 스토리 중심의 기술에 치우쳐 있다는 점을 고려할 때, 다른 사적들에 의거한 다양한 미시 콘텐츠의 활성화를 통하여 당대의 문화를 구체적으로 재구성해 보는 것도 매우 흥미로운 일이 될 것이며, 이를 통한 부가가치의 창출도 기대해 볼 수 있는 지점이다.[9]

미시 콘텐츠의 활성화를 통하여 당대의 문화를 구체적으로 재구성해 보는 것—박기수 교수의 이 같은 제안은 활용 방향을 논할 때 마땅히 고려할 전략이다. 『삼국유사』의 이야기를 뼈대로 하고, 여러 전적에서 작은 소재들을 모아 살을 붙이면 된다. 그 사이 빈자리는 상상력의 차지이다.

다시, 모험 스토리란 무엇인가

모험은 기본적으로 여정을 전제한 경험을 기반으로 한다. 즉, 위험 부담이 큰 다른 지역으로의 이동 과정에서 생겨나는 특별한 일이나 사건을 주요 골자로 하는 것이다. 이에 따라 모험 스토리는 모험담을 바탕으로 하면서 오늘날 콘텐츠화할 수 있는 기본 이야기 줄거리가 갖춰진 상태, 또는 그러한 전 단계를 말한다고 정의했다.

모험이 포함된 영웅담의 시각에서 벗어나, 모험 스토리로 『삼국유사』를 본다면 새로운 콘텐츠를 생산하는 데 높이 활용할 수 있을 것이다. 영웅이 아니면서 영웅을 만드는 이야기가 모험 스토리다. 영웅이 되고 싶지 않았으나, 이야기의 전개 과정 속에서 영웅이 된다. 이런 이야기의 틀은 오래전부터 있어 왔으며, 오늘날 우리가 새로운 이야기를 만들어 내는 데에도 준거가 될 것이다.

그러므로 경계인이자 여행자라는 데서 모험의 징후가 보이지만, 남자/여자, 동물/신, 바보/영웅, 아이/노인이 엇갈리며 설정된 캐릭터의 특징은, 어리석은 초인이며 인간을 넘는 인간이라는 데서 비일상적인 줄거리를 상상할 수 있게 한다. 이것이 전통적인 영웅의 해체이다.

더불어 소개한 자료가 이란의 서사시 『쿠쉬나메』였다. 우리에게 『쿠쉬나메』는 작품으로서만이 아니라 역사의 중계자로서의 의미 또한 가지고 있다는 점, 다시 한 번 강조한다.

모험의 권유

달밤 그리고 새벽 예불

절밥 치고 가는 곳마다 인상적이지 않은 데가 없다. 절밥은 늘 맛있고 고맙고 풍성하다. 심지어 동국대학교 직원 식당조차 나는 절밥으로 착각할 때가 있다. 다른 대학 식당의 뻔뻔스러운 맛이 아니다. 절밥의 레시피가 살아 있지 않고는 불가능한 맛이다.

학생 40명과 함께 대구 은해사(銀海寺)에 몰려갔을 때, 야단을 맞으며 밥 비비는 방법을 배우고 눈물 어린(?) 비빔밥을 먹은 적이 있다. 숟가락이 아니라 젓가락으로 비벼야 한다고, 교수가 학생들에게 이런 것 하나 가르치지 않았냐고……, 속으로는 비빔밥 비비는 방법까지 가르쳐야 하나, 억울해 하면서 겉으로는 민망한 웃음을 공양간 스님에게 짓던 기억이 새롭다.

그런 가운데서도 나에게 절밥으로 가장 깊은 인상을 남긴 곳은 청도 운문사이다. 널리 알려져 있다시피 운문사 공양간의 밥은 특히 이름이 높지만, 이렇게 저렇게 나만큼이나 자주 이곳에서 식사한 행운을 누린 이는 많지 않으리라.

사실 처음엔 그냥 구경만 했다. 절에 이르기 전, 왼쪽 오르막길 산정에 북대암이 있다. 처음 운문사를 찾았던 1991년 봄, 이 암자부터 올랐는데, 마침 점심 무렵이었다. 조촐한 암자였다. 비구니 스님 몇 분이 계신 것 같았다. 점심 공양을 준비하는 스님 한 분이 샘터에서 상추며 여러 채소를 씻고 있는데, 상차림 또한 조촐했지만 한눈에도 얼마나 소담하고 맛있어 보이는지 체면 불구하고 밥상머리에 끼어들고 싶은 마음 간절하였다. 그러나 불청객의 후안무치를 함부로 들이댈 수는 없었다.

2000년 여름이었다. 일본의 내 스승께 운문사의 새벽 예불을 배관할 기회를 만들어 드리고 싶었다. 이 절 영덕(永德) 스님에게 어려운 부탁을 올렸다. 예불 배관은 허락하였는데, 그렇다고 절 안에서 묵기까지는 아무래도 조심스러웠다. 그래서 사하촌의 민박에 자리를 잡고, 새벽 시간에 맞추어 절을 찾기로 하였다.

때는 7월 보름이었다. 새벽 2시쯤 행장을 마련하여 절로 올라가는데, 저 아름다운 운문사 들어가는 길 솔숲을 지날 때, 마침 보름달이 휘영청 밝았다. 솔숲 사이로 비치는 달빛은 내 생애에 본 가장 아름다운 풍경이었다. 그것이 어찌 나만이었을까. 내 스승 또한 지금도 그날 밤의 풍경을 못 잊어 한다.

참 먹먹한 어떤 해후

예불을 마치고 절 마당을 서성이는데 영덕 스님으로부터 기별이 왔다. 아침 공양을 하고 가라는 것이었다.

불감청(不敢請)이나 고소원(固所願)—.

절의 큰 어른인 명성(明星) 스님의 허락이 떨어졌을 게다. 먼 데서 온 손님들을 그냥 보낼 수 없다고 했을 게다. 일행은 내 스승을 포함해 제자들까지 모두 아홉 명. 공양간 한쪽에 식탁이 차려지고, 나는 벌써 몇 번째이기는 했으나, 다른 일행은 처음 대하는 운문사 아침 공양에 모두 감읍(感泣)하였다.

실로 내가 운문사를 자주 찾은 것은 일연 때문이다. 71세부터 5년간, 일연은 이 절에 머물렀다. 그런 인연으로 『삼국유사』의 기초가 놓인 곳이 바로 이 절이다. 나는 700년 전의 일연이 거기 함께 있다는 묘한 착각 속에 운문사를 찾는다. 이번에 같이 간 일행 또한 마찬가지였다. 아침 햇살은 이미 밝고, 청소로 하루를 준비하는 학인 스님들의 목소리가 여기저기서 들려왔다. 우리는 더 지체하기 어려웠다.

마이크로버스를 세워 둔 주차장으로 향하는데 뒤에서 우리를 부르는 소리가 들렸다.

"도이 센세이(土井先生)!"

학인 스님 가운데 한 분이었다. 벌써 10여 년 전, 속인의 시절 대학생 때, 한국에 교환 교수로 온 내 스승에게서 가르침을 받은 적이 있다고 했다. 스승도 학인 스님을 기억했다. 그사이 학인 스님은 출가했으며, 어제 저녁, 운문사를 방문하는 일본인 가운데 스승의 이름이 있음을 확인했다는 것이다. 이런 해후(邂逅)는 참 먹먹하다.

스승도 학인 스님도 서로 잠시 손을 붙잡았을 뿐 아무런 말을 잇지 못하였다. 무슨 말을 할 수 있으랴. 수행자에게 물어서는 안 될 일이 출가의 숙연(宿緣)이다. 푸른 꿈의 여대생이 머리를 깎기로 결심한 저간의 사정이 궁금하지 않을 수 없지만 말이다.

나는 그 여름의 운문사를 잊지 못한다. 달밤이 그렇고, 새벽 예불이 그렇고, 아침 공양이 그렇다. 그리고 옛 스승과 제자의 만남—.

이제 와 생각하니 학인 스님의 출가는 그 자신의 인생에서 하나의 모험이었을 것 같다. 무엇을 찾아 그는 세속을 떠나 수행의 길로 들어섰을까? 그때로부터 한참 뒤에 들은 이야기이지만, 운문사에서의 학업을 마치고 일본 유학길에 올랐으며, 일본어에 능통한 점을 살려 일본 관련 불교 서적을 부지런히 읽고 있다고 하였다. 모험의 끝은 아직 보이지 않지만, 그 도정(道程)에서 분투하고 있음만은 분명하다.

버스가 주차장을 벗어나 시야에서 사라질 때까지, 학인 스님은 그 자리에 그대로 서서 합장하고 있었다. 스승 또한 천천히 손을 흔들어 주었다.

역사의 전범 『사기』

모험에 관한 이런저런 이야기를 마무리하면서, 마지막으로 좀 알려진 사람의 이야기를 하나 보태고 싶다. 사마천(司馬遷)이다. 사마천은 기원전 2세기에서 1세기 사이를 살다 간 역사가이다. 중국 한나라 때이다. 이때 그가 지은 『사기(史記)』는 중국 최초의 본격적인 역사서라 해도 과언이 아니다. 사마천이 역사서를 쓰기 위해 새로 고안한 방법은 기전체(紀傳體)였다. 「본기」와 「열전」으로 구성해서 붙여진 이 방식은 이후 중국뿐만 아니라 그 영향을 받은 동양의 여러 나라에서 역사를 쓰는 모범이 되었다. 기전체는 한마디로 역사를 씨줄과 날줄로 엮는 입체적인 방식이었다.

사마천의 집안은 일찍이 요순 임금의 시절부터 나라에 공을 세웠고, 대대로 역사와 천문을 맡았었다. 사마천에게는 역사가의 피가 흐르고 있었던 것이다. 사마천의 『사기』를 두고 안대회 교수는 두 가지 특징을 들었다.

첫째, 그리스 비극과 『사기』를 겹쳐서 생각했다는 것이다. 특히 유방과 중국 천하를 다투던 항우가 장엄하게 몰락하는 역사를 기록한 「항우본기(項羽本紀)」가 그렇다고 했다. 20대 후반에 천하를 제패했던 항우가 31세에 비참하게 패배하는 역사의 묘사는 역사적 사실이면서 동시에 위대한 비극 작품이라고 했다. 재미있고 독특한 접근법이다.

둘째, 사람이 살아가는 세상의 모순된 일에 대해 날카롭게 지적했다는 것이다. 그 예로 「백이열전(伯夷列傳)」을 들었다. 순수한 인간 백이가 굶어 죽자 사마천은 '선한 자에게는 복을 내리고 악한 자는 징벌한다'는 인간의 믿음이 얼마나 허망한 것인지 분노한다. 인간 세계에 진정 정의가 존재하는지 하늘을 향해 항의하듯 묻는 장면은 감동적이라고 했다.

참으로 중요한 지적이다. 사마천이 『사기』를 쓰게 된 계기는 위 두 가지로 설명할 수 있다.

사마천은 백이이자 포숙

사마천은 역사가의 집안에서 태어났으므로 일찍부터 본격적인 역사서 저술의 뜻을 품고 있었다. 이것은 아버지로부터의 명령이기도 하였다. 출발은 순조로웠는데, 도중에 뜻밖의 사건이 터졌다. 바로 이릉(李陵)의 난이었다.

이릉은 당시 황제인 무제의 충직한 신하였다. 북쪽 국경의 흉노족이 한나라를 노리자 겨우 5,000명의 군사를 이끌고 전쟁터로 달려 나갔다. 그러나 흉노족의 대병력을 감당할 수 없었다. 이릉은 결국 항복하고 말았다. 모두들 이릉을 비난하고 나섰다. 섣불리 군대를 끌고 나간 것도 그러려니와 항복해서 중국인의 자존심을 구겼다는 것이다. 자결했어야 했다고까지 말했다.

그러나 오직 사마천만이 이릉을 옹호하고 나섰다. 국가를 위해 이만큼 헌신한 자가 누가 있느냐면서, 자결하지 않은 것 또한 살아 돌아와 다시 나라를 위해 싸우려는 까닭이었다고 했다. 간절한 호소였지만 사마천의 말은 통하지 않았다. 도리어 이 때문에 투옥되고 궁형(宮刑)에 처해졌다는 사실은 잘 알려져 있다.

사마천은 도리에 맞기보다 이익에 따라 결판나는 세상, '선한 자에게는 복을 내리고 악한 자는 징벌한다'는 식의 순진한 생각으로는 바른 가르침을 줄 수 없다고 생각했다. 또한 그럼에도 불구하고 세상에는 의(義)가 존재하며, 그것이 세상을 세상답게 만들어 주리라는 믿음만큼은 더욱 강하게 가져야 한다고 여겼다. 사마천이 『사기』의 「열전」에서 「백이열전」을 가장 앞에 둔 까닭이 여기 있었다. 백이는 사마천 자신이었다.

그러나 거기서 끝나지 않았다. 뒤이어 「관안열전(管安列傳)」을 썼다. 관포지교(管鮑之交)라는 유명한 고사가 만들어진 바로 그 이야기이다. 관중과 포숙의 우정은 사실 포숙의 일방적인 것이었다. 포숙은 어떤 경우에도 관중을 원망하거나 미워하거나 배신하지 않았다. 물론 그의 본심과 재능을 알고 있었기 때문이다. 근본을 인정한 이상, 포숙은 말단의 허물을 가지고 결코 신뢰를 거두지 않았다. 관중은 그런 포숙을 두고, "나를 낳은 이는 부모이고 나를 알아준 이는 포숙이다"라고까지 말하지 않았는가. 사실 사마천은 포숙을 통해 또 다른 자신을 그려 냈다. 진정한 우정이란 그렇다. 사람을 올바로 바라볼 줄 알아야 한다. 그리고 그에게 무한한 믿음을 주는 것이다.

마지막으로 사마천에 대해 기억해야 할 것이 남아 있다. 그는 스무 살이 되자 천하를 돌아다니기 시작했다. 그는 모험가요, 탐험가였다. 스물세 살에 벼슬을 시작하였는데, 황제가 지방을 순행할 때는 반드시 따라나섰다. 사마천의 여행지는 한나라 거의 전국을 망라하였다. 지금의 사천성이나 운남성은 당시로서는 미개척지였다. 사마천은 거기까지 갔다. 그의 여행은 방랑이 아니었다. 가는 곳마다 치밀하게 관찰하고 자료를 조사하고 마을의 노인들에게 그 지역의 이야기를 들었다. 이것이 곧 『사기』를 쓸 수 있는 밑천이 되었다. 실로 『사기』는 사마천의 손이 아니라 발로 쓴 책이라 해도 무방하다.

한 발 뛰기 위한 반성

잠자리에 누운 아이에게 어른이 말했다.

—애야, 잠들기 전에 오늘 하루 네가 한 일을 반성해 보아라.

아이가 대답했다.

—난 내일 뭘 하고 놀까 생각하다 잠들고 싶어요.

반성도 좋지만 전향적인 계획이 더 좋은 법이다. 반성은 때로 사람을 위축시킨다. 반성 자체가 나쁘다는 말이 아니다. 반성이 지나쳐 앞으로 나가지 못한다면 차라리 아니함만 못 하다.

다산 정약용에게 열다섯 살 난 어린 제자 황상이 있었다. 선생은 문학과 역사를 공부하라 했다. 어린 제자는 머뭇거리며 이렇게 말했다.

"저한테는 병이 세 가지가 있어서요. 첫째는 둔하고, 둘째는 꽉 막혔고, 셋째는 미욱합니다."

나름 겸손한 척한다. 정약용은 이렇게 말해 주었다.

"공부하는 자들은 큰 병을 세 가지나 가지고 있는데 너는 하나도 가지고 있지 않구나. 첫째는 기억력이 뛰어난 것으로, 이는 공부를 소홀히 하는 폐단을 낳고, 둘째는 글 짓는 재주가 좋은 것으로, 이는 허황한 데 흐르는 폐단을 낳으며, 셋째는 이해력이 빠른 것으로, 이는 거친 데 흐르는 폐단을 낳는단다."

정약용은 제자의 말을 정반대로 받아쳤다. 그렇게 말한 데는 까닭이 있다.

"둔하지만 공부에 파고드는 자는 식견이 넓어질 것이고, 막혔지만 잘 뚫는 자는 흐름이 거세질 것이며, 미욱하지만 잘 닦는 자는 빛이

날 것이다. 파고드는 방법은 무엇이냐. 근면함이다. 뚫는 방법은 무엇이냐. 근면함이다. 닦는 방법은 무엇이냐. 근면함이다."

부연 설명이 필요 없겠다. 단점은 곧 장점이다. 스승이 제자에게 말하고 싶은 것은 자질이 아니라 가진 것을 얼마나 계발하느냐 아니었을까. 거기서 필요한 것은 오직 근면함이다. 근면함을 지속하기 위해서 마음가짐을 확고히 하라고, 스승은 어린 제자에게 마지막으로 덧붙였다.

스스로 자신감이 없어 고민하는 제자에게, 기억력이나 재주나 이해력보다 근면함이 더 중요하다고 가르치며 격려했던 스승, 그것을 평생 기억하며 학문을 일궜던 제자ㅡ. 모두 아름답다.

반성은 도피처가 아니요, 내일로 나갈 디딤돌이라는 가르침이다. 다시 말하면 반성은 자신의 장점을 오롯이 찾아내는 일이다. 그래서 그 장점을 발휘하게 하는 힘이다. 그것이 내가 이 책에서 강조해 마지않는 모험이다.

'바르게살기운동본부'라는 단체가 있다. 이 단체의 이름으로 곳곳에 세워 놓은 비석 같은 탑이 있다. 탑에는 아주 큰 글씨로 이렇게 쓰여 있다.

'바르게 살자'

갑자기 싸늘해진다. 너무 지당해서 도대체 아무 감흥이 없는 말이 있다. 이 말이 꼭 그렇다. 바르게 산다는 것 자체가 왠지 김새는 느낌이다. 표어가 싱겁지 않도록 조금만 구체적으로, 그러니까 반성을 바탕으로 한 바르게 살기 강령이 나왔으면…….

잠자리에 누운 아이에게 어른이 말했다.

―애야, 오늘도 내일 뭘 하고 놀까 생각하다 잠들게냐?

아이가 대답했다.

―아니요. 오늘 뭐가 재미없었는지 돌아보고 싶어요.

참고 문헌

| 전체 |

『삼국사기』

『삼국유사』

| 프롤로그 |

『삼국지』

『옥스포드사전』

김봉은, 『마크 트웨인의 모험』, 태학사, 2007.

문상화, 「진화론, 소설 그리고 제국 -영국소설에 나타난 왜곡된 진화론」,《19세기
   영어권문학》제9권 3호, 19세기영어권문학회, 2005.

조셉 캠벨, 이윤기 역, 『천의 얼굴을 가진 영웅』, 민음사, 2004.

조동일, 「영웅의 일생, 그 문학사적 전개」,《동아문화》10, 서울대동아문화연구소,
   1971.

민긍기, 「군담소설의 연구」, 연세대대학원 석사학위논문, 1980.

임성래, 『영웅소설의 유형연구』, 태학사, 1990

임성래, 「한국문학에 나타난 모험의 의미」,《대중서사연구》23, 대중서사학회,
   2010.

안용희, 「모험의 가능성과 제국의 균열」, 《국제어문》 43, 국제어문학회, 2008.

크리스토퍼 보글러, 함춘성 역, 『신화, 영웅 그리고 시나리오 쓰기』, 무우수, 2005.

고운기, 『신화 리더십을 말하다』, 현암사, 2013.

최정은, 『트릭스터-영원한 방랑자』, 휴머니스트, 2005.

임재해, 「삼국유사 설화자원의 문화콘텐츠화 길찾기」, 《구비문학연구》 29, 한국구비문학회, 2009.

박기수, 「삼국유사 설화의 문화콘텐츠 스토리텔링 전환 전략」, 『너머』 2, 도서출판 해와달, 2007.

박유희, 「최근 역사물에 나타난 서사 재구성의 의미」, 《한민족문화연구》 19, 한민족문화연구학회, 2006.

| 제1장 수로부인 - 꽃을 받은 여자 |

『遺老說傳』

『琉球神道記』

野村伸一 編, 『東アジア海域文化の生成と展開』, 風響社, 2015.

西鄉信綱, 『萬葉私記』, 未來社, 1970.

小島憲之 외, 『萬葉集 1』, 小學館, 1994.

高梨一美, 『沖繩の「かみんちゅ」たち』, 岩田書院, 2009.

木村淳也, 「遺老說傳に描かれた巫」, 『古代學研究所紀要』 第4號, 明治大學古代學研究所, 2007.

宮崎 駿, 「不思議の町の千尋」, 『折り返し点』, 岩波書店, 2008.

성기옥, 「〈헌화가〉와 신라인의 미의식」, 정병욱10주기논집편찬위원회 편, 『한국고전시가작품론 1』, 집문당, 1992.

서철원, 『향가의 유산과 고려가요의 단서』, 새문사, 2013.

조동일, 『제4판 한국문학통사 1』, 지식산업사, 2005.

강등학, 「수로부인 설화와 수로신화의 배경제의 검토」, 반교어문학회 편, 『신라 가
    요의 기반과 작품의 이해』, 보고사, 1998.

이유미, 『우리 나무 백 가지』, 현암사, 2015.

테헤테츠(鄭秉哲)·사이코보(蔡宏謨)·류코(梁煌)·모죠호(毛如苞) 著, 김용의 譯, 『유
    로설전(遺老說傳)』, 전남대학교출판부, 2010.

김헌선 번역, 『류큐설화집 유로설전』, 보고사, 2008.

고운기, 「모험 스토리 개발을 위한 삼국유사 설화의 연구」, 《신라문화》 41, 동국대
    신라문화연구소, 2013.

크리스토퍼 보글러, 함춘성 역, 『신화, 영웅 그리고 시나리오 쓰기』, 무우수, 2005.

정진희, 『오키나와 옛이야기』, 보고사, 2013.

애니메이션 〈센과 치히로의 행방불명〉, 2001.

| 제2장 거타지 - 꽃을 품은 남자 |

『고려사』

『조선왕조실록』

민지(閔漬), 『편년강목(編年綱目)』

고운기, 『우리가 정말 알아야 할 삼국유사』, 현암사, 2002.

박철완, 「거타지설화의 상징성 고찰」, 『청람어문교육』, 청람어문학회, 1988.

스베틀라나 알렉시예비치, 『전쟁은 여자의 얼굴을 하지 않았다』, 문학동네, 2013.

영화 〈국제시장〉, 2014.

| 제3장 주몽 - 불퇴전의 개척 정신 |

三品彰英, 『三國遺事考證』, 塙書房, 1978.

고운기, 『일연을 묻는다』, 현암사, 2006.

| 제4장 혜통 - 용맹정진의 표상 |

고운기, 『우리가 정말 알아야 할 삼국유사』, 현암사, 2006.

오천석 편, 『노란 손수건』, 샘터사, 1977.

노중국, 「삼국유사 惠通降龍 조의 검토-질병 치료의 관점에서」, 《신라문화제학술
　　발표논문집》 32, 동국대 신라문화연구소, 2011.

이준식, 「연희전문학교와 근대 학문의 수용 및 발전」, 연세대국학연구원 편, 『근대
　　학문의 형성과 연희전문』, 연세대학교출판부, 2005.

박인희, 「삼국유사 신주 편 연구」, 『石堂論叢』, 東亞大學校附設石堂傳統文化硏究
　　院, 2012.

크리스토퍼 보글러, 함춘성 역, 『신화, 영웅 그리고 시나리오 쓰기』, 무우수, 2005.

장활식, 「통일신라 출범기의 봉성사와 망덕사 창건목적」, 《新羅文化》 37, 동국대
　　신라문화연구소, 2011.

이근직, 「통일신라 봉성사와 절원당」, 《신라사학보》 7, 신라사학회, 2006.

| 제5장 『삼국유사』의 모험 주인공들 |

『한국구비문학대계』

고운기, 『신화 리더십을 말하다』, 현암사, 2012.

고운기, 『삼국유사 길 위에서 만나다』, 현암사, 2013.

신종원, 『삼국유사 새로 읽기(2)』, 일지사, 2011.

강순애, 「고려 팔만대장경 〈法苑珠林〉의 판각에 관한 연구」, 《서지학연구》 5 1집,
　　한국서지학회, 2012.

| 제6장 『루쉬나메』 - 있었을 법한 진기하고 국제적인 모험 스토리 |

김대문 지음, 이종욱 역주해, 『화랑세기』, 소나무, 2005.

岡田惠美子 外 編, 『イランを知るための65章』, 明石書店 , 2004.

이희수, 「고대 페르시아 서사시 『쿠쉬나메』의 발굴과 신라 관련 내용」, 《한국이슬람학회논총》 제20-3집, 한국이슬람학회, 2010.

이희수, 「페르시아의 대표 서사시 『샤나메』 구조에서 본 『쿠쉬나메』 등장인물 분석」, 《한국이슬람학회논총》 제22-1집, 한국이슬람학회, 2012.

이희수·다르유시 아크바르자데, 『쿠쉬나메』, 청아출판사, 2014.

이희수, 『이희수 교수의 이슬람』, 청아출판사, 2011.

정수일 역주, 『혜초의 왕오천축국전』, 학고재, 2004.

정수일, 『이슬람문명』, 창비, 2002.

정수일, 『한국과 페르시아의 만남, 황금의 페르시아전』, 국립중앙박물관, 2008.

김정위, 「고려 이전의 배달겨레와 중앙아시아 간의 문화교류」, 《문명교류연구》 1, 한국문명교류연구소, 2009.

김정위, 「중세 중동문헌에 비친 한국상」, 《한국사연구》 16, 한국사연구회, 1977.

제러미 하우드 지음·이상일 옮김, 『지구 끝까지』, 푸른길, 2014.

이송란, 「신라 계림로 14호분 〈금제감장보검〉의 제작지와 수용 경로」, 《미술사학연구》 258, 한국미술사학회.

이한상, 「신라 분묘 속 서역계 문물의 현황과 해석」, 『한국고대사연구』 45, 한국고대사학회, 2007.

이우성, 『한국의 역사상』, 창작과비평사, 1982.

이용범, 『한만교류사연구』, 동화출판공사, 1989.

국립경주문화재연구소 편, 『신라왕경 : 皇龍寺地 東便 SIE1地區 發掘調查報告書』, 경상북도, 2002.

고운기, 「삼국유사에 나타난 국제결혼의 양상」, 『제6회 『쿠쉬나메』 연구 국제 세미나 : 페르시아 서사시 전통에서 본 역사와 신화의 경계』, 한양대 박물관, 2013.

| 에필로그 |

조동일, 「영웅의 일생, 그 문학사적 전개」, 『동아문화』 10, 서울대동아문화연구소,
　1971.

크리스토퍼 보글러, 함춘성 역, 『신화, 영웅 그리고 시나리오 쓰기』, 무우수, 2005.

안창현, 「문화콘텐츠 원천소스로서 『서유기』의 구조분석과 활용 전략 연구」, 한양
　대대학원 박사학위논문, 2013.

박양근, 「허클베리 핀의 모험에 나타난 강의 상징적 역할」, 『신영어영문학회 2003
　년 여름학술발표회』, 신영어영문학회, 2003.

박기수, 「삼국유사 설화의 문화콘텐츠 스토리텔링 전환 전략」, 『너머』 2, 도서출판
　해와달, 2007.